JN121207

教育発達学の展開

−幼小接続・連携へのアプローチ−

松永あけみ　水戸博道　渋谷 恵 編著

風間書房

●●● まえがき ●●●

　生涯にわたる人格形成と学びの基礎として、幼児期からの教育の重要性とともに、幼児期の教育から小学校教育への接続と連携の重要性に関する認識が高まっています。また子どもたちのこころをめぐる課題や、発達の多様性に対応する教育も求められています。こうした現代的課題に応えるためには、心理学、教育学、障害科学などの知見を踏まえて、子どものこころと発達を総合的に、かつ連続性を持って理解し支援していくことが必要となります。

　明治学院大学心理学部教育発達学科では、2010年の学科設置以来、心理学、教育学、障害科学を融合させた「教育発達学」という新たな学問分野の構築を目指し、様々な専門領域からなる専任教員によって教育実践と研究を進めてきました。創設から5年間（第1期）の成果をまとめ、教育発達学科における基幹科目テキストとして編集されたのが2015年3月刊行の『教育発達学の構築―心理学・教育学・障害科学の融合―』です。同書では、教育発達学の視点からみた「子どもの生活と発達の姿」「子どもの生活と学習」「障害児の生活と発達」を概説しています。また教育発達学科における教育実践をもとに、理論と実践の繰り返しを通して学ぶ「循環型教育システム」の分析もなされています。

　こうした基礎のもと、2015年度以降（第2期）の動向を踏まえて企画したのが本書『教育発達学の展開―幼小接続・連携へのアプローチ―』です。教育発達学科では2015年4月に新たに「児童発達」「特別支援」「国際教育」の3コース制を導入し、カリキュラムの充実を図りました。また2018年度からは、幼児期の教育から小学校教育への接続の視点を重視し専任教員による共同研究プロジェクトを進めています。そこで本書では、『教育発達学の構築』が提起した教育発達学の視点を基礎としつつ、専任教員それぞれの専門領域から現代的な課題である「幼児期の教育から児童期以降の教育への接

続・連携」へのアプローチを試みました。

　本書は 2 部 17 章で構成されています。第Ⅰ部「幼児期から児童期への発達と教育」では、子どもの発達の連続性に関する理解を基礎として、幼児期から児童期における心理的発達と教育、発達が気になる子どもへの支援、医学的観点からみた特別支援教育と医療、多文化の子どもの教育について、また教育相談、教育制度、カリキュラム、教師論など教育の基礎的内容について、それぞれ幼小のつながりの観点から概説しています。

　第Ⅱ部「幼児期の遊びから児童期の学びへ」では、幼児期における遊びや生活を通した学びから小学校における教科の学びへの接続について、幼児期と児童期それぞれの教育課程や具体的事例を通して概説しています。幼児期の教育における「領域」は、小学校教育における「教科」と一対一で対応するものではありません。このことを前提としつつ本書では、特に関連の深いと考えられる領域と教科とのつながりをとらえ、それぞれの領域から教科への接続と連続性を検討しています。

　本書は全ての章において、幼児期、児童期、またその連続性について言及することで、「幼児期から児童期への歩みを支える」教育発達学の新たな展開を目指しています。また 2017 年に改訂された小学校学習指導要領、幼稚園教育要領など、幼児期の教育と小学校教育に関わる新しい動向をとらえた検討を行っています。子どもの理解と支援を学ぶ大学生のためのテキストを意図して編集したものではありますが、大学生にとどまらず、幼児期から児童期の子どもの支援に関心を持つ多くの方に手に取っていただけるよう願っています。

　最後になりましたが、風間書房の風間敬子氏には、『教育発達学の構築』刊行の折から継続してお付き合いいただき、本書の企画から最後の編集作業に至るまで支えていただきました。心より感謝申し上げます。

編者

■ 目 次 ■

第Ⅰ部

◆

幼児期から児童期への発達と教育

▶▶

第1章　幼児期・児童期の心理的発達と教育

1　はじめに

　人間が発達するとはどのようなことであろうか。自分自身に置きかえて考えてみよう。あなたが生まれて今に至るまでに何が変化しただろうか。言葉を覚え、計算ができるようになり、友人との特別な絆もできただろう。では、その変化はなぜ起こったのだろうか。人間という種として自然に成長する面もあれば、家族や社会の影響といえる面もあるだろう。

　以上のように、発達とは何かを考える際、「何が変化するのか」、「なぜ変化するのか」という2つの視座があることが分かるだろう。発達の科学的理論も、必ずこの両方の視座をもっているものである。本章では、この2つの視座を軸に、幼児期・児童期の知性と社会性の発達理論を見ていくことにする。

2　知性の発達

　人間とその他の動物を分かつものとして真っ先に挙げられるのは「知性」であろう。ところが、生まれたばかりの赤ちゃんには人間らしい知性は感じられない。知性は発達の中で身についていくのである。その間に何が変化し、なぜ変化するのだろうか。この問いに対しては、人間という種に普遍的な法則を見出そうとする理論と、子どもが育つ文化や社会に注目する理論がある。ここでは、前者の代表としてピアジェ、後者の代表としてヴィゴツキーの理論を見ていく。

2-1　ピアジェの構成主義心理学

　人間は、未来のために計画をしたり、宇宙の仕組みに思いを巡らせたりすることができる。人の知性の最も優れた点は、今、目の前にある世界から離れて、心の中に仮想の世界を作り、それを操ることができる点にある。この点に注目し、知性の発達理論を構築したのがスイスの心理学者ピアジェ（J. Piaget, 1896-1980）である。

　心にある現実世界の代替物のことを表象（イメージや抽象的な概念、記号なども含む）、表象を変形したり、比較したり、移動したりすることを操作と呼ぶ。ピアジェは、知性の発達とは、表象が徐々に洗練されること、そして操作の柔軟性が増していくことだと考えた。そして、その変化を促進する主要な原動力は、子どもの主体的な活動、すなわち構成活動だと考えた。そのため、ピアジェの理論は、構成主義とも呼ばれる。

　ピアジェは、表象、操作は大きく4つの段階を経ながら大人の状態へと変化するとした（e. g., Piaget & Inhelder, 1966）。以下にその4つの段階を見ていこう。

2-1-1　感覚運動期（誕生〜2歳頃）

　この時期、人間は表象を用いた思考をしていない。他の動物と同じように、視覚や体の感覚や運動を使って、自分の外の世界に対応しているのである。ピアジェは、この時期を感覚運動期、この時期特有の思考方法を感覚運動的思考と呼んだ。

　ピアジェは、この時期の初期（生後9カ月頃まで）は、表象自体が頭に存在しないとする。彼は以下のような実験をしてそのことを確かめた。子どもの前に、興味を引く玩具などを置く。子どもがその玩具に手を伸ばそうとする直前にハンカチなどで覆い隠す。そうすると、子どもはハンカチの下を探そうとせず、まるで玩具が無くなってしまったかのように振る舞うのである。ピアジェは、これは、この時期の子どもがハンカチの下のことを想像するこ

とができない、つまり表象をもたないためだと考えた。そして、この表象がない状態のことを対象の永続性の欠如と呼んだ。

　生後18カ月頃になり、安定した表象が確立されてくると、表象を用いた行動が見られるようになってくる。この時期盛んになるのが延滞模倣とごっこ遊び（象徴遊び）である。延滞模倣とは、他者の行動を時間をおいて真似をすることである。これは、真似する対象が子どもの頭の中に表象として存在することで初めて可能になる行為である。また、ごっこ遊びは、目の前にない事物を、他のもので代替させて想像の世界で遊ぶことである。これも頭の中に事物の表象があるからこそ成立する遊びである。

2-1-2　前操作期（2歳頃〜7歳頃）

　この時期、表象を操作する思考が可能になってくる。この時期以降の思考を表象的思考と呼ぶ。対象を手で動かすのではなく、頭の中で現実とは異なるように操作し、その結果を想像することができるようになるのである。

　ただし、この時期の操作は柔軟性に欠ける。例えば一方向に操作ができた場合でも、その逆を実行することができない。このことから、ピアジェは、この時期のことを前操作期と呼んだ。

　この操作の柔軟性の低さが原因で、この時期までの子どもの対象概念はやや大人と異なっている。対象を見た目で捉え、その量や重さを見た目と独立して考えることができないのである。ピアジェはこのことを保存の概念の欠如と呼んだ。このことは、次のような課題で確かめることができる（図1参照）。

　同じ形・大きさをもったa、bのビーカーに飲み物を入れ、子どもに同じ量であることを確認させる。その後、bを細長いビーカーcに入れる。そして再び子どもに「どちらが多いか」と尋ねると、4〜5歳くらいまでの幼児はcの飲み物が多いと答えるのである。子どもがこの課題に失敗するのは、子どもがcに移した水を、心内でbに戻すという逆の操作ができないため

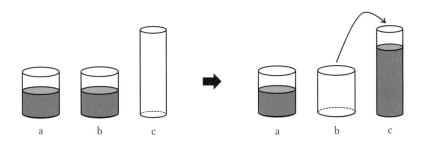

図1　ピアジェの液量保存の課題

だと考えられている。

2-1-3　具体的操作期（7 歳頃〜 12 歳頃）

　この時期、具体物の表象を対象にした場合には、柔軟な操作が可能になっ
てくる。このことにより、保存の概念が獲得される。また、この時期には推
移推論が獲得される。これは、A>B であり、B>C である場合に A>C であ
ることを推論する能力のことである。この関係概念が基盤となり、数概念、
量概念が発達していくと考えられている。

2-1-4　形式的操作期（12 歳頃〜成人）

　この時期、具体的な事物として存在しない抽象的な概念や仮説上の概念に
ついても心内に表象することができるようになる。このことが基盤となり、
数学の記号式など具体的な実体を捨象した表記法も理解できるようになる。
さらに、現実とは異なる事態を表象し、その仮定の下で起こり得ることを予
測することも可能になる。

2-1-5　ピアジェの構成主義の評価

　知性の発達において「何が変化するのか」という問いに対し、ピアジェは、
「表象の在り方と操作の柔軟性が変化する」と回答したといえる。人間は表
象が存在しない状態として生まれ、次第に具体物を表象できるようになり、

最終的に抽象的な概念を表象できるようになる。また、操作は手などを用いた実際の操作から始まり、ぎこちないながらも表象を操作できるようになり、最終的に柔軟な操作へと至る。

　一方、「何が変化の原因となるのか」という問いに対しては、ピアジェは子どもの主体的な構成活動だと回答したといえる。ピアジェは、表象の抽象化、操作の柔軟性の獲得には、子ども自身の操作の体験が欠かせないとみている。

　今日、ピアジェの数々の発見は見直されつつある。近年、乳幼児の行動の測定法の発展により、表象は生後3カ月半程度で既に存在すること (Baillargeon, 1987)、保存の概念ももっと早くから獲得されていること (McGarrigle & Donaldson, 1974) などが明らかにされてきている。しかし、知性の発達を、表象と操作の変化であるとする見方、その原動力を子どもの主体的な構成活動に求める見方は、今日でも多くの理論に受け継がれている。

2-2　ヴィゴツキーの文化・歴史的理論

　ピアジェの考えた発達理論は、人間という種の普遍的な発達過程を描いている。いわば、一種の生物としての人間の発達法則を描こうとしているのである。しかし、人間の知性を描くのにその観点だけで十分だろうか。

　生物種としての人間、つまり人間の遺伝子構成は20万年前から変化していない。そうであるなら、例えば、縄文時代の人間の知性と、現代の人間の知性は同質だといっていいはずである。しかし、この見方に同意する人は少ないだろう。人間は、育つ社会や文化によって全く別の生物であるかのように振る舞う。この点が他の動物とは大きく異なるである。

　この観点をいち早く採用したのが、ヴィゴツキー (L. S. Vygotsky, 1896-1934) の文化・歴史的理論である。ヴィゴツキーは、ピアジェと同時代にソビエト連邦（現ロシア）で活躍し、38歳という若さで世を去った。その理論は、長らく欧米や日本に知られてこなかったが、1980年代頃から多くの翻訳がさ

れるようになり、現代ではピアジェに並ぶ発達理論となっている。ヴィゴツキー理論の特色は、人間の知性の発達の根本に、「人間は文化・歴史を継承する生き物である」という観点を取り入れた点にある。

2-2-1　思考における言語の役割

　人の発達が社会や文化に影響されるという考え方であれば、特に斬新なものとはいえない。育った国や地方が違うだけで、立ち居振る舞いが異なるという実感は誰もがもったことがあるはずである。ヴィゴツキーが述べているのは、それ以上のことである。彼は、人のもつ知性が、そもそも社会や文化による遺産から作られていると考えたのである。彼が特に強調したのは言語である。

　あなたの今日一日の知的活動を振り返ってみてほしい。電車の時間を調べ、身支度にかけられる時間を計算し、朝食を買い、友人と昨日のドラマの場面について意見を交わしたとしよう。これら全ての知的活動は、数詞や計算法、事物の名称、論理関係を表す接続詞といった言語を通して行われている。そして、この言語は、あなた個人が生み出したものではなく、過去の人々が生み出し、あなたが継承した文化の遺産なのである。ヴィゴツキーは下記のように述べている。

　　思想は言葉で表現されるのではなく、言葉のなかで遂行される（Vygotsky, 1934　柴田訳 2001, p. 366）。

　この見方に従えば、人間の知性は、どのような時代・社会で育つかによって大きく異なることになる。数詞の例を使って、さらにこの考えを深めてみよう。

　我々は、今日、数を 10 ずつの単位で見る十進法を使って思考をしているが、これは人間という種に元々備わったものではない。例えば、古代バビロ

ニアでは極めて複雑な60進法が用いられており、その当時、計算は特別に教育を受けたエリートだけの技能であった（Dehane,1997, 長谷川・小林訳 2010, p. 180）。また、現代でもオーストラリアの先住民の一部は「1」「2」「たくさん」「少し」のみを用いて暮らしている（同, p. 170）。我々が特に不自由なく計算が出来るのは、たまたま十進法が普及した社会で生まれ、その教育を受けたからである。人間の思考の多くはこのように言語に組み込まれた「思考の道具」を介して行われているのである。

2-2-2　自然的段階から文化的段階へ

　言語は元々は思考のために生まれたものではない。それは元来、自分の外に向けられたものである。実際、言語を使い始めたばかりの幼児は、これを他者に何かを伝達するために用いている。一方で、原始的な思考はそれとは別に存在し、行動をコントロールし、日々生きるために用いられている。ヴィゴツキーは下記のように述べている。

　　　一定の時期までは、思考とことばは、相互に独立した異なる発達路線に沿って進む。（中略）一定の時点で二つの路線は交叉し、それ以後は思考は言語的となり、ことばは知性的となる（Vygotsky, 1934 柴田訳 2001, p. 129）。

ヴィゴツキーは、言語を介する前の思考を自然的段階、言語を介した思考を文化的段階と呼び区別した。

　ヴィゴツキーによれば、平行して存在していた言語と思考が交わり始めるのは、3歳頃だという。この時期、子どもは難しい問題を解決する場面で独り言をいうようになる。これは、他者に向けられたものではなく、自分に向けられたものである。これをヴィゴツキーは自己中心的言語と呼んだ。

　この自己中心的言語は、徐々に少なくなり7歳頃には見られなくなる。代

わりに心内で唱えられるようになるのである。ヴィゴツキーはこれを内言と
呼んだ。

2-2-3　発達の最近接領域

　ヴィゴツキーの理論は、人の知性における過去の人々の遺産を強調したも
のであるが、それが個人に継承されるためには、現代を生きる人々、すなわ
ち社会の役割が重要となる。

　ヴィゴツキーは、社会の役割を強調する上で、子どもの知性の発達におけ
る「大人との共同」に着目した。子どもには、一人ではできなくても、大人
と共同なら（大人が手本を示したり、指示をしたりすれば）できることがある。
ヴィゴツキーは、この大人と共同ならできる水準と、一人でできる水準の差
分の領域のことを、発達の最近接領域と呼んだ（図 2 参照）。

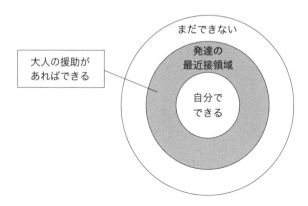

図 2　発達の最近接領域の概念図（Berger, 2006 より作成）

　この領域こそが文化が子どもに継承される入口となるのである。大人から
の手助けが、いずれ内化され、自身自身で出来るようになる。そしてさらに、
新たな発達の最近接領域が生まれ、次の成長を準備するのである。

2-2-4　ヴィゴツキー理論の評価

　知性の発達において「何が変化するのか」という問いに対して、ヴィゴツキーは「思考が自然的段階から文化的段階へと変化する」と回答したといえよう。人間は、原始的な思考をもって生まれるが、言語と交わることにより文化的な思考を身に着けていく。また「何が変化の原因となるか」という問いに対しては、「大人との共同」だと回答したといえる。これは言い換えれば教育活動だといえる。ヴィゴツキーの理論は知性の発達において、人間固有の活動である教育の役割を明確に打ち出した点でも評価される。

　ヴィゴツキーは、若くして世を去ったために、その理論は荒削りな部分も多くある。彼は言語の役割に焦点を当てたが、文化は紙や鉛筆、計算機など、それ以外にも数多くの思考の道具を生み出してきた。多くの知的行為は言語だけでなく、それらを介して行われている。また、知的行為は、個人ではなく、他者との共同の中で成立していることが多い。この見方を広げれば、知性は頭の中だけで成立しているのではなく、外界の道具や他者と組み合わさって成立していると見る方が妥当なのかもしれない。この観点から、ヴィゴツキーの理論を拡張した考え方は状況論と呼ばれ、知的発達の心理学における最新の理論の一つとして注目されている (e. g., Lave & Wenger, 1991; Hutchins, 1993)。

3　社会性の発達

　人は互いに協力し合い、一人ではなし得ないことをなすことができる。一方で互いに争い、他者を欺くこともある。人はこうした高度な社会性をもつ点で他の動物と異なっている。生まれてから大人になるまでに、社会性の何が変化するのだろうか。そしてなぜ変化するのだろうか。

3-1　情動と心の理論の発達

　ここでは、人間の社会性の基盤となる2つの機能を見ていく。情動と、相

手の立場を想像する能力である。

3-1-1　情動の発達

　乳児は、よく泣き、よく笑う。乳児にも明らかに情動はある。しかし、彼らが「哀愁」や「悔恨」などといった複雑な情動をもつことは想像しにくい。乳児の情動は単純かつ少数の情動のセットから出発し、成長とともに多様化、複雑化していく。その過程はどのようなものだろうか。

　情動の発達理論には、大別して基本的情動理論と、構成主義理論がある。前者は、1歳半ごろまでに出現する喜び、驚きなどの6種類程度の情動は、人間が生まれながらに完成した形でもっているとするものである（e. g., Izard & Malatesta, 1987）。後者は、乳児は未分化な興奮状態、あるいはごく少数の情動をもって生まれ、それが多様な情動へと分化していくという考え方である。ここでは、構成主義理論を代表するルイスの理論（Lewis, 2000）を詳しく見ていくことにする。

　ルイスは、誕生時には充足、興味、苦痛という3つの情動があり、それらが喜び、驚き、怒りといった情動に分化すると考えた（図3参照）。これらの情動を一次的情動と呼ぶ。

　1歳後半になると自己意識が成立する。これ以降に生じる自己意識が関与する情動を二次的情動と呼ぶ。最初に、自己が他者から見られていることから生じる照れや、自己と他者を比較することから生じる共感や羨望が現れる。さらに2歳半頃になると、自分の行為を外的な基準や行為と比較できるようになり、その違反から生じる恥や罪悪感、基準の達成や成功に伴う誇りといった情動が現れる。

　ルイスの理論は、情動の発達の要因を、主に認知の発達に求めるものである。考えてみれば、喜びも悲しみも、自分に起こった出来事をどう認知するかが出発点である。このことを踏まえれば、外界を認知する能力が発達するに伴い、その結果として現れる情動が多様化、複雑化するというルイスの理

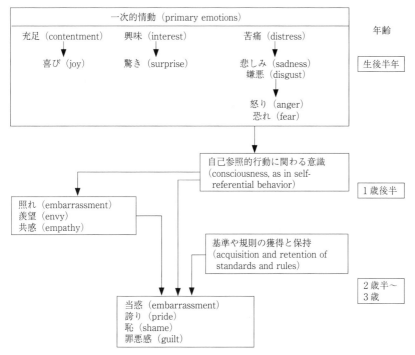

図3　ルイスの情動発達のモデル（Lewis, 2000 より作成）

論は納得がいくものであろう。

　ここまで情動表出の発達を見てきたが、情動は常に自由に表出してよいものではない。特に不快な情動についてはそうである。子どもは泣いたり、大きな声を出したりすることを自分で制御できるようになる必要がある。この情動の自己制御には、養育者など周囲の大人が大きな役割を果たしている。

　多くの文化では大人は、子どもが不快な情動を抑制する手助けをする。例えば、楽しい事柄に注意を向けさせたり、我慢するために数を数えさせたりする（Thompson, 1994）。これは、まさに、前節で見た発達の最近接領域における大人の働きかけである。大人が文化で共有された方略により、情動を抑制するのを助け、いずれその方略を子ども自身が自分に対して用いるように

なるのである。

3-1-2　心の理論の発達

　情動の表出や制御は、社会性の基盤であるが、これらは他の種でも備えている場合が多い。人間は、さらに高度な社会的な能力を有する。他者の情動や考えを理解する能力である。言い換えれば、相手の立場に立って考える能力である。この能力は「心の理論」と呼ばれている。

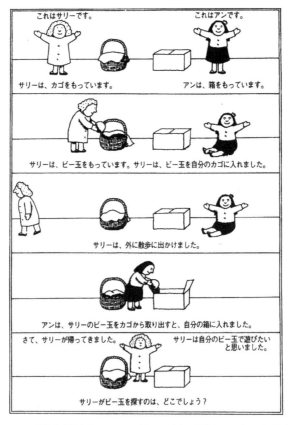

図4　誤信念課題（Frith, 1989（富田・清水・鈴木訳 2009）より引用）

　人間は最初から成熟した心の理論をもつわけではない。図 4 に示した誤信念課題を実施すると、3 歳頃までは、最後の「サリーがビー玉を探すのは、どこでしょう？」という問いに対して、「箱の中」と答えることが分かっている。4 〜 5 歳になって漸く大人と同じように「カゴの中」と答えられるようになるのである。

　ウェルマンら（Wellman & Woolley, 1990）は、3 歳頃までの幼児は、他者の行動を「願望（〜したいから）」という観点のみで理解していると説明している。「ビー玉で遊びたいから、今ビー玉のある箱の中を探すだろう」という訳である。4 歳児頃になって、他者が願望だけでなく「信念（思い込み）」に基づいて行動することが理解できるようになる。「ビー玉で遊びたいけど、カゴの中にあると思い込んでいるからカゴの中を探すだろう」という訳である。幼児はこの段階において、「他者の心の中は私の心の中や現実とは異なりうる。そして、他者はそれに基づいて行動することがある」ということを理解するのである。

　この理解のもたらす力は強力である。この理解のお蔭で、人間は自分と異なる状況にある他者の困難を想像して手助けすることができるし、逆に嘘をつき、他者を誤った方向に誘導することもできるのである。

　心の理論の発達の順序は、ほぼ文化で共通していることが分かっている。ただし、その速さや豊かさには、文化や社会が影響を与えていることが指摘されている。

　我々の文化は、観察しにくい情動や思考に対して「悲しい」「嬉しい」「考え」などと名前を付けてきた。こうした言葉の習得が心の理論の発達を促しているとの指摘がある。ダンら（Dunn, Brown, Slomkowski, Tesla, & Youngblade, 1991）の調査は生後 33 カ月の幼児の家庭での会話を記録し、生後 40 カ月の時点で誤信念課題を実施した。その結果、33 カ月の時点で、家庭において情動に関する会話が多い子どもほど、40 カ月の時点での誤信念課題で正答する割合が高かったのである。

　以上、人間の社会性の基盤である情動と心の理論の発達を見てきた。「何が変化するか」という観点については、情動は単純で少数の情動から複雑で多様な情動へと、心の理論は願望の理解から願望・信念の理解へと変化していくとまとめることができる。一方、「なぜ変化するか」という観点については、生物学的成熟と社会・文化の両方が関わっているといえるだろう。発達の大まかな道筋は人間という種に共通のパターンがある一方、その速さや質という点には社会・文化が影響を及ぼしているのである。

3-2　愛着の発達

　人間が互いに協力し合うためには、その基盤として、他者への信頼や好意がある。それはどのように発達していくのだろうか。ここでは、代表的な理論として、ボウルビィによる愛着理論を紹介する。

3-2-1　愛着とは

　幼い子どもは自分の養育者に対して特別な結びつきの情動を抱いている。愛着（attachment）とは、この情動のことである。ボウルビィは、幼い頃に形成されるこの愛着が後の子どもの人間関係の築き方の基盤となると主張したのである。

　彼はこの理論を、第二次大戦後の戦争孤児に対する調査から着想した。戦争孤児らの多くには、深刻な心身の発達の遅れが見られ、それは彼らが成長した後まで続いていたのである。ボウルビィは、これは施設の栄養状態や設備によるものではなく、母親的な養育者がいない環境で育てられた場合に生じる症状であるとし、これを母性剥奪（マターナル・デプリベーション）と呼んだ（Bowlby, 1953）。

　ボウルビィは、一部の鳥類に見られる刷り込み（imprinting）という現象に影響を受け、人間が養育者に愛着を抱くことを、生得的な行動だと考えた。刷り込みとは、ひよこが孵化後数時間以内に目にした動く対象に強い愛着を

抱く現象である。実際には、人間の愛着の形成は、刷り込みのような急速な学習形成とは異なるが、ボウルビィは、愛着は、人間が養育者に守ってもらうために、生まれもったものだと考えたのである。

　愛着は生得的であるとしても、その表出のされ方は発達とともに変化する。ボウルビィは愛着の発達は以下のように変化するとした。

　出生〜生後2、3カ月頃までは、相手を特定しない発信の時期である。この時期は近くにいる人物全般に対して見つめたり、手を伸ばしたり、微笑んだりする愛着行動が見られる。生後3カ月頃〜6カ月頃になると、周囲の人々が識別できるようになり、よく関わってくれる人物には愛着を示すようになる。生後6カ月頃〜2、3歳頃にはさらに人物の識別が明確になり、特定の人物に愛着行動を示す一方、見知らぬ人物には警戒心をもつようになる。また、この時期に愛着を抱く人物を安全基地とした探索行動が見られるようになる。3歳前後になると、愛着の対象である人物が近くにいなくても情緒的に安定した行動がとれるようになる。これは、その人物を表象として内在化させることができるようになるためだと考えられている。

3-2-2　愛着の個人差

　母性剥奪のような問題が明らかになると、一般の子どもの愛着の個人差に関心が向けられるようになった。個人差の測定方法を開発したのは、ボウルビィの共同研究者であったエインスワースであった（Ainsworth, Blehar, Waters, & Wall, 1978）。彼女が開発したのは、ストレンジ・シチュエーション法と呼ばれる観察・記録の方法である（図5）。この方法により、エインスワースは生後12カ月頃の子どもを以下の3つの群に分類した。

A群（回避型）：再会場面でも養育者への接近や相互作用を避けようとする。
　一方で、養育者との分離場面で明確な抵抗を示さない。
B群（安定型）：養育者との接近や接触を積極的に求める。特に再会場面では

① 実験者が母子を室内に案内，母親は子どもを抱いて入室。実験者は母親に子どもを降ろす位置を指示して退室。(30秒)

⑤ 1回目の母子再会。母親が入室。ストレンジャーは退室。(3分)

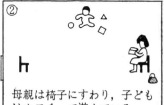

② 母親は椅子にすわり，子どもはオモチャで遊んでいる。(3分)

⑥ 2回目の母子分離。母親も退室。子どもはひとり残される。(3分)

③ ストレンジャーが入室。母親とストレンジャーはそれぞれの椅子にすわる。(3分)

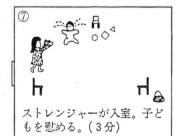

⑦ ストレンジャーが入室。子どもを慰める。(3分)

④ 1回目の母子分離。母親は退室。ストレンジャーは遊んでいる子どもにやや近づき，はたらきかける。(3分)

⑧ 2回目の母子再会。母親が入室しストレンジャーは退室。(3分)

図5　ストレンジ・シチュエーション法の手続き（繁多, 1987 より引用）

それが顕著である。明確に他者より養育者に対して相互作用を求める。

C 群（アンビバレント型）：特に再会場面で養育者との接触に対して抵抗を示
　す。一方で養育者との接近や接触を求め、一度その状態になるとその状態
　を維持しようとする。

　その後、上記 3 群のどれにも該当しない特徴をもつ群が存在することが認
識されるようになり、Main & Solomon (1990) によって、D 群（無秩序・無方
向型）と名付けられた。その特徴は「突然のすくみ、顔をそむけたまま親に
接近する、場違いな表情をしたり、うつろな表情で固まったりするなど、行
動に一貫性が見られない」というものである。今日ではこの群を加えた 4 群
による分類が一般的である。

　それでは、ボウルビィが主張したように、この時期の愛着の質がその後の
子どもの社会性に影響するのだろうか。実際、この仮説は多くの研究からあ
る程度妥当であることが明らかにされている。この時期に安定的な愛着を築
いている子どもは、幼児期になっても周囲の他者と安定的な人間関係を築き
やすいことが示されている (Pierrehumbert, Iannotti, Cummings, & Zahn-Waxler, 1989;
Youngblade & Belsky, 1992)。これは、乳児期に、安定した愛着を基盤にして
「自分は愛される存在である」という自分自身に対するモデルを形成するこ
とで、他者に対しても、適度な信頼感をもって接することが出来るためであ
ると考えられている。

3-2-3　愛着の個人差を生み出す要因

　ボウルビィが指摘するように愛着行動は、人間が生まれもった行動である。
しかしながら、上記に見たように、その表出のされ方には小さくない個人差
が存在している。その個人差を生み出しているのは何だろうか。

　エインスワースは、養育者の行動が主な要因となっていると考えた。彼女
は、上記の 3 群の子どもと養育者の家庭での様子を観察した。その結果、B

群の養育者は他の2群の養育者と比べて、子どもの発する信号に対して、より敏感に応答していることが分かった。つまり、愛着の安定性を左右する重要な要因は、この応答性ということである。それでは、不安定な愛着をもつA群とC群を分けている要因は何であろうか。エインスワースらは、A群はC群に比べて、子どもの要求に対する拒否行動、特に身体的接触に対する拒否、抑制された怒り、強制的な働き掛けが多く見られたとしている（Ainsworth et al.,1978）。彼女は、こうした養育者の行動の違いが子どもの愛着の個人差を生み出しているとしたのである。

　しかしながら、上記のようなエインスワースの主張に対し、反論する研究者も現れた。彼らは、愛着の個人差を生み出しているのは、養育者の行動ではなく、子どもの気質だと主張したのである（e. g., Kagan, 1984）。気質とは、子どもが生まれ持った気分・行動傾向のことである。例えば、元々、臆病な気質を持った子どもは、養育者が離れれば激しく泣くだろうし、再会時には強く接触を求めるだろう。このように、子どもの愛着行動は、気質の個人差を反映する面があるのは確かなのである。

　近年では「養育態度か気質か」という二分法的な見方を取る研究者は少ない。確かに、子どもの気質は愛着行動に影響し、それに対応する養育行動にも影響する。しかし、その養育者の行動によっても子どもの愛着行動も影響を受けるのである。その相互作用のサイクルの積み重ねとして形成されるのが、ひとり一人の愛着の質だというのが、今日の一般的な見方である（e. g., Belsky & Isabella, 1988）。

　以上、愛着という他者への信頼感の基盤の発達について見てきたが、ここでも他の情動や心の理論と同様のまとめをすることができる。愛着や愛着行動自体は、人間という種に備わったものであり、その個人差にも先天的な気質が反映されている。しかし、その発達を方向づけ、ひとり一人の愛着を形作っていくのは、周囲の人々との暖かな交わりなのである。

4　おわりに―人間の発達における教育の役割―

　人間は他の動物と同じように生物の一種である。その意味で、その変化には生物学的な法則性がある。一方で、本章で見たように、人間の発達はそれだけでは捉えられない。ヴィゴツキーが強調したように、人間の高度な知性は、ほとんど教育を通じて子どもの中に入っていったものであるし、ボウルビィやエインスワースが強調したように、互いの信頼関係は、人生で最初に出会う重要な他者との絆が基盤となっているのである。人間の発達において他者との交わり、そして教育は不可欠のものといえる。

　人の発達は、生物としての発達と、教育が絡み合って一体となったものとみなすべきであろう。人間のための発達の学は、その両方の観点を有していなければならない。その意味で教育発達学とは、人間のための発達の学といえるものである。

引用文献

Ainsworth, M. D. S., Blehar, M. C., Waters, E., & Wall, S. (1978). *Pattern of Attachment*. Hillsdale, NJ: Lawrence Erlbaum.

Baillargeon, R. (1987). Object permanence in 3 1/2 and 4 1/2-month-old infants. *Developmental Psychology*, **23**, 655-664.

Belsky, J., & Isabella, R. (1988). Maternal, infant and social contextual determinants of attachment security. In J. Belsky & T. Nezworkski (Eds.), *Clinical Implications of Attachment* (pp. 41-94). Hillsdale, NJ: Lawrence Erlbaum.

Berger, K. S. (2006). *The Developing Person through Childhood*. 4th ed. New York: Worth Publishers.

Bowlby, J. (1953). *Child Care and the Growth of Maternal Love*. Harmondsworth: PenguinBooks.

Dehane, S. (1997). *The Number Sense: How the Mind Creates Mathematics*. Oxford: Oxford University Press. （長谷川眞理子・小林哲生（訳）（2010）『数覚とは何か？―心が数を創り、操る仕組み―』早川書房）

Dunn, J., Brown, J., Slomkowski, C., Tesla, C., & Youngblade, L. (1991). Young children's understanding of other people's feelings and beliefs: Individual differences and their antecedents. *Child Development*, **62**, 1352-1366.

Frith, U. (1989). *Autism: Explaining the Enigma*. UK: Blackwell Ltd.（富田真紀・清水康夫・鈴木玲子（訳）（2009）『新訂 自閉症の謎を解き明かす』東京書籍）

繁多　進（1987）『愛着の発達―母と子の心の結びつき―』大日本図書

Hutchins, E. (1993). Learning to navigate. In S. Chaiklin & J. Lave (Eds.), *Understanding Practice: Perspectives on Activity and Context*. Cambridge: Cambridge University Press.

Izard, C. E., & Malatesta, C. Z. (1987). Perspectives on emotional development, I: Differential emotions theory of early emotional development. In J. D. Osolofsky (Ed.), *Handbook of Infant Development* (2nd ed., pp. 495-554). New York: John Wiley & Sons.

Kagan, J. (1984). *The Nature of Child*. New York: Basic Books.

Lave, J., & Wenger, E. (1991). *Situated Learning*. Cambridge: Cambridge University Press.

Lewis, M. (2000). The emergence of human emotions, In M. Lewis & J. M. Haviland-Jones (Eds.), *Handbook of Emotions* (2nd ed., pp. 265-280). New York: Guilford Press.

Main, M., & Solomon, J. (1990). Procedures for identifying infants as disorganized/ disoriented during the Ainsworth Strange Situation. In M. T. Greenberg, D. Cicchetti, & E. M. Cummings (Eds.), *Attachment in the Preschool Years* (pp. 161-182). Chicago: University of Chicago Press.

McGarrigle, J., & Donaldson, M. (1974). Conservation accidents. *Cognition*, **3**, 341-350.

Piaget, J., & Inhelder, B. (1966). *La psychologie de l'enfant*. Presses Universitaires de France.（波多野完治・須賀哲夫・周郷　博（訳）（1969）『新しい児童心理学』白水社）

Pierrehumbert, B., Iannotti, R. J., Cummings, E. M., & Zahn-Waxler, C. (1989). Social functioning with mother and peers at 2 and 5years: The innuence of attachment. *International Journal of Behavioral Development*, **12**, 85-100.

Thompson, R. A. (1994). Emotion regulation: A theme in search of definition. In N. A. Fox (Ed.), The development of emotion regulation: Biological and behavioral considerations. *Monographs of the Society for Research in Child Development*, **59** (Nos. 2-3. Serial No. 240).

Vygotsky, L. S. (1934). *Myshlenie i rech*.（柴田義松（訳）（2001）『思考と言語（新訳版）』新読書社）

Wellman, H. M., & Wolley, J. (1990). From simple desires to ordinary beliefs: The early development of everyday psychology. *Cognition*, **35**, 245-275.

Youngblade, L. M., & Belsky, J. (1992). Parent-child antecedents of 5-year-olds' close friendships: A longitudinal analysis. *Developmental Psychology*, **28**, 700-713.

（垣花真一郎）

●●●

第2章　発達が気になる子どもへの支援
―幼児期を中心に―

1　はじめに

　子どもの成長は、保護者にとっての喜びである。しかし、日々変化していく子どもの様子に驚きや楽しみを感じながらも、周囲の子どもとの比較の中で一抹の不安を感じている保護者もいる。幼児期のこどもの発達に不安を感じている保護者にとって、幼稚園、保育所、こども園の保育者は身近な相談相手であり、子育てのサポーターである。小学校入学後は担任教師をはじめとして、養護教諭や特別支援教育コーディネーター等校内の教員だけではなく、学童保育や放課後等デイサービスの指導員も子どもを一緒に育てるサポーターとなる。子育てのサポーターは気づきと支援に関する知識を習得しているだけではなく、保護者への心理支援に関しても専門家としての役割を担っている。

2　発達が「気になる」とは

　保護者や保育者が子どもの発達が「気になる」とは、発達の様子が「心配である」ということでもある。特に、幼稚園、保育所、こども園に入園し、集団の中でわが子の発達の状態を他児の発達と見比べるようになると心配にはなるが、一方でその心配を打ち消そうとする気持ちも同居している。例えば、園で同年齢の子どもたちの仲間に入らず一人遊びを続けていたり、意思をことばで伝えられずに他の子どもに手を出してしまったりする様子を見て発達が心配になる。しかし一方で、「うちの子はのんびり育てているから」

等、その心配を何とか打ち消しながら様子を見る日々がしばらく続くことも
ある。ある自閉症スペクトラム障害のある子どもの母親は、2歳になるまで
に抱いていた不安感を以下のように述べている（和賀, 2008）。

　　11ヶ月で歩き始めると、途端に目も手も離せなくなりました。公園へ
　出かけても遊具には全く興味を示さず、ゴミ箱のふたをバタバタさせて
　いるか、標識や看板を見続けているだけです。電車にのればドアが開く
　たびに降りたがり、体をよじって嫌がる息子を、私はいつも捕まえてい
　なければなりませんでした。1歳半頃から型はめやパズルに夢中になり、
　2歳近くなると、数字のカードを1から10まで並べていたり……何か
　違う？という不安を持ちながらも、いやわが子は大物かもしれないと、
　いつも心の中で葛藤していました。（同, p. 96-97）

　幼稚園・保育所・こども園の集団場面で多くの子どもたちを見ている保育
者の場合は、子どもの動き、言語・コミュニケーションの様子、他児とのや
りとりの様子などを見て発達面での課題を客観的に把握することができる。
笹森ら（2010）の「幼稚園・保育所における個別的な配慮等を要する幼児の
発見・支援に関する調査」の結果からは、保育所93園に在籍する691人の
配慮が必要な子どもについて、配慮が必要なことに気づかれた時期として、
入所前が181人、保育中が446人、乳幼児健診や就学時健診、他機関の利用
時が50人、その他が17人と報告されている。また、保育中に気づいた446
人について、気づかれた年齢は、0歳34人、1歳91人、2歳121人、3歳
122人、4歳64人、5歳14人で、1～3歳児保育時までに多くの子どもが気
づかれていたことが報告されている。最初に気になったことが、状況や子ど
もの体調などによって生じたものなのか、子どもが生来的に持っている特性
であり特別な支援の対象なのかを日々の活動を通して注意深く観察し、確認
していくことができる場が保育所・幼稚園なのである。発達が気になるとは、

同年齢の子どもたちができていることができなかったり、同年齢の多くの子どもたちでは見られないような特異な行動や特性が見られたりしたときの気づきから出発するものである。

　幼児期の成長の過程で気づかれる特性や障害もあるが、生後比較的早い時期に気づかれる障害もある。例えば、視覚障害、聴覚障害あるいはその疑い、肢体不自由、ダウン症等は出産後未だ病院にいる間に診断され保護者に伝えられることもある。早い時期の診断は早期療育につながり、医療・療育・教育面からのサポート、そして親の会のピア・サポート等様々な支援を受けながら成長していくことにつながる。

3　発達が気になる子どもとは

3-1　ことばとコミュニケーションが「気になる」子ども

　乳児は様々な音を発している。喃語といわれるもので音を出すことを楽しむかのように様々な音を発しているが、意味のあることばを発するのはおおよそ 1 歳前後である。子どもが最初に発する意味のあることばが「始語」であり、保護者も子どもの発達の一つの節目として関心を持っていることが多い。始語の多くは「ママ」「パパ」「ハッパ」等の撥音で構成される語である。

　1 歳前後で出ることが多い始語であるが、中には 2 歳近くになってもことばが出ない子どもがいる。周囲の者が話しかけた内容を理解している場合は、2 歳過ぎから話し始めることもある。しかし、現在では、各地域の保健センターで実施されている 1 歳半健診や 3 歳児健診で言語面の遅れを指摘されて療育機関を紹介されるため、始語の遅れに関する気づきが遅れることはほとんどなくなっている。また、子どもの発達に対する保護者の不安や心配などを調査した研究結果からは、知的障害の子どもの場合、1 歳から 3 歳頃までのあいだのことばの遅れが「気づき」の内容として挙げられ、自閉症スペクトラム障害の場合はことばの遅れとともに他者に興味を示さないこと、指さ

しをしないことが『気づき』の内容として挙げられていた（秋山・堀口, 2007）。

　1歳過ぎから単語で話し始め、2歳になる頃には2語文で話すようになる。この頃からことばが急激に増えるので周囲の者とのやりとりも話しことばで行うことが多くなっていく。経験したことや意思を伝えることができるようになると同時に、分からないことを質問することもふえていく。しかし中には、始語は1歳の頃出ていたが、その後ことばがふえない子どもがいる。白山（2017）は始語が出た後、ことばがふえない次女の様子に対して、「多少気がかりではありました」と表現している。白山家の次女は3歳児健診での個別相談、検査を経て療育に結びつくことになる。この間の保護者の心境を白山は以下のように述べている。

　　　一抹の不安が頭をよぎる一方、「大器晩成というではないか。多少の出来不出来は誰にだってある」と自分に言い聞かせてきました。しかし、周囲の子との違いが段々明らかになってきます。〈中略〉「もしかしたら、次女は発達障害なのかも知れない」と漠然と頭をかすめる瞬間がありました。でも、その次の瞬間には「まさかね」と打ち消す自分の内なる声が頭にこだましていました。当然どっちつかずの状態で落ち着かず、ふっと手が空いた瞬間には次女のことを考えてしまう……。こういう曖昧な状況で、「もしかしたら」と「まさかね」の振幅が大きくなると、かなり精神的な疲れもたまり、私も妻もハッキリさせたい気持ちが強くなっていきました。(同, p. 18-19)

　保護者の心の揺れが表れている文章である。自閉症スペクトラム障害や軽度の知的障害のある子どもの場合、ことばがなかなかふえないという状態ではあるが、明らかに障害があるという判断もできない期間が長く続くことになる。「わかりにくい障害」であるために、保護者は上記のような気持ちを抱えながら日々を送っている。

　始語の後ことばの数も増えていくが、発音できる音もふえていく。最初はパ行、バ行、マ行が正確に発音できるようになり、6歳になる頃にはラ行も含めて日本語の音は全て発音できるようになる子どもが多い。したがって、3歳の子どもでは「さかな」を「たかな」と発音することもよくみられるものである。しかし、小学校1年生になる頃まで不明瞭な音があったり、音の置き換え（「エレベーター」→「えべれーたー」）や省略（「クレヨン」→「うーよん」）があったりする場合は、聞こえの問題、口腔の問題、発達の問題等について注意してみていくことが必要となる。必ずしもすぐに言語指導が必要とは限らないが、適切に発音できないことを本人が気にして話すことを嫌がるようになったり、背景にある聞こえの問題が疑われたりするときは、時機を逸しないことが大切である。

　小学校には言語障害通級指導教室（ことばの教室）があり、構音の指導を受けることができる。指導を受けることにより、小学校在学中に構音がほぼ改善されて通級が必要ではなくなる。したがって、小学校入学後まで構音の障害が見られる場合は特別な支援が有効である。

　幼児期にことばはたくさん出ているが、自分の関心のあることを話し続ける、あるいは他者からの問いかけ等に適切に応じることができない状態にある子どももいる。名前を呼んでも振り向かない、あるいはコマーシャルを独り言のように繰り返す子どももいる。ことばは出ているが、ことばを他者とのコミュニケーションのために使用しない子どもたちである。コミュニケーションの障害は自閉症スペクトラム障害の特徴の一つでもあり、このような特性に気づいた時に相談機関に相談し、子どもの特性に応じた療育につながることが必要である。

　学齢期になると、言語・コミュニケーションの問題は生活や学習の様々な面に影響を与える。他児とのコミュニケーションがとれないために集団への適応が難しくなったり、教師の説明が分からなかったり、意思を表現することができないために授業への参加が難しくなったりする。学習にもつまずく

ことになる。言語・コミュニケーションに困難さがある場合は、通常の学級に在籍して多くの授業を通常の学級で受けながら、週に数時間「通級指導教室」で一人ひとりの状態に合った支援を受けることができる。また、障害の状態がより重篤な場合は、特別支援学級や特別支援学校で支援を受けることもできる。就学相談を活用して子どもの状態に合った教育の場を選択することが言語・コミュニケーションの力を伸ばすことにつながる。

3-2　運動面の遅れが「気になる」子ども

　生後１年間に子どもはさまざまな動きができるようになる。頸が座り、座位がとれるようになり、寝返り、はいはい、つかまり立ちができるようになり、１歳前後には一人で歩けるようになる。その後も走ったり、跳んだり、階段昇降ができるようになっていく。このような大きな動き（粗大運動）に障害がある状態を肢体不自由という。肢体不自由は四肢や体幹の永続的な障害であり、その原因としては脳性麻痺や二分脊椎がある。幼児期に発症し筋力が徐々に低下し、小学校中学年の頃に歩行できなくなる疾病として進行性筋ジストロフィーがある。

　一方、手指を使う微細運動については、幼児期には日常生活に関わる動作を見ていて気づくことが多い。摂食に関わるスプーンの持ち方やコップの握り方、衣服の着脱時にボタンをはめることができない等が気になることがある。しかし、このような動作は日常生活の中で何度も繰り返される動作であり、いつの間にかできるようになるものであると思われがちである。しかし、中には発達性協調運動障害のため、日常生活で必要となる基本的な動作がなかなかできるようにならない子どもがいる。時間をかけて、生活に必要な動作や、子ども本人が「できるようになりたい」と思っている動作を選択して一つずつ身につけることができるように支援していくことにより、生活で困ることを少なくしてあげたい。

　日常生活で必要な動作が上手くできないために子ども自身がその動作を行

うことを避けるようになったり、できないためにかんしゃくを起こしたりする場合は代替手段を考えてあげることも必要である。例えばボタンをはめることができない場合はボタンの無い衣服を選ぶ、コップを持つことが苦手な場合は持ち手の付いたマグカップを使用する、クレヨンや鉛筆を握ることが難しい場合は持ち手が太くなっているクレヨンを用意することなどの配慮が必要である。「できないことをできるようにする」のではなく、「本人の特性に合わせた方法」を考えるという視点も配慮を考えるときには重要である。

　学齢期になると、粗大運動でも微細運動でも巧緻性を要求される活動が多くなる。書字、コンパスや定規などの道具の使用、リコーダー等の楽器演奏、家庭科で針に糸を通すことや玉結びなど様々な教科で様々な動きが必要とされる。これらの活動は、他児と比較して自分自身がもっている苦手さを意識するきっかけともなるので、不器用さのある児童の指導については十分な配慮と準備が必要である。がんばっても他児と同じようにできないという失敗体験や苦手意識を味わう経験が積み重なると自己評価が低下し、さらには新しいこと・苦手なことに取り組もうとする意欲が低減する。学校生活の中で意欲を失うような経験が継続することは絶対に避けなくてはならない。児童がこのような経験をしないように適切な配慮や支援を行い、環境を整えることは教師の責任である。

3-3　社会生活面の様子が気になる子ども

3-3-1　生活スキルについて

　歩く、走るなどの移動が一人でできるようになり、手指の巧緻性も発達してくると、日常生活のスキルについて、一人でできることがふえてくる。スプーンや箸を使って食べる、衣類の着脱、排泄、片付けなどができるようになっていく。日常的に繰り返される活動であり、練習する機会も多いことから、周囲の大人もあまり気に留めないうちにできるようになり、いつできるようになったかも覚えていないものである。また、これらの生活スキルがで

きるようになる時期は個人差があり、本人や周囲の者が困っていなければ問題はない。しかし、集団に入り、できていることが前提で様々な活動が進められるような状況になると、子ども本人が「できない」ことを意識し、集団活動を回避するようになる。このような状態にある子どもについては周囲の大人の配慮が必要である。

　食事について配慮が必要な子どもの例を挙げる。昼食を食べるときに周囲の子どもたちは箸もスプーンも使い、こぼすこともなく食事を進めることができる場面で、一人だけ手づかみで食べ、足下やテーブルに食べ物がたくさん落ちている子どもがいる。このような子どもに対しては、先ずは持ちやすいスプーンと、スプーンですくったときに食べ物が外に逃げない形状の皿（ユニバーサルデザインの食器）を用意することが必要な配慮である。このような配慮をした上で、スプーンの持ち方などを練習していくことになる。

　学齢期になると生活面のスキルは当然習得されていることとして様々な活動が行われる。例えば、体操着や水着に着替えること、他児と同じペースで給食を食べること、休み時間に一人でトイレに行くこと等ができることが学校生活では必要となる。しかし、これらの生活面のスキルが未習得の場合は学校での活動の流れについていけなくなり、いつも注意されたり、急がされたりすることになる。担任教師だけでは対応できない場合は支援員を配置することによって、学校での生活が円滑に進むことも多い。必要な時期に必要な期間だけ配置することが合理的配慮である。

3-3-2　集団行動について

　家庭で家族の中で生活している間は落ち着いて過ごすことができていた子どもでも、幼稚園や保育所で集団の活動が始まると様々な特性が顕在化することがある。例えば、集団には入らずに一人でいる子どもがいる。一人でいる、という状態は同じであっても、その理由は様々である。例えば、他児とのやりとりができない、あるいはやりとりを避ける子どももいる。一人遊び

が好きな子どももいる。集団で行う遊びのルールが分からないために集団を避ける子どももいる。集団に入りたいという気持ちはあるがきっかけがつかめない子どももいる。子ども一人ひとりの発達の状態と特性を理解した上で集団参加を考えていくことが必要である。

　集団の中でトラブルを起こすことが多い子どもがいる。他児をかむ、たたく、けるといった行動がみられたり、物を投げたり壊したりすることでトラブルが引き起こされる。このような行動に対しても、やはり子どもの発達の状態と特性という観点から考えて対応していくことが必要である。多くの場合は意思をことばで伝えられないために攻撃的な行動という形で意思を表してしまうのである。

　小学校入学後は集団で遊ぶだけではなく、大集団・小集団での学習も始まる。学級全体の動きに合わせることや、他児の意見を聞いて自分の意見を言ったり、協力して一つの物を作り上げたりする活動がふえるため、協調する力が必要となる。集団行動には実に様々な力が必要とされるのである。集団行動に困難さが見られる場合は、ていねいにその背景にある個々のつまずきを探ることが適切な支援につながっていく。

3-4　学習が「気になる」子ども

　文字の読み書きや数量概念の獲得には多くの認知的な基盤を必要とし、乳幼児期の経験や学習が土台となって習得されるものである。

　五感から様々な情報を取り入れる、事物を操作する、推論する、確認する、他者とやりとりする等の経験が全て学習の基盤となる。これらの経験や知識が蓄積され、4歳頃に「しりとり」ができるようになると、文字の読み書きの基礎ができたと考えることができるのである。なぜ「しりとり」なのか。しりとりができるようになるためには、ことばのはじめの音と終わりの音とを区別して認識することが必要である。日常会話で聞いたり話したりすることばは単語（例えば「くるま」）であり、音の連続であったものが、「く」・

「る」・「ま」という3つの音でできていることがわかる（音韻認識）ようになって初めて、終わりの音が「ま」であることがわかるようになるのである（宮下, 2005）。このような基礎ができた後に、ひらがな一文字が一音に対応していることがわかり、ひらがなが読めるようになっていく。4~5歳頃から文字に興味を持ち始める。そして、いくつかの文字が読めるようになると、他の文字も急激に読めるようになり、さらにそれらをまねして書こうとする。このように、小学校に入学する頃には、ひらがな50文字の読み書きができるようになっている子どもは多い。

　しかし、音韻認識力が未発達で、幼児期にはことばの言い間違え（「エレベーター」を「エベレーター」と言う等）が多く、文字に興味を持たない子どももいる。このような状態で小学校に入学した場合に、文字の習得に時間がかかり、読み書き障害の状態になることが予想される。公立小学校の通常の学級担任教師を対象とした質問紙調査の結果からは、知的障害はないが、「文の音読」に困難がある児童の割合は2.2%であることが報告されている（細川, 2010）。

　読む力は全ての学習にかかわるものであり、読むことの苦手さは学業不振につながるものである。また、読みが苦手な子どもは、一文字一文字を読むことに時間がかかり、非常に集中力を要するため、本を読むと疲れること、そして疲れることから本を読まなくなり、さらにその結果として学習に必要な語いや知識が身につかないという悪循環が指摘されている（小枝, 2019）。このような状態にならないためには、読みが難しいことへの気づきが必要であり、子どもの状態に応じた支援が必要である。日常会話には問題がなく、よく話す子どもであっても、文字への興味を示さなかったり、音韻認識の力が十分に育っていなかったりする場合には、絵本の読み聞かせ、カルタ、しりとり、文字の書かれた積み木で遊ぶこと等を生活の中に積極的に取り入れることが大切だといえよう。

　小学校入学後は、読み書きができないことは全ての学習のつまずきにつな

がると言っても過言ではない。おそくとも、小学校2年生になった時点でひらがなの読み書きが完全に習得できていない子どもについては、読みの検査等を実施して、早い時期に適切な支援を開始することが必要である。学習する内容は学年が進むにしたがって量・質ともに急増していく。小学校低学年の時期に、学習に困難さを持つ子どもの特性を把握して、特性に合った支援が実施されることが望まれる。

4　「気づき」から始まる支援

4-1　子どものニーズに気づくために必要な知識

　子どもが困っている状態に気づき、その困難さの原因を探ることは、適切な対応を行うための出発点である。大人から見ると「困った行動」「不適切な行動」「できないこと」であっても、その背景には子どもが持つ「困難さ」があることを知っていれば注意や叱責だけの対応とはならないはずである。特に幼児期から小学校低学年の年齢段階の子どもが示す困難さは、子ども本人の力だけでは解決できるはずもなく、子ども本人は「なぜ自分は他の子と同じようにできないのだろう」「なぜ自分だけいつも怒られるのだろう」と思い、非常に困っているのである。しかもそれをことばで大人に伝えることができるほどの言語力をもたない状態にある。このような状態にある子どもが叱責され続けると、大人との安定した関係を構築することができないだけでなく、大人に対する反発心をもってしまう場合もある。さらに、自信を失ったり、適切な支援を受けないまま「できない」ことが続くと、学習性無力感という状態を示すこともある。

　子どもたちがそれぞれの特性に応じて、また各自の発達の状態に応じて必要な支援を受けることができるようになるためには、子どもが困っているというサインに気づき、さらにその困難さをもたらしている原因についての仮説をたてることができ、さらに客観的な実態把握ができることが必要である。

　「困っている」というサインは多くの場合、大人から見ると不適切な行動であることが多い。例えば、絵本の読み聞かせをしている最中に一人で走り回ったり、奇声を発したりする子どもがいる。ほとんどの子どもが絵本の内容に聞き入り、食い入るように絵本を見つめている中で、あたかも他児の邪魔をしているように見えてしまう行動である。しかし、このような行動をする子どもの場合、ことばの聞き取りが悪かったり、ことばの意味が分からなかったりすることを「走り回る」という行動で示していることがある。また、多動性があるために長時間着席して聞いていることができない子どももいる。奇声を発してしまう子どもの場合も、内容に興味が持てずに退屈していることを奇声という形態で表しているのかもしれない。

　以上のような仮説をたてることができれば、絵本の読み聞かせをする場合でも、短い絵本にする、途中で休憩を入れる、ことばの意味を補うためにペープサートを使う等の配慮を試すことができる。このような配慮で行動が改善されたならば、仮説が正しく、配慮の方法が正しかったことがわかる。行動が改善されないならば、新たな仮説を立てることが必要となる。

　ことばの理解力が十分ではないという気づきがあった場合は、客観的な実態把握のために、絵画語い発達検査（PVT-R）等の検査を実施することも有効な方法である。対象となる子どもが理解できる語いがどのようなものなのか、定型発達の子どもの語彙力と比べて年齢相応なのかあるいは遅れがあるのかを把握することによって、子どもが持っている語彙力で理解できる絵本を選択することもできるであろう。

4-2　子どもが示す困難さの背景にある障害について

　生後、比較的早い時期に気づかれる障害がある。視覚障害、聴覚障害、脳性麻痺等の肢体不自由、ダウン症等である。そして、障害が分かったときから、その後の育て方や支援機関等に関する情報を保護者は得ることができる。したがって、子どもの状態を理解し、子どもの状態に即した育児をすること

ができるようになっていく。しかし、幼児期になり、集団の中で活動するようになってから気がかりなことがふえていく子どももいる。このような子どもの中には、コミュニケーションや集団行動に困難さを持つ自閉症スペクトラム障害の子どもがいる。また、常に体のどこかが動いていたり、衝動的であったりする注意欠陥多動症の特性を持つ子どももいる。行動面は気にならないが、指先を使う工作の時に機嫌が悪くなり、せっかく途中までできた作品を自分で壊してしまったり、文具を上手く使えない等の不器用さを示す発達性協調運動障害の子どももいる。

　このような障害を持つ可能性がある子どもに関する知識をもっていることが、不適切な関わりをしないために必要であるといえる。

4-3　家族への支援

　支援ニーズのある幼児期の子どもの場合、支援の主たる対象は保護者である。様々な特性を持つ子どもたちに、各自に合った適切な対応をするためには、①子どもの特性に関する知識を持っていること、②特性に合った対応方法に関する知識をもち、③一人ひとりの特徴に合わせた配慮の方法を工夫できる力が必要である。保護者の多くは、親になるまで障害児者と接する機会はほとんどなかったであろう。また、教育学や心理学を学んだ者以外は障害に関する知識を得る機会も少ない。したがって、わが子の障害や障害を持つ可能性を知った時に戸惑ったり不安になったりするのは当然のことなのである。障害について伝えられた時の保護者の思いの過程をドローターら（Drotar, Baskiewicz, Irvin, Kennell, & Klaus,1975）の障害受容の段階説（ショック→否認→悲嘆と怒り→適応→再起）に沿って田中（2011）は次のように述べている。

　　それでも、伝えられた診断は、当初は受け入れがたく、親は「拒否・否認」的態度を示しやすい。しかし、わが子の育ちにつきあってきた親は、情緒的な混乱がやや収まると、今度は「なぜうちの子に障害が」と

いう運命に対し、どこにもぶつけようがない怒りや悲しみを抱くようになる。こうした感情の嵐の果てに、「なぜわが子に障害が生じたのか」という原因追及と「どうしたら消え去るのか」に向けて親は歩き始める。〈中略〉しかし、消失することのないものという事実の前に家族や親は、怒りと悲しみを再燃させるか、抑うつ的な気分に陥る。これは、主にドローターらが主張した段階的過程であるが、もっとも重要なことは、これは「段階」ではなく、行きつ戻りつの親の思いの歩みであるということではないかと思われる。

　障害を受け止めるというゴールに向かう階段というよりも、まさしく一喜一憂の人生行旅である。(同, p. 22)

　子どもは各自のペースで成長していく。支援者は、保護者に「子ども一人ひとりの発達の様相がある」ことを伝え、教師や保護者を含めた周囲の大人ができること、行うべきことを伝えることが必要である。子どもが必要としている特別な支援を受けることができる教育制度や卒後の生活の選択肢等の情報を提供することも全て保護者支援である。したがって、支援者は、保護者の不安を低減するために必要な情報を持っていること、子ども支援のための知識とスキルを持っていることが必要である。保護者の不安や戸惑いを理解し、子どもと保護者に伴走していくことが保護者支援である。

5　支援システム

5-1　就学前支援機関

　盲学校では、0 歳からの相談や療育を行っている。主に幼稚部で、教育相談という形で見えにくい子ども、見えない子どものための育児相談と療育が行われている。幼稚園、保育所、こども園に通園している子どもも盲学校に登校することができる。視覚障害のある子どもを持つ保護者にとっては保護

者自身が経験したことがない「見えにくい」という状態にある子どもを育てるために必要な情報を得ることができるし、子どもにとっても家庭の中では経験できない遊具や玩具を使用した活動を体験する機会となる。また、幼児期から点字の導入教育も行われている。

　聾学校でも 0 歳からの相談や療育が行われ、視覚や触覚を活用して環境からの情報を受け止める体験を重ね、子どもの特性に合ったコミュニケーションの方法についても教員と保護者で検討を重ねていくことになる。

　乳幼児健康診査で何らかの気づきがあり、保健センターから相談機関や児童発達支援センターでの療育につながることもある。知的障害や自閉症スペクトラム障害の子どもの場合、1 歳半健診や 3 歳児健診でことばの遅れや行動面の特徴があることに医師や保健師が気づき、発達支援を目的として療育機関への通園が開始されることが多い。療育機関では、母子通園あるいは子どもだけが通園し、小集団や個別の形態で言語・コミュニケーションの指導を受けたり、幼稚園や小学校での集団行動に適応するためのスキルの習得を目的とした活動を経験する。

5-2　幼児期の支援と就学後の支援をつなぐ

　障害児保育を実施している保育所は、2017 年度は 17,595 カ所、対象児は 67,796 人であり、毎年増加している（厚生労働省, 2019）。また、保育所に通所する障害のある子どもに対する国の支援施策も充実が図られている（厚生労働省, 2017）。その一つが障害児保育加算であり、障害児 2 人について保育士 1 人を配置するために必要な経費を国が 2 分の 1 負担し、都道府県と市町村が 4 分の 1 ずつ負担するというものである。また、保育士等キャリアアップ研修の研修分野として「障害児保育」が盛り込まれ、研修を実施するために必要な経費として国が 2 分の 1 補助することになっている。専門家の支援を受けることができるシステムもあり、保育所等の子どもやその親が集まる施設・場に発達障害者支援に関するアセスメントや支援手法についての知識と

技術を持った専門員が巡回支援をするために必要な経費を国が一部負担するという事業もある。

　幼稚園、保育所、こども園での支援は地域によって異なる。また、公立か私立かによっても特別支援が必要な幼児への支援は多様である。例えば、肢体不自由があり、移動や排泄に支援が必要であったり、安全面への注意が常時必要な子どもが通園する場合は介助者や支援員が配置されたり、職員の加配が認められる。また、直接子どもへの支援を行うのではなく、保育者に助言をする役割を担う巡回相談員や巡回心理士を活用している自治体もある。特別支援学校の地域支援コーディネーターが子どもの実態の捉え方や支援内容・方法に関する情報を提供したり、保育者や保護者を対象とした特別支援教育に関する研修を行うこともある。大都市圏では民間の療育機関や教育機関もあり、幼児期から成人期までの一貫した支援を受けることができる。特別な支援を必要とする子どもたちと家族への支援の役割の一部を担っている。

　このように、地域内の様々な関係機関が子どもと家族と保育者を協働で支援する仕組みができつつあり、子どもの様子が「気になる」段階で相談や支援を開始できるようになった。様々な支援を受けて幼児期を過ごした子どもたちが小学校就学にあたり、幼児期の積み重ねを学齢期の支援に伝えていく方法として、各地で「支援ファイル」の試みが始まっている。「支援ファイル」とは、子どもの生育歴等の基本情報、相談・教育歴、過去の支援内容・方法、保護者や本人の願い等が記載されたファイルである。地域によって、相談支援ファイル、サポートブック、個別支援ファイル等の名称で活用され始めている。支援ファイルは、幼児期の支援内容の蓄積を学齢期に伝えていくものであり、支援経過の評価も可能にする。小学校入学以降の個別の指導計画や教育支援計画にもつながるものである。

引用・参考文献

秋山千枝子・堀口寿広（2007）発達障害児の保護者による「気づき」の検討　脳と発達, **39**, 268-273.

Drotar, D., Baskiewicz, A., Irvin, N., Kennell, J., & Klaus, M. (1975). The adaptation of parents to the birth of an infant with a congenital malformation: A hypothetical model. *Pediatrics*, **56**, 710-717.

細川　徹（2010）特異的発達障害の臨床診断と治療指針作成に関する研究チーム（編）『特異的発達障害　診断治療のための実践ガイドライン』診断と治療社　pp. 36-37.

小枝達也・関あゆみ（2019）『T 式ひらがな音読支援の理論と実践』日本小児医事出版社　pp. 14-15.

厚生労働省（2017）保育所等における障害のある子どもに対する支援施策について（事務連絡）

厚生労働省（2019）「各自治体の多様な保育（延長保育、病児保育、一時預かり、夜間保育）及び障害児保育の実施状況について」 https://www.mhlw.go.jp/stf/seisakunitsuite/bunya/0000155415.html（2019 年 11 月 29 日取得）

宮下孝弘（2005）「読み書きできるようになること」 柏木惠子・古澤頼雄・宮下孝弘『新版 発達心理学への招待』ミネルヴァ書房　pp. 81-87.

笹森洋樹・後上鐵男・久保山茂樹・小林倫代・広瀬由美子・澤田真弓・藤井茂樹（2010）発達障害のある子どもへの早期発見・早期支援の現状と課題　国立特別支援教育総合研究所研究紀要, **37**, 3-15.

白山宮市（2017）『わが子の発達障害告知を受けた、父親への「引継書」。』ぶどう社　pp. 18-19.

田中康雄（2011）発達障害のある子どもの家族を応援する　こころの科学, **155**, 22.

和賀真理（2008）「子どもの可能性を信じて」 遠藤千枝子他『子育て日記―わが子の「困り感」に寄り添って』学習研究社　pp. 96-97.

（緒方明子）

第3章　神経発達障害、肢体不自由のある 子どもの療育・特別支援教育と医療

1　はじめに

　障害のある子どもの支援は、教育、医療、福祉、労働、司法など多領域にまたがる学際的・複合的なものである。彼らへの支援は個々の子どもへの働きかけだけでなく、その子どもが育つ家庭や地域社会といった環境にも働きかけることで進展する。そうした支援は多職種の専門家が協働するチームアプローチにより実践されることが重要であり、教育は教育、医療は医療という考えを超えて支援の仕組みを整備する必要がある。

　2017 年 5 月の時点で、全国の義務教育段階にある児童生徒およそ 990 万人のうち、約 41 万 7 千人（4.2％）の児童生徒が特別支援教育を受けていた（文部科学省, 2018）。このうち特別支援学校に在籍していた児童生徒が約 7 万 2 千人（全児童生徒の 0.7％）、小中学校の特別支援学級に在籍していた児童生徒が約 23 万 6 千人（同 2.4％）、通常の学級に在籍して通級による指導を受けていた児童生徒が約 10 万 9 千人（同 1.1％）などであった。全国的に子どもの数が減少する中、特別支援教育を受ける子どもの数は増加しており、中でも特別支援学級に在籍する児童生徒数は 2008 年からの 10 年間で約 1.9 倍、通級による指導を受けている児童生徒数は約 2.2 倍と増加している。

　障害の種別でみると、特別支援学校では知的障害の児童生徒が最も多く在籍し、特別支援学級では知的障害、自閉症・情緒障害が在籍児童生徒の約 95％を占める。知的障害特別支援学校に在籍する児童生徒には自閉症を併せ持つものも少なくない。通級による指導では言語障害、自閉症、学習障害、注意欠陥多動性障害などいわゆる発達障害の児童生徒が 8 割を超えている

表 1　特別支援教育と障害の種類

	特別支援学校		特別支援学級		通級による指導	
	小学部	中学部	小学校	中学校	小学校	中学校
視覚障害／弱視	1,550	1,228	413	134	176	21
聴覚障害／難聴	2,935	1,853	1,242	470	1,750	446
知的障害	37,207	27,662	77,743	35,289		
肢体不自由	13,578	8,381	3,418	1,090	100	24
病弱・身体虚弱	7,306	5,158	2,480	1,021	20	9
言語障害			1,570	165	37,134	427
情緒障害			80,403	30,049	12,308	2,284
自閉症					16,737	2,830
学習障害					13,351	3,194
注意欠陥多動性障害					15,420	2,715
在籍児童生徒数 （全児童生徒数に占める割合）	71,802 （0.7％）		236,123 （2.4％）		108,946 （1.1％）	

特別支援教育資料（平成 29 年度）（文部科学省，2018）をもとに作成　　　　　　（人）
特別支援学校は複数の障害を併せ有する児童生徒を重複してカウントしている

（表 1）。

　さらに小中学校の通常の学級には、発達障害の可能性があり特別な教育的支援を必要とする児童生徒が 6.5％（およそ 15 人に 1 人）在籍している。このうち通級による指導を受けているのはごく一部で、ほとんどが通常の学級でのみ学んでいる（文部科学省，2012）。小学校 1 年生に限れば、特別な教育的支援を必要とする児童は 9.8％にのぼる。

　また医療の進歩に伴って、痰の吸引や経管栄養など医療的ケアを必要とする児童生徒が、特別支援学校在籍児童生徒の 6.0％、小学部に限れば 10.1％在籍している。さらには小学校・中学校の通常の学級にもそうした児童生徒が通学している（文部科学省，2018）。

　特別支援教育は通常の学級から特別支援学校まですべての教室で行われており、通常の学級の担任であっても特別支援教育と無関係ではいられない。

特別支援教育を専門とする教員には、通常の学級で学ぶ発達障害の児童生徒から特別支援学校で学ぶ肢体不自由のある児童生徒まで、さまざまな障害の状態を踏まえて個々の教育的ニーズに応えていくことが求められる。

　ところで、特別支援教育を受けている子どもの多くは医療を利用している。社会で生き生きと暮らすには健康であることが重要だが、彼らには種々の理由で健康問題が生じやすく、障害があることで健康増進を図りにくい。また障害に関連した福祉制度を利用するには、子どもの障害について医療機関の診断が必要になる場合が少なくない。特別支援教育を受けるのにそうした診断は必須ではないが、特別支援学校への就学、特別支援学級、通級による指導の利用にあたっては、専門医による診断も含めて総合的に判断することが求められている（文部科学省, 2013）。

　障害の比較的重い子どもや合併症を生じた子どもは、乳幼児期から医療機関で障害の診断やケアを受けるとともに、療育センターなどの福祉施設で「療育」を受けて就学を迎えることが多い。子どもに障害があることが発見され、診断され、療育を受けるという保健・医療・福祉の継続的な支援が、就学時の特別支援教育の利用を後押しする。障害のある子どもにとって、幼児期から学童期にかけて一貫した適切な支援を受けることが、将来の社会生活にとって重要な力となる。本章では幼児期から学童期における障害のある子どもに対する療育・特別支援教育と医療のかかわりについて解説する。

2　障害があるということ

2-1　障害とふつう

　「障害がある」ということはどういうことだろうか。一般に「ふつう」ならできることができなかったり、あるはずのものがなかったりして「ふつう」とは異なる状態である場合に、「障害がある」と理解する人が多い。目が見えない、耳が聞こえない、歩けない、四肢が欠損している、言葉が話せ

ないなどといった状態から、その人には「障害がある」と捉えるだろう。しかしそれは「障害がある」状態のごく一部を見ているに過ぎない。

　「障害がある」状態を「ふつう」からかけ離れた特殊な状態と捉えるのは適切ではない。そもそも「ふつう」という状態も実にさまざまであり、決まった形があるわけではない。人によって「ふつう」と捉える幅も異なる。同じように「障害がある」という状態もさまざまであり幅がある。障害があってもふつうに生活している人はたくさんいる。「障害」と「ふつう」を明確に分けることはできないし、その必要もない。

2-2　国際障害分類

　世界保健機関（WHO）は、1980 年に国際障害分類（ICIDH：International Classification of Impairments, Disabilities and Handicaps）を公表し、障害を機能障害（impairment）、能力障害（disability）、社会的不利（Handicap）の 3 つの視点で捉えることを示した。この分類は生物レベル、個人レベル、社会レベルという障害の 3 つの階層を明らかにした点で意義のあるものであった（上田, 2002）。例えば、出生時に脳が低酸素状態に陥った結果、下肢に麻痺が生じたという場合、生物レベルでは下肢の運動機能に障害があると捉える。下肢が動かないと歩くことができず、家庭や学校など個人の日常生活レベルで移動能力に障害を生じる。移動能力に障害があると社会レベルで電車やバスを利用して通勤することができず、なかなか仕事に就くことができないという社会的不利な状況におかれる。しかし、こうした捉え方はややもすれば、機能障害がある人には必ず能力障害が生じ、その人は必ず社会的不利な状況におかれるという誤解を生じがちであった。下肢の運動機能障害があっても車椅子を使えるようになることで自宅内や学校内を自力で移動できる人もいる。こうした場合、床の段差や通路の幅、勾配などの環境条件によって移動に制限を生じる可能性はあるものの、その人の移動能力に障害があるとは言い切れない。車椅子用の自動車を自ら運転して通勤する人もいる。職場に職員用の駐車場

があり、デスクワークが中心の仕事であれば、社会的に不利な状況におかれているとも言い切れない。

2-3　国際生活機能分類

　2001年にはICIDHの改訂版として国際生活機能分類（ICF：International Classification of Functioning, Disability and Health）が発表された。障害が3つの階層から成る点は変わらないが、マイナス面よりもプラス面を重視し、物理的環境、偏見などの環境因子が導入された（上田, 2002）。プラス面である人の生活機能（functioning）は、ICIDHの3階層に対応して、心身機能・身体構造（body functions and structures）、活動（activity）、参加（participation）からなり、それらが制限され制約された状態を障害と捉えることが示された。

　ICFは障害を疾病などにより生じた個人の特徴として捉える医学モデルと、障害を個人の問題ではなく社会的に生み出される問題として捉える社会モデルを統合した生物・心理・社会モデル（biopsychosocial model）に基づいており、

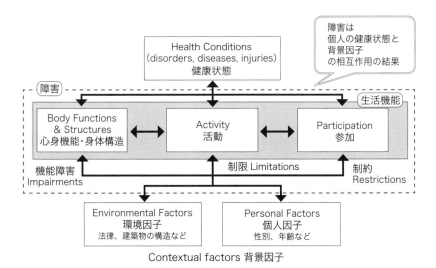

図1　国際生活機能分類における障害（WHO, 2002を一部改変）

障害は個人の健康状態と背景因子の相互作用の結果であると捉えている（WHO, 2002）。個人の健康状態は、機能障害を引き起こした原因疾患の他、その人がかかる疾患やけがなどを指す。背景因子は個人の人生と生活に関する背景全体を表し（厚生労働省, 2002）、建物の構造や法律などの外的な環境因子と性別や年齢などの内的な個人因子からなる（図1）。例えば、下肢の運動機能障害があり、車椅子で移動し、上肢だけで運転する車を使って通勤して働いている人がいるとしよう。この人が手をケガして車椅子を操作できなくなったとしたら、下肢の運動機能障害は変わらないものの、移動能力は低下し、日常生活の活動制限は増加する。車も運転できなくなり、通勤にも支障が出て、社会参加の制約も増加する。この時、例えば、電動車椅子を使えれば日常生活の活動は維持されるかも知れない。在宅勤務に切り替えることができれば社会参加を継続できるかも知れない。ICF はこのようなマイナスを補ってプラスを増やすにはどうしたら良いかを検討するための枠組みととらえるとよい。

2-4　医療で捉える障害

　障害という言葉は医療、教育、福祉などの領域で使われるが、領域によって想定している障害の階層が異なっていることが少なくない。医療の専門家は機能障害があるという意味で障害があると捉え、状態が変化することはあっても障害がなくなることはないと考える。一方、教育や福祉の専門家は日常生活の活動制限や社会参加の制約があるという意味で障害があると捉え、本人への教育、支援体制の整備を通じて障害を軽減しようと考える。同じ障害という言葉を使っていても、職種により想定している階層が一致していない場合があることをお互いに知っておくとよい。

　医療は個人に生じた心身機能の異常を疾患（Disease, Disorder）として捉える。心身機能の低下がすべて疾患によるものとは限らない（加齢による機能低下などもある）が、疾患がある時には何らかの機能障害を生じている。機能障害

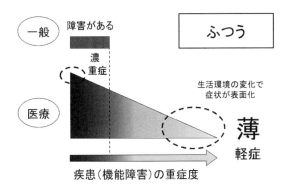

図2　障害にも幅がある（小林，2020a を一部改変）

を疾患という目で見れば、症状の濃い重症のものから症状の薄い軽症のもの
まで幅がある（小林，2020a）。どの疾患も重症のものは少なく、軽症のものが
圧倒的に多い。重症で日常生活の活動制限や社会参加の制約を生じていると、
その人に障害があることが周囲に理解されやすい。一方で症状が薄く軽症の
場合、その疾患に気付かれないまま、ふつうに生活していることも少なくな
い。しかし生活環境が変化したり、それまで得られていた自然な支援や配慮
がなくなったりした途端、症状が表面化して疾患に気付かれる場合もしばし
ばある（図2）。子どもは発達途上にあることから、こうしたことが生じやす
いので注意する必要がある。

3　子どもに生じる機能障害

　子どもに生じる機能障害（心身機能の異常）には次のようなものが知られて
いる。これらの機能障害があることで日常生活の活動が制限され、社会参加
が制約される場合には、特別支援教育や福祉の支援の対象となる。

3-1　視覚機能の障害

　視力低下を来すものと視野狭窄を来すものがある。眼球の疾患には、先天性白内障、先天性緑内障、網膜芽細胞腫（網膜に発生するがん）、未熟児網膜症などがある。脳腫瘍や脳梗塞などのため、視神経や大脳視覚野が破壊され視力・視野の問題を生じる場合もある。特別支援教育では視覚障害、弱視に位置づけられる。

3-2　聴覚機能の障害

　聴力の低下を生じるもので難聴ともいう。音の伝達の経路から、外耳から中耳までの異常によるものを伝音性難聴、内耳から脳までの異常によるものを感音性難聴、両者があわさったものを混合性難聴という。先天性難聴として遺伝性難聴、先天性風疹症候群、先天性サイトメガロウイルス症候群、後天性難聴としておたふく風邪によるムンプス難聴などが知られている（守本，2019）。特別支援教育では聴覚障害、難聴に位置づけられる。

3-3　運動機能の障害

　四肢・体幹を動かす機能の低下を生じるもので、脳、脊髄、末梢神経、神経筋接合部、筋肉、骨、関節の疾患がある。脳性麻痺、二分脊椎、脊髄性筋萎縮症（ウェルドニッヒ・ホフマン病など）、重症筋無力症、筋ジストロフィー（デュシャンヌ型、先天性福山型など）、骨形成不全症などが知られている。これらには運動発達の遅れを来すもの、後天的に運動機能が低下するものなどがある。特別支援教育では肢体不自由に位置づけられる。また重度の肢体不自由と重度の知的障害をあわせもつものを重症心身障害と呼ぶ。重症心身障害の子どもは、呼吸、嚥下など生命維持に直結する機能に顕著な障害があり、痰の吸引、気管切開、経管栄養などといった医療的ケアを必要とする場合が少なくない。

3-4　精神機能の障害

　知的機能、行動コントロール、学習能力、社会性などの精神発達に関する問題を生じるものと、不安やうつなどの情緒安定に関する問題を生じるものがある。前者は神経発達症 / 神経発達障害（Neurodevelopmental Disorders）と呼ばれ、知的発達症 / 知的発達障害、自閉スペクトラム症 / 自閉症スペクトラム障害（Autism Spectrum Disorder, ASD）、注意欠如多動症 / 注意欠如多動性障害（Attention Deficit Hyperactivity Disorder, ADHD）、発達性学習症 / 発達性学習障害などが知られている。日本の法律では、知的発達症 / 知的発達障害以外の神経発達症 / 神経発達障害を発達障害と呼ぶ。後者には不安症 / 不安障害、強迫症 / 強迫性障害、うつ病 / 大うつ病性障害などが知られている。なお疾患名に使われる disorder の訳語について、これまで「障害」が用いられてきたが、今後は「症」を用いることが提案されており、ここでは両者を併記した（但し、以下本章では「障害」のみ表記する。）。特別支援教育では、知的障害、自閉症、学習障害、注意欠陥多動性障害、言語障害、情緒障害に位置づけられる。

3-5　内臓系の機能障害

　心臓、肺、気管支、腎臓、膵臓、骨髄などに異常を生じる。子どもの疾患は急性疾患が多いが、ここでは半年以上の長期療養を必要する慢性疾患をさす。先天性心疾患、気管支喘息、慢性腎炎、1型糖尿病、白血病、神経芽細胞腫などが知られている。こうした子どもの難病を小児慢性特定疾病と呼ぶ。特別支援教育では病弱、病弱・身体虚弱に位置づけられる。

4　機能障害の発見・診断・支援の流れ

4-1　機能障害の発見経路

　子どもの機能障害（心身機能の異常）はその種類や程度によって発見の場が異なる。視力の異常は保護者が気付いて近医を受診して発見されたり、乳幼

児健康診査で発見されたりする。先天性難聴は産科や新生児科で行う新生児聴覚スクリーニングが普及して、生後早期に発見されることが多くなった（守本, 2019）。小児慢性特定疾病は症状が出現して近医を受診することで発見される。重症心身障害、ダウン症候群などの染色体疾患、脳性麻痺、二分脊椎は出生後早期に医療機関で気付かれる。運動発達の遅れや中重度知的発達障害、知的発達障害を伴う ASD は乳幼児健康診査が発見の機会として重要である。知的発達障害を伴わない ASD、ADHD、発達性学習障害、軽度知的発達障害は、幼稚園・保育所・こども園、学校などで学習や集団生活が始まる中で気付かれる。

4-2　乳幼児健康診査

　乳幼児健康診査（以下、健診）は母子保健法に基づく子どもの健康診断で、全国の市町村で行われている。その地域に住むすべての子どもを対象に無料で行われ、ほとんどの対象児が受診している（厚生労働省, 2019）。その歴史は古く、1937 年に開始された保健所の乳幼児保健指導にまでさかのぼる（国立成育医療研究センター, 2018）。健診の目的は時代とともに変遷し、戦後は乳児の感染予防、栄養状態の改善、疾病の発見が主であった。国民皆保険が成立した後は心身障害の早期発見・対応となり、その後、子ども虐待の早期発見・予防などの子育て支援へと広がっている。

　健診には乳児期に行う 1 か月児健診、3-4 か月児健診、6-7 か月児健診、9-10 か月児健診、幼児期に行う 1 歳 6 か月児健診、3 歳児健診などがあり、1 歳 6 か月、3 歳児健診は法律で実施が義務付けられている。乳児期の健診は主に運動発達の遅れの発見に寄与し、小児科クリニックなどに委託されて個別に行われることが多い。幼児期の健診は主に精神発達の障害の発見に寄与し、保健センターなどに該当児を集めて集団形式で行われる。健診当日は、順番に一人ずつ身体計測、発達状態のチェック、栄養相談、心理相談、小児科診察、歯科診察などを受けていく。医師、保健師らは、母子手帳の記

載や子どもの発達に関するチェックリストの回答を参考にして、子どもの健康や発達の状態、子育ての状況を評価する。1歳6か月児健診はASDの支援を始める機会として極めて重要であり、社会性、コミュニケーションの発達などが評価される。市町村によっては、行動コントロールや社会性の問題が表面化しやすく、保護者も子どもの問題に気づきやすい年齢を考慮して、5歳児健診を行うところもある。

4-3　発見から診断・支援へ

　健診結果をもとに、発達の問題が疑われる子どもをスクリーニングする。その目的は子どもの障害を明らかにすることではなく、支援を必要としている子どもと保護者に出会い、保護者とともに子育てを工夫していくことにある。スクリーニングされた子どものすべてに障害があるというわけではなく、発達の遅れが年齢とともに追いついていく場合も少なくない。一方でスクリーニングされた子どもたちの中には、障害があり継続的で専門的な支援を必要とする子どももいる。健診をきっかけにして彼らへの支援を始めることが大切である。

　保健センターでは、スクリーニングした子どもたちのその後の経過をフォローアップする。保健師による家庭訪問、心理士による心理相談、同じような状況にある親子を集めた親子教室などを通じて、子どもの発達経過を見極めて、継続的な支援が必要な子どもを同定していく。1歳6か月児健診でスクリーニングされた場合、1年程度、保健センターでフォローアップする。

　スクリーニングする側の専門家は子どもの発達の問題に感度よく気付けるようトレーニングを受けているが、保護者が同じように子どもの問題に気付けるわけではない。保護者が子どもの発達について十分な知識をもっているとは限らず、子どもがスクリーニングされたことに戸惑い、子どもに障害があるのではないか、自分の育て方が間違っていたのではないかと不安に感じる場合も少なくない。フォローアップを通じて、保護者に寄り添いながら、

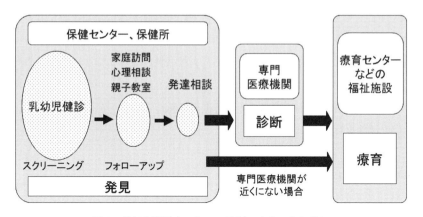

図3　神経発達障害の発見—診断—療育の主な流れ

　子どもの発達の状態に関する保護者との認識のギャップを埋めていくことが
重要である。こんな時には子どもにどう対応したらよいかといった保護者の
日常的な困り事に、具体的な対応を提案して一緒に考え、子どもの反応や成
長をともに見守ることで保護者の認識が深まる（塗木他, 2016、齊藤・本田, 2014）。
　フォローアップの結果、子どもに何らかの障害がより強く疑われる場合に
は、保健センター内で専門医による発達相談が行われる。保護者が子どもの
発達の問題に気づき、診断を含む専門的な評価を希望する場合は専門医療機
関への受診を勧め紹介する。
　専門医療機関では子どもの発達特性、心身の健康に関する合併症などを評
価し診断する。保護者には子どもの発達の状態、診断とともに支援の方向性
を説明し、共有する。療育センターなどの福祉施設に併設された診療所を除
き、多くの医療機関は子どもへの直接的な支援の場を持っていないので、療
育センターなどの福祉施設をさらに紹介して、ようやく子どもへの療育が始
まる（図3）。
　このような発見—診断—療育の流れは知的発達障害や ASD で一般的であ
る。脳性麻痺や重症心身障害など医療機関で発見される疾患の場合は、健診

を経ずに医療機関から直接、療育センターなどに紹介される。周産期医療の進展とともに、現在では健診で脳性麻痺に初めて気づかれることはかなり少なくなっている（當山, 2018）。

4-4　支援につながるための支援

知的発達障害や ASD の場合、健診を受診しなかったり、健診で見逃されたりすると発見が遅れ、必要な支援にたどりつけない。健診で発見しても、神経発達障害の診断ができる専門医療機関が近くになく受診につながらないという地域もまだまだ少なくない（齊藤・本田, 2014、若子, 2014）（図3）。障害のある子どものための福祉施設は全国の各地域に整備されているので、医療機関につながれず、子どもの障害に関する認識を深められないでいる保護者が、そうした施設の利用を勧められて戸惑うという場合もある。各種の施設が整備されている地域であっても、保健センターから医療機関、医療機関から福祉施設へとそれぞれつながっていく力が保護者にないと子どもは支援にたどりつけない。

愛知県豊田市では、今から 20 年以上前に、療育や障害という名称を冠さない「豊田市こども発達センター」を設立し、保健センター、児童相談所、幼稚園・保育所・こども園などの関連機関と協力して支援体制を構築してきた。同センターには、相談部門、通園療育部門、診療所、子育て支援と早期発見・療育を兼ねた機能をもつ療育グループが設けられ、子どもと保護者の状態に応じた支援がコーディネートされている。その結果、市内に住む子どものおよそ 1 割が利用している（若子, 2017）。

横浜市では福祉保健センターで行う発達相談に療育センターの医師、心理士、ソーシャルワーカーが出向き、療育センター内の診療所受診への橋渡しをしている。また幼稚園・保育所・こども園にソーシャルワーカーが出向いて巡回相談を行い、幼稚園・保育所・こども園で気付かれた、支援を必要とする子どもを療育センターに橋渡ししている。さらに診療所での初診後に療

育プログラムのガイダンスを目的とした短期の小集団活動を設けて、年間を
通した通園療育への橋渡しを行っている（岩佐, 2015、Honda & Shimizu, 2002）。
　サービスとサービスを橋渡しする機能を設けて、障害の発見にとどまらず、
診断、支援のサービスを利用できるよう後押ししていくことが重要である。

5　障害のある子どもへの支援

5-1　療育

　療育は、主に障害のある乳幼児を対象に行う支援であり、日常生活能力の
向上を目的とした子どもへの教育的働きかけである。療育は主に福祉施設で
行われるため、地域での生活支援の側面が強いが、障害のある乳幼児への直
接的働きかけという点で就学前の特別支援教育という側面もある。乳幼児期
の子どもを対象にしていることから、食事、更衣、排泄など基本的な生活動
作、遊びなどの活動を通した指導が中心で、保護者支援を重視している。
　療育という言葉と概念は、1942年に東京帝国大学整形外科教授であった
高木憲次により提唱されたといわれている（小崎, 2016）。高木は、1916年〜
18年に東京で調査を行い、肢体不自由児が家の中に隠されて治療もされず
学校にも通えていない実態を知った。その後、留学先のドイツで肢体不自由
児が入所して治療を受ける施設について学び、肢体不自由児に整形外科治
療・教育・職業訓練を行い、将来独立自活できるようになってもらうための
療育を構想した（趙, 2008）。1942年には東京の板橋に我が国初の肢体不自由
児入所施設である整肢療護園を開設し、その構想を実現した。さらに戦後の
児童福祉法制定にあたって、肢体不自由児施設を病院でもあり児童福祉施設
でもある組織として位置付けることに尽力した。これによって全国に肢体不
自由児施設が広がった（小崎, 2016）。ちなみに、四肢・体幹の機能障害を指
す言葉として肢体不自由を初めて用いたのも高木である。
　しかしそこでいう療育は肢体不自由児を対象に構想されていたので、北九

州市立総合療育センター所長であった高松鶴吉は、すべての障害児を対象に
「療育とは、医療、訓練、教育などの現代の科学を総動員して障害をできる
だけ克服し、その児童が持つ発達能力をできるだけ有効に育て上げ、自立に
向かって育成することである。」と捉え直した（高松, 1990）。療育は、障害の
ある子どもを自立に向けて育てる取り組みであり、「教育的視点を持つ医
療」と「医療に接近した教育」（高松, 1990）により行われる支援といえる。

5-2　障害のある子どもの医療と教育

　心身の機能障害をもつ子どもが社会で自立できるように支援するには、そ
の子どもの機能障害の程度や将来の見通しを医学の知見を踏まえて客観的に
捉える必要がある。しかしそれだけでは不十分で、その子どもの心身機能の
正常な部分にも着目する必要がある。できない部分にばかり働きかけるので
はなく、できる部分を伸ばしていくことが社会で自立する力になる。診療所
で行う機能訓練は、機能障害の完全回復を目標にするというより、現在の機
能レベルが低下しないよう維持し、正常に機能している部分を引き出して低
下した機能を補うことを目標にしている。そのようにできる部分に働きかけ
ることで、子どもの日常生活や社会参加の意欲が育つ。医師であっても、子
どもの機能障害の部分だけを診ず、心身機能の正常な部分も診ることが求め
られる。

　一方、教育は成長途上の子どもの持つ力を引き出す働きかけであるので、
子どもができないでいることは、繰り返し練習してできるようにしようと考
える。教師による工夫された熱心な働きかけのおかげで、子どもが大きく成
長することは確かであり、教育の重要な役割といえる。しかし、子どもに機
能障害がある場合、熱心に働きかけてもどうしてもできるようにならないこ
ともある。できるようにならないことを学ぶことは子どもにとって大きなス
トレスであり、学習意欲が低下して、できることにも取り組めなくなる。教
師であっても、その子どもの機能障害を客観的に理解することが求められる。

子どもに機能障害があっても、それを補うツールを活用し、支援の制度を利用することで日常生活の制限が少なくなり、社会参加が促される。そうしたツールや制度を活用する力を育てることこそ教育の重要な役割である。

　自立した社会生活に向けて、健康面でも教育面でも特別なニーズのある子どもには、医療も教育も必要であり、両者がクロスオーバー（重なり合い融合）した支援が求められる（小林, 2020b）。現代では、障害の早期発見・早期対応がなされ、療育は主に乳幼児期の支援という意味で用いられるようになった。しかし、高木や高松が提唱したような療育の考え方は、学齢期以降も必要である。社会での自立に向けた支援は、支援の形や場を変えながらも、乳幼児期から成人期までライフステージに応じて継続的に行われることが重要である（厚生労働省障害児支援の在り方に関する検討会, 2014）。

5-3　児童発達支援

　2012 年に児童福祉法が改正され、通所型の福祉施設（知的障害児通園施設、肢体不自由児通園施設、難聴児通園施設、児童デイサービス）が担ってきた幼児期の療育は、障害種別によらず、市町村が主体となって行う「児童発達支援」として法的に位置付けられた（若子, 2014）。児童発達支援は、障害のある乳幼児（未就学児）だけでなく、その可能性のある子どもも含めて主な対象とし、「日常生活における基本的な動作の指導、知識技能の付与、集団生活への適応訓練」（児童福祉法第 6 条の 2 の 2 第 2 項）を行うものとされた。

5-3-1　児童発達支援を行う施設

　児童発達支援を行う施設には、児童発達支援事業所と児童発達支援センターの 2 種類がある。前者は身近な地域で子どもと家族への通所支援を提供する第 1 次支援機関であり、後者は通所支援に加えて、保育所等訪問支援、障害児相談支援などを加えたより広い支援を提供する第 2 次支援機関である。さらに診療所としての設備・機能を備えた医療型児童発達支援センターがあ

る（若子, 2014）。一般的
に療育センターと呼ばれ
る施設は、児童発達支援
センター、医療型児童発
達支援センターを組織内
に設けている。

表2　障害のある子どもの支援体系

障害児通所支援 （市町村が実施）	障害児入所施設 （都道府県が実施）
児童発達支援 　児童発達支援センター 　児童発達支援事業所	福祉型障害児入所施設 医療型障害児入所施設
医療型児童発達支援 　医療型児童発達支援センター 　指定発達支援医療機関	
放課後等デイサービス	
居宅訪問型児童発達支援	
保育所等訪問支援	

児童福祉法第6条の2の2および厚生労働省『障害児支援の体系』をもとに作成

　児童発達支援事業所に
は児童発達支援管理責任
者、児童指導員又は保育
士の配置が必要であり、
児童発達支援センターで
は、嘱託医、児童発達支
援管理責任者、児童指導員、保育士の配置が必要である。さらに重症心身障
害の子どもを支援する場合には、嘱託医、看護師、リハビリテーション担当
者の配置が必要となる（厚生労働省令「児童福祉法に基づく指定通所支援の事業等
の人員、設備及び運営に関する基準」平成30年4月1日施行）。

　児童発達支援事業所・児童発達支援センターは、制度が始まった2012年
には全国で2,804か所（利用実人員12,557人）（厚生労働省, 2012）であったが、
年々増え続け、2017年には5,981か所（利用実人員91,309人）（厚生労働省,
2017）となっている。その他、児童発達支援を含めた障害のある子どもの支
援体系は表2の通りである。

5-3-2　児童発達支援の実際

　児童発達支援は、本人への発達支援、家族支援、地域支援を柱として行わ
れている（厚生労働省　児童発達支援ガイドライン）。

① 本人への発達支援

　本人への発達支援は、健康・生活、運動・感覚、認知・行動、言語・コミ

ュニケーション、人間関係・社会性の5領域からなる（厚生労働省　児童発達
支援ガイドライン）。障害の状態や年齢、家族のニーズなどにより異なるが、
子どもは週1日〜5日、1回2-4時間程度、施設に通って支援プログラム
に参加する。施設により異なるが、障害特性や重症度の比較的似通った
6-9名程度の子どもでクラスを編成し、児童指導員または保育士2-3名程
度がクラスを担任するのが一般的である。施設に週5日通所する子どももい
れば、通所するのは週1日で、残りの4日は地域の幼稚園・保育所・こども
園を並行して利用する子どももいる。

　プログラムは、幼稚園・保育所・こども園で行われる保育を障害特性や重
症度に応じてアレンジしたものである。決まった時間に登園し、スケジュー
ルに沿って活動し、給食を食べて、降園する。季節による行事や誕生日会な
どもある。障害が重い子どもほど早くに発見され診断されるので、おおむね
肢体不自由児は2歳児から、知的発達障害・ASD児は3歳児から、知的発
達障害を伴わないASD児は4歳児から通所する。肢体不自由があって医療
型児童発達支援を利用する児に比べ、ASDなどで児童発達支援を利用する
児の方が圧倒的に多い。肢体不自由児の中には医療的ケアを必要する子ども
も通所しており（横浜市リハビリテーション事業団, 2018）、看護師の関与、給食
時の食事形態（経管栄養、ペースト食など）の配慮、活動時間の短縮などを行
う。ASD児の場合、活動の構造化（パーテーションで活動場所を区切る、スケジ
ュールを視覚化するなど）、絵カードやサインの使用、混乱時のクールダウン
などに留意している。こうしたプログラムへの参加は、就学後の学校生活に
向けた準備として重要である。

② 家族支援

　一般の幼稚園・保育所・こども園に比べて保護者支援を重視する。低年齢
児の場合には、保護者も子どもと一緒に通所する母子通園の形をとる。障害
のある子どもの保護者は、子どもにとって身近な最大の支援者であるととも
に、わが子に障害があることで心理的重荷を背負う存在でもある。保護者に

は子どもの障害特性や支援の方法を十分に理解してもらいたいが、そうした働きかけが保護者を子どもの障害に直面させることにもなる。保護者のコミュニケーション力、ストレス耐性、養育力、周囲からのサポート状況などもさまざまであり、保護者のタイプや心理状態を踏まえた対応が求められる。このことを十分に理解したうえで、保護者の悩みに耳を傾けるだけでなく、子どもへの対応を具体的に教えることが保護者の心理的なケアとなる（清水, 2008）。保護者教室や保育参観の機会を定期的に設け、子どもの障害や支援について学習する機会を提供するとともに、保護者同士の心理的な支え合い（メンタリング）の機会としている。

③ 地域支援

　施設への通所と並行して幼稚園・保育所・こども園を利用している子どもの場合、在籍園に対する支援を行う。施設の中には、求めに応じて職員が在籍園を訪問して、子どもへの対応についてクラス担任の相談・助言にあたり、さらに通所児がいない幼稚園・保育所・こども園にも職員が巡回して相談・助言にあたっているところもある（齊藤, 2015）。こうした巡回相談は、1歳6か月児・3歳児健診で発見されず、集団生活の中で発達の問題に気付かれた児を支援の流れにのせる機会として重要である。

5-4　児童発達支援と医療
5-4-1　医療型児童発達支援センター
　医療型児童発達支援センターは、医療法上の診療所でもあり、肢体不自由児を対象にした療育を行っている。重症心身障害があり医療的ケアを必要とする子どもの場合、新生児医療からの移行ケースも多く、元の病院に主治医をもっていることが多い。通所支援の中に理学療法、作業療法、言語療法などのリハビリテーションが盛り込まれている。

5-4-2　児童発達支援センター

　児童発達支援センターは診療所ではないため、医療との関係は地域によって異なる。大都市（横浜、広島、福岡）には、1979年に国が打ち出した心身障害児総合通園センター構想に基づいて、相談・診療・療育の機能を有する療育センターが人口40～50万人に1か所設けられている（原, 2017）。横浜市では9か所の療育センターが地域担当制（居住している地域ごとに利用できるセンターが原則的に指定されている）に設置され、各センターに医療型児童発達センター・児童発達支援センターが配置されている。センター内の児童発達支援を利用する子どもは全員、同じセンター内の診療所を受診している。このため、子どもの診断・評価などの医療情報と通所支援での活動状況を両者で共有することが容易である。幼児期の障害のある子どもの医療と教育が同じ施設内にあることで、両者の協働が物理的に行いやすい。

　中核市などの中規模市では、同一施設内に診療所と児童発達支援センターが設置され支援が一元化されているところもあれば、そうした施設はあるものの診療機能は地域の別の医療機関に分散しているところもある（高橋, 2017a）。人口3万～10万程度の小規模市では、診療所と児童発達支援センターは別々の施設となる（関, 2017）。さらに人口3万未満の小規模町村では、療育施設が近隣にもない自治体が約4割にのぼり、診断可能な医療機関が近隣にある自治体は4割に満たない（高橋, 2017b）。

6　課題

6-1　医療的ケア児への支援

　医療的ケアは痰の吸引や経管栄養など本来医療機関で看護師などが行うケアだが、医療の進歩に伴い、1990年代頃より、そうしたケアを日常的に必要とする子ども（医療的ケア児）が通学してくるようになった。しかし、学校は医療機関ではないので、彼らにどのように対応するかが大きな課題とな

った。長い議論の末、現在では、肢体不自由特別支援学校に配置された看護師を中心に、特別な研修を受けた教員が医療的ケアを行っている。肢体不自由特別支援学校には、就学前に医療型児童発達支援センターを利用していた子どもたちが進学し、ケアを受けながら学んでいる。医療的ケア児の多くは重症心身障害があるが、近年、知的発達障害がないあるいは軽度の子どももみられるようになった。こうした子どもは知的発達面では同世代の一般的な子どもたちと同じ保育・教育が必要だが、医療的ケアを幼稚園・保育所・こども園、小学校、中学校でどのように行うかが課題となっている。

6-2　発達障害児への支援

　障害の発見―診断―支援の流れが整備され機能してきた地域では、地域に住む幼児のおよそ 1 割が専門医療機関を受診している（原, 2017）。通常の学級に在籍する小学 1 年生の 9.8% が特別な教育的支援を必要とする中、発達障害を疑われて受診する学齢児も増加しており、各地で受診待ちの長い列ができている（総務省行政評価局, 2017）。幼児期に専門医療機関を受診し、児童発達支援センターで支援を受けた子どもたちの多くが特別支援教育を利用するが、大都市でも就学後は医療と教育が別の組織に分かれて支援することになり情報共有が難しくなる。発達障害の子どもは学校生活に不適応を生じやすく、医療にはその解決を期待されるが、担当医が担任教師と子どもの実態や支援方針を共有する方法は整備されておらず、なかなか解決に結びつかない。療育センターの職員が学校を巡回して教師を支援する仕組みを作り、そうした問題の解決と予防を図ろうとしている地域もある（尾崎, 2017）。しかし受診待ちの解消が優先される中、そうした支援をさらに発展させられずにいる。どのクラスにも発達障害が疑われる子どもがいる時代には、個々の発達障害の子どもへの支援だけではなく、学校全体で心の健康問題を予防できる環境作りが重要になる。医療と教育が互いに一歩を踏み出して重なり合い、そのための仕組み作りを進めることが大きな課題である（小林, 2020b）。

引用文献

原　郁子（2017）政令指定都市：時代先行の有利性と時代転換の不利性　児童青年精神医学とその近接領域, **58(1)**, 1-8.

Honda, H., Shimizu, Y. (2002). Early intervention system for preschool children with autism in the community The DISCOVERY approach in Yokohama, Japan. *Autism: the international journal of research and practice,* **6(3)**, 239-257.

岩佐光章（2015）自閉スペクトラム症, 早期療育・支援の横浜モデル　臨床精神医学, **44(1)**, 73-79.

小林潤一郎（2020a）「発達障害の概要」野島一彦・繁桝算男（監）柘植雅義・石倉健二・野口和人・本田秀夫（編）『公認心理師の基礎と実践　第13巻　障害者・障害児心理学』遠見書房　pp. 60-71.

小林潤一郎（2020b）発達障害医療は子どもの学校生活にどうかかわるか？―教師とともに子どもの学びを支える医療を目指して―　小児の精神と神経, **60(1)**, 11-19.

国立成育医療研究センター（2018）「乳幼児健康診査事業実践ガイド」　https://www.ncchd.go.jp/center/activity/kokoro_jigyo/guide.pdf（2019年11月30日取得）

小﨑慶介（2016）日本における障害児療育の歴史―肢体不自由児療育を中心に―　The Japanese Journal of Rehabilitation Medicine, **53**, 348-352.

厚生労働省（2002）「『国際生活機能分類―国際障害分類改訂版―』（日本語版）の厚生労働省ホームページ掲載について」　https://www.mhlw.go.jp/houdou/2002/08/h0805-1.html（2019年12月6日取得）

厚生労働省（2012）「平成24年社会福祉施設等調査の概況」　https://www.mhlw.go.jp/toukei/saikin/hw/fukushi/12/index.html（2019年12月14日取得）

厚生労働省（2017）「平成29年社会福祉施設等調査の概況」　https://www.mhlw.go.jp/toukei/saikin/hw/fukushi/17/index.html（2019年12月14日取得）

厚生労働省（2019）「平成29年度地域保健・健康増進事業報告の概況」　https://www.mhlw.go.jp/toukei/saikin/hw/c-hoken/17/dl/gaikyo.pdf（2019年12月8日取得）

厚生労働省「児童発達支援ガイドライン」　https://www.mhlw.go.jp/file/06-Seisakujouhou-12200000-Shakaiengokyokushougaihokenfukushibu/0000171670.pdf（2019年12月10日取得）

厚生労働省障害児支援の在り方に関する検討会（2014）「今後の障害児支援の在り方について（報告書）～「発達支援」が必要な子どもの支援はどうあるべきか」　https://www.mhlw.go.jp/file/05-Shingikai-12201000-Shakaiengokyokushougaihokenfukushibu-Kikakuka/0000051490.pdf（2019年12月10日取得）

厚生労働省「障害児支援の体系」 https://www.mhlw.go.jp/content/12200000/000360879.
　　pdf（2019 年 12 月 14 日取得）

文部科学省（2012）「通常の学級に在籍する発達障害の可能性のある特別な教育的
　　支援を必要とする児童生徒に関する調査結果について」 https://www.mext.
　　go.jp/a_menu/shotou/tokubetu/material/__icsFiles/afieldfile/2012/12/10/1328729_01.
　　pdf（2019 年 12 月 1 日取得）

文部科学省（2013）「障害のある児童生徒等に対する早期からの一貫した支援につ
　　いて（通知）」 http://www.mext.go.jp/a_menu/shotou/tokubetu/material/1340331.htm
　　（2019 年 12 月 1 日取得）

文部科学省（2018）「特別支援教育資料（平成 29 年度）」 https://www.mext.go.jp/a_
　　menu/shotou/tokubetu/material/1406456.htm（2019 年 11 月 30 日取得）

守本倫子（2019）難聴　小児内科, **51(10)**, 1361-1364.

塗木雄一朗・福重寿郎・白坂葉子・川原華奈美・野添かおり・土岐篤史（2016）伊
　　佐市における医療と地域連携　障害者問題研究, **43(4)**, 266-271.

尾崎浩子（2017）療育センターによる学校への支援〜横浜市の学校支援事業〜　ノ
　　ーマライゼーション, **37(11)**, 18-21.

齊藤共代（2015）横浜市地域療育センターの地域支援について〜ソーシャルワーカ
　　ーの視点から〜　かがやき, **11**, 27-33.

齊藤由美子・本田秀夫（2014）早期発見の現場から医療へのつなぎかた　精神科治
　　療学, **29**（増刊号）, 147-149.

関　正樹（2017）小規模市における発達障害支援システムの比較検討　児童青年精
　　神医学とその近接領域, **58(1)**, 8-15.

清水康夫（2008）発達障害の早期介入システム　発達障害研究, **30(4)**, 247-257.

総務省行政評価局（2017）「発達障害者支援に関する行政評価・監視結果報告書」
　　https://www.soumu.go.jp/main_content/000458776.pdf（2019 年 6 月 24 日取得）

高松鶴吉（1990）『療育とはなにか』ぶどう社

高橋和俊（2017a）中規模市調査から見えてくるもの　児童青年精神医学とその近
　　接領域, **58(1)**, 15-22.

髙橋　修（2017b）小規模町村における発達支援の現状と今後の方向性　児童青年
　　精神医学とその近接領域, **58(1)**, 22-25.

當山　潤（2018）沖縄県における脳性麻痺児に対する医療と保健の連携―脳性麻痺
　　児が健康で充実した暮らしを送るために―　公衆衛生, **82(7)**, 539-543.

上田　敏（2002）新しい障害概念と 21 世紀のリハビリテーション医学―ICIDH か
　　ら ICF へ―　リハビリテーション医学, **39(3)**, 123-127.

若子理恵（2014）発達障害児の通所発達支援　精神科治療学, **29**（増刊号）, 72-75.

若子理恵（2017）わが国における早期療育システムの整備と支援の実際—愛知県豊田市を例として—　児童青年精神医学とその近接領域, **58(5)**, 640-645.

WHO（2002）「Towards a Common Language for Functioning, Disability and Health ICF」　https://www.who.int/classifications/icf/icfbeginnersguide.pdf（2019 年 12 月 6 日取得）

横浜市リハビリテーション事業団（2018）「地域療育センター運営事業」　http://www.yokohama-rf.jp/common/pdf/H30p_3.pdf（2019 年 12 月 14 日取得）

趙没名（2008）戦前の高木憲次の療育論の形成における『公的肢体不自由者福祉法』の影響　社会福祉学, **49(2)**, 30-43.

（小林潤一郎）

第4章 多文化の子どもたちの教育
―幼児期からの言語の発達と学習に焦点をあてて―

1 はじめに

　グローバル化の進展とともに、国境を越えた人々の移動と交流はますます盛んになっている。日本においても、外国人在住者の増加と定住化、国境を越えて移動して生活する日本人の増加、国際結婚の増加などにより、日本で生活する人々の国籍、言語や文化的背景も多様になってきた。

　社会の多文化化が進むなか、日本で育つ子どもたちのなかにも外国籍の子ども、また外国につながりを持つ子どもたちが増えている。これらの子どもたちは、家庭内で、また幼稚園、保育所、こども園、学校などの教育の場と家庭とで異なる言語や文化のなかを移動しながら成長している。

　本章では、日本における多文化化の状況を確認したうえで、多文化・多言語環境における発達の課題を整理する。特に文化間移動における発達の過程においては、言語の影響が大きいことから、特に言語の発達と学習の課題に焦点をあてて検討を行う。次にこうした課題をふまえつつ、文部科学省の外国人児童生徒等の教育に関する施策、保育所保育指針、幼稚園教育要領、学習指導要領などにみる教育の方向性を整理し、多文化・多言語環境で育つ子どもたちの教育[1]、また多文化化に対応した教育における考慮点を論じていく。

2 日本における多文化化の進行と教育の課題

　法務省による2018年の調査によれば、日本に住む外国人の数は前年より

6.6％増加し、過去最高の 273 万 1,093 人（国内総人口の約 2％）となった。

　2018 年には、すべての都道府県において在留外国人が増加しており、鹿児島県、島根県、熊本県、宮崎県、北海道、沖縄県、青森県、佐賀県、滋賀県などのように増加率が前年比で 10％を超える地域もみられる。社会の多文化化は特定の地域だけではなく、全国的な現象となっている（法務省, 2019）。

　国籍別にみると、最も多いのが「中国」で 76 万 4,720 人、次いで「韓国」（44 万 9,634 人）、「ベトナム」（33 万 835 人）、「フィリピン」（27 万 1,289 人）、「ブラジル」（20 万 1,865 人）、「ネパール」（8 万 8,951 人）が続く（法務省, 2019）。1980 年代半ばまでは特別永住者の資格を持つ「韓国・朝鮮」籍の住民が全体の 8 割以上を占めていたのに対し、1990 年以降は同年の出入国管理法[2]改正を受けて、定住者資格で来日した「ブラジル」「ペルー」籍の日系人とその家族が増加した。また 1990 年代から「中国」「フィリピン」、近年では「ベトナム」「ネパール」「インドネシア」籍の住民も増えており、日本で生活する外国人の国籍は多様化している（総務省, 2009; 法務省, 2019）。

　外国人住民の増加、グローバルな人の移動の活性化に伴い、多文化環境にある家族も増加している。厚生労働省の 2017 年の調査によれば、夫婦の一方が外国人である婚姻件数は約 2 万 1,457 件と全体の約 3.7％であった。また父母の双方あるいは一方が外国籍である子どもの出生数は 2017 年の調査では 3 万 4,800 人となり、全出生数の 3.6％、約 27 人に 1 人の割合である（厚生労働省, 2018a）。これらの統計結果からは、日本で生まれ育つ子どもたちの国籍が多様になっていること、また国籍に関わらず子どもが育つ家庭の言語や文化が多様化していることが伺える。

　こうした多文化の子どもたちの就園状況については、公的な統計がなく実態をつかむことが難しい。幼稚園については、従来、文部科学省の学校基本調査において外国人在園者数の把握がなされていたが、2000 年以降は調査項目から外れている。また全国幼児教育研究会が全国 10 の都道府県を対象

に行った調査（2016 年）においては、教育委員会による外国人幼児の把握状況は幼稚園で 39.3％と必ずしも高くなく、自治体レベルにおいても実態がみえにくい状況にある（全国幼児教育研究協会, 2017, p. 32）。

　日本保育協会が全国の都道府県、政令指定都市、中核都市を対象に行った調査によれば、2008 年の調査時点において外国人児童の入所状況を把握している自治体は 22 都道府県（全体の 46.8％、以下同じ）、9 政令指定都市（52.9％）、19 中核都市（47.8％）であり、これらの自治体における公立保育所 1,647 か所、私立保育所 1,662 か所で外国人保育が行われていることが確認されている（日本保育協会, 2008, p. 4）。各自治体の把握状況を合わせると、保育所に入所している外国人児童数の総数は 1 万 1,551 人となる。このうち地域や国籍が把握されている児童の内訳をみると、最も多いのは「ブラジル」4,322 人、次いで「中国・台湾・マカオ」2,091 人、「ペルー」1,207 人、「フィリピン」919 人であった（日本保育協会, 2009, pp. 8-9）。

　小学校で学ぶ多文化の子どもたちについては、文部科学省が 1991 年より「日本語指導が必要な児童生徒」に関する調査を実施してきた。同調査における「日本語指導が必要な児童生徒」とは、「日本語で日常会話が十分にできない児童生徒」及び「日常会話ができても、学年相当の学習言語が不足し、学習活動への参加に支障が生じており、日本語指導が必要な児童生徒」を指す。2018 年の調査によれば、公立学校に在籍する外国籍児童生徒数 9 万 3,133 人のうち、日本語指導が必要な者は 4 万 485 人であり、10 年前の 2008 年と比較すると約 1.5 倍増であった。また国際結婚家庭の子どもや、長期に海外で生活して帰国した子どもなど、日本国籍で日本語指導が必要な児童生徒数は 1 万 274 人であり、10 年前の約 2 倍と近年、増加の傾向にある（文部科学省, 2019a）。

　これを母語別にみると、外国籍児童生徒の母語はポルトガル語が最も多く全体の 25.7％、次いで中国語が 23.7％、フィリピノ語が 19.5％、スペイン語が 9.4％、ベトナム語が 4.5％であり、これらの 5 言語が全体の約 8 割を占め

ている。また日本国籍児童においてはフィリピノ語の割合が32.8％と高く、中国語が20.7％で続いている。こうした数字からは、ブラジル、中国、フィリピン、ペルーにつながりのある子どもたちが多いことが伺える。地域的にみると、日本語指導を必要とする児童生徒は、特に愛知県、神奈川県、東京都、静岡県に多く在籍しており、一定の地域及び学校に集中する状況がある一方、全国の市町村に広く散在している（文部科学省, 2019a）。学校で学ぶ子どもたちの言語や文化的背景はますます多様化しており、多くの地域や学校で対応が求められるようになっている。

　こうした学校の多文化化に対応するため、文部科学省は外国人児童生徒や日本語指導が必要な日本国籍の児童生徒を「外国人児童生徒等」とし、受け入れ体制の整備や日本語指導の充実などの取り組みを進めている。これら日本語指導を必要とする子どもたちが置かれた状況をみると、学校での生活や学習への適応、学習するための言語の習得、学力保障、母語・母文化の保持、進路選択、社会における自立など多くの課題があることがわかる。また学校でのいじめや学校への不適応、学習の遅れなどにより不登校や不就学となる場合もみられる。子どもたちが育つ環境は、定住を目的に来日した家族、就労や留学のために来日した家族、国際結婚家族、海外在住後に帰国した家族など、それぞれの家族の状況によっても異なる。また子どもたちの学習には、来日の時期や滞在期間、来日前の学習経験、家庭や地域の言語・文化環境、子どもたちとつながる母国や民族の状況なども影響する。保育や教育の場では、多文化環境で育つ子どもたちの多様な背景に応じた対応が求められている。

　また学校で学ぶ機会を持たない子どもたちに対する支援も重要である。文部科学省は「国際人権規約」に基づき、外国人の子どもが希望する場合には、公立の義務教育学校に無償で受け入れ、日本人と同一の教育を受ける機会を保障するとしている。しかし外国籍の子どもは就学義務に関わらないことから、就学状況の把握や就学促進のための取り組みが遅れがちであった。文部

科学省が2019年に初めて行った全国調査によれば、小学生と中学生にあたる学齢相当の外国人の子ども（12万4,049人）のうち、1,000人が不就学であり、就学状況が確認できない数を合わせると約2万人に不就学の可能性があることが明らかとなった（文部科学省, 2019b）。自治体における就学促進はまだまだ進んでいないが、外国人が集住する地域を中心に、（1）外国人の子どもがいる家庭に対する就学案内、（2）就学前の幼児を対象とする教育や支援（プレスクール）、（3）学齢期の子どもの入学前や入学初期における支援（プレクラス）などの取り組みも増えてきている。生涯にわたる発達と社会のなかでの自立を支えるためにも、学齢期における基礎教育の保障、また幼児期からの発達の支援が課題である。

3　多文化の子どもの発達と学習の課題―言語の発達を中心に―

　多文化の子どもたちは、家庭内で、また家庭と保育所、幼稚園、こども園、学校などの保育・教育の場、地域のコミュニティや母文化につながるコミュニティなどにおいて、異なる言語や文化に触れながら、自己を形成している。このように文化間を移動しながら成長する子どもたちの発達にはどのような特質があるだろうか。

　文化間移動と発達の関係について検討した塘は、乳幼児期においては、特に言語、認知、自己の領域、また児童期においては言語、認知、対人関係の領域において、文化間移動の影響が強くみられるとする（塘, 2010, pp. 21-23）。発達の様々な領域は相互に関連しているため、文化間移動の影響が特定の領域にのみ及ぶわけではない。しかし、乳幼児期からの成長と発達に果たすことばの役割が大きいことから、本節では特に言語の発達と学習の課題を中心に検討する。

　ことばの発達は子どもの成長・発達に深く関わっている。子どもは生まれ育つ環境のなかで養育者をはじめとする身近な人々と関わり、感情を交わし、

ともに活動を広げていくなかでことばを育てていく。ことばの獲得は、認知、情動、社会性、身体的機能など様々な領域の発達と不可分なものであり、ことばは子どもの全体的な発達のなかから生み出されてくる（岡本, 1982, pp. 7-10）。ことばは同時に子どもの全体的な発達に影響を与えるものでもある。子どもはことばとともに世界を理解し、認知の力を発達させていく。またことばを通して自己の考えを整理し表現することで自己調整を行う。ことばの発達が停滞することは、認知発達、人としての成長に影響を及ぼす。ことばは「発達のなかから生まれ、さらにその発達そのものを大きく変えていく」ものである（岡本, 1982, p. 10）。

　家庭内の言語が日本語であり、日本語を母語として日本で成長する子どもは、家庭内においても、また学校や幼稚園などにおいても日本語という単一の言語を学んで成長していく。これに対し、多文化の子どもたちは、家庭内、また家庭と学校や幼稚園などにおいて複数の言語に触れながら成長している。学校や幼稚園などで家庭とは違う言語の世界で生活することは、子どもにとって大きな負担である。日本語がある程度できるようになるまでは、遊びや学習に十分に参加できない状態が続くことにもなる。また母語が十分に発達しない段階で日本語環境に入ることにより、母語と日本語のどちらも発達しない状態となる子どもたちも多い。このように多言語環境で育つ子どもたちには、単一言語環境で育つ子どもたちとは異なる発達の特質と課題がある。

　多言語環境における言語発達については、バイリンガル（二言語）教育や発達心理学などの分野において研究がなされている。二言語の能力や発達に関しては、これまで「言語に接する時間に比例して言語が発達する（最大エクスポージャー仮説）」、「学校と家庭での異なる言語使用が学習の妨げとなる（言語不適合仮説）」（坂本, 2016, p. 7; 中島, 2010b, pp. 204-206）が実践の場で広く受け入れられてきた。この考え方に基づけば、日本語以外を母語とする子どもであっても、日本の学校で学んでいくのであれば、できるだけ早い段階から日本語に触れることが望ましく、家庭でもできるだけ日本語で話すことが望

ましいということになる。そのため学校や幼稚園などでも、日本語に慣れるように家庭でもできるだけ日本語を使うよう指導がなされたり、外国人の保護者が子どもに自らの母語ではない日本語で語りかけるなどの事例も多くみられる。しかしながら、「最大エクスポージャー仮説」や「言語不適合仮説」はいずれも立証されておらず、むしろ子どもが言語を形成する時期に母語ではない第二言語のみを奨励することの問題点が指摘されている（坂本, 2016, p. 7；中島, 2010b, pp. 204-206）。

　これに対して、バイリンガル教育の研究を行ってきたカミンズは、第一言語である母語も含めた二言語の習得が言語と認知の発達に重要であるとする「二言語相互依存仮説」を提唱している（Cummins, 2001；中島, 2010b, pp. 206-210）。カミンズによれば、第一言語と第二言語は、言語の表層面である表記、語彙、統語規則などにおいては違いがあり、それぞれ異なる能力が必要であったとしても、基底部分には共有する面があるという（図1参照）。このように複数言語において共有される力（共通基底能力）は、認知的発達と連動する言語能力であり、言語間での相互作用がみられる。

　たとえば、第一言語によって、「いま何時か」と言える子どもは時間の概念はすでに理解しているため、第二言語で再度時間の概念を習得する必要はなく、その概念を表すために必要な表層面の言語能力を学ぶことで学習を進めていくことができる（中島, 2011, p. 33）。こうした転移は、概念的要素だけ

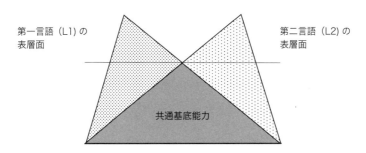

第一言語 (L1) の
表層面

第二言語 (L2) の
表層面

共通基底能力

図1　二言語相互依存仮説に基づく二言語能力イメージ(Cummins, 2001, p. 174をもとに著者作成)

ではなく、学習方法や記憶法などのメタ認知ストラテジー、音韻意識（単語が音で構成されているという認識）などの幅広い領域に関わっている（中島, 2010b, pp. 206-208）。発達の過程にある子どもたちの教育にあたっては、日本語か子どもの母語かに関わらず、子どもの共通基底言語能力を伸ばすための働きかけ、特に子どもたちが家庭で用いている母語によって、ことばと認知の力を培っていくことが重要である。

　また二言語における発達においては、学習者のそれぞれの言語の発達が一定の閾（しきい）を超えているかどうかが認知的能力の発達に影響を及ぼすという「しきい仮説」が提唱されている。これによれば、二言語ともに年齢相当に言語が発達している場合には認知的発達に好影響があり、一言語でも達していれば単一言語での発達との差はみられない。しかし二言語とも年齢相当に達していないセミリンガル（ダブルリミテッド）状態になると認知的発達に悪影響を及ぼすため、保護者や教育関係者ができるだけ早く気づき、対応していく必要がある（田浦, 2019, pp. 27-28; 中島, 2010a, pp. 34-35）。

　この際、特に留意したいのは、子どもたちの言語発達と学習における伝達言語能力（basic interpersonal language skill）と認知・学習言語能力（cognitive academic language proficiency）の違いである。伝達言語能力とは、日常的な生活場面における口頭での会話の力（「生活言語能力」）であり、その言語環境で生活していれば一般的には 1 ～ 2 年で習得されるという。一方、認知・学習言語能力とは、抽象化・一般化して考えて表現するなど、教科学習などに求められる言語の力（「学習言語能力」）であり、その習得には 5 ～ 7 年、またはそれ以上の時間を要するといわれている（坂本, 2016, p. 9）。

　日本における外国人児童生徒教育の実践の場でも、子どもたちが日常生活に必要な言語を低年齢では 1 年ほどで身につけていくこと、ただし日常的な会話ができるようになっても、必ずしも教科内容が理解できる日本語の力がついているとは限らず、学習に参加できない時期がみられること、また特に小学校高学年に読み書きの力や教科の学習で問題を抱えるケースが少なくな

いことが指摘されている（斎藤, 2009, pp. 25-26）。生活言語能力がついたことで「日本語ができる」とみられがちな子どもであっても、教科学習に必要な学習言語能力が身についていないために学力が伸びない、また学習に参加できないことで自己肯定感や学習への動機付けが低くなる場合が多くある。また先に述べたようにいずれの言語によっても年齢相応の学習を積み重ねることができないことは、認知的な発達に問題をもたらすこととなる。

　中島は、以上のような二言語発達の理論もふまえつつ、発達の時期に応じた特質や課題を、1　言語形成期前半（0～9歳）、2　言語形成期後半（9歳～）に分けて整理している（中島, 2010a, pp. 22-28）。

3-1　言語形成期前半（0～9歳）

　子どもは生まれてから身近な養育者との関わりのなかで母文化を学び、それぞれの文化特有の感情の表し方や価値判断を共有していく。こうした環境のなかで2～8歳ぐらいまでに話しことばを身につける。

　2～4歳（「子ども部屋時代」）には、日々語彙が増え、ことばを使って気持ちを表現したり、ことばを使って考えることを学んでいく。この過程のなかで初めて学ぶ言語（母語）は、子どもが人やものと関わりながら成長していくなかで欠かせないものである。

　4～6歳（「遊び友達時代」）には、社会性が発達し、友達と集団で遊ぶなかでことばも発達していく。また文字に対する興味も出てくるようになり、読み聞かせなどを通して、本に親しむようになる。二言語環境で育つ子どもたちにとっては、母語での読み聞かせが重要であり、母語を通じて会話中心の言語能力から読み書きへとつなぐことがよい。この時期に2つの言語に十分に接触すると、自然に2つの言語を覚えていくが、急激な言語環境の変化には弱いため、保育所などで慣れない言語環境に長時間預けられた場合などは、情緒が不安定になったり、母語の発達が停滞することがある。

　6～8歳（「学校友達時代」）には、小学校に入って話しことばが固まるとと

もに、読み書きの基礎ができていく。友達との関係が大切になる時期でもあり、母語でのコミュニケーションを通した親子の関係が弱くなってしまうと、学校生活や友達との遊びのなかで使う第二言語の習得とともに、母語が後退し消失する危険もある。

　言語形成期前半の重要な課題である読み書きの習得においては、幼児期から本の読み聞かせなどを通して活字に意味があることなどを体得していることが重要であり、この体験がないと文字学習の意味が分からず、その後の学習が進まなくなることが多い。

　また、この時期の子どもは言語接触を通して文法的な規則を自分で発見していくため、仲間と遊ぶなどの言語接触の機会があれば、必要に迫られて自然に言語を覚えていく。幼児や小学校低学年児童においては、言語を自然習得する力が発揮できるよう、自然な言語接触の機会が生まれるような環境や授業づくりが課題である（中島, 2010b, pp. 22-28）。

3-2　言語形成期後半

　小学校3年生ぐらいになると、自立心が旺盛になり、学習にも自分で考えて取り組むことができるようになる。教科学習を通して、語彙力、作文力、読解力も急速に伸びていく。しかし二言語環境で育つ子どもの場合は、学習言語能力の発達に時間がかかるため、単一言語で育つ子どもたちの言葉の伸びについていくことが難しい。

　また一緒に勉強したり遊んだりすることで仲間意識を持つことができた年少期とは異なり、言葉での関わりが重要になる時期でもある。言語習得に加えて、友達との関係に悩んだり、親の価値観と学校文化の価値観とのずれなどにより文化的な葛藤を抱える場合もある（中島, 2010b, pp. 22-28）。

　このように二言語環境での発達には、発達の時期や子どもの状況に応じた特性や課題がある。保育者や教師、支援者には、このような言語発達の特性をふまえた指導が求められる。

4　幼児期の教育にみる多文化化への対応

　多文化・多言語環境で育つ子どもたちが増加するなかで、幼児期の教育においても、子どもの多様性に配慮した取り組みが求められている。

　平成 29（2017）年度告示の幼稚園教育要領では、第 1 章「総則」の第 5 節「特別な配慮を必要とする幼児への指導」のなかの一項目として、「海外から帰国した幼児や生活に必要な日本語の習得に困難のある幼児の幼稚園生活への適応」が新設され、「個々の幼児の実態に応じ、指導内容や指導方法の工夫を組織的かつ計画的に行うものとする」ことが明記された（文部科学省, 2017, p. 12）。

　すでにみたように、多文化の子どもたちの環境は、家庭の言語や文化的背景、移動の経緯や滞在期間、年齢、家庭の教育方針などによってそれぞれに異なっている。家庭と異なる言語や文化のなかで生活すること、特に日本語が十分ではない子どもたちにとっては、幼稚園などでの活動やルールを理解するのに時間がかかったり、教師や周りの子どもたちに自分の思いや気持ちを日本語で説明することができなかったりすることなどにより、安心して自己を表現して活動することが難しい。子どもたち一人一人の状況を把握するとともに、子どもが安心感を持って、自己を発揮できる環境を作るように配慮することが必要である。

　全国幼児教育研究協会の調査によれば、外国人幼児を受け入れている幼稚園においては、日本語をゆっくりはっきり話す、近くに座ったり手をつなぐなど個別の働きかけをする、挨拶や簡単な言葉掛けを母語で行うなどの配慮が多くなされていた（全国幼児教育研究会, 2016, pp. 12-13）。こうした働きかけを通して信頼感を築き、教師や他の子どもたちとの関わりを深めていくことが重要である。安心できる環境であれば、子どもは互いに言葉がわからなくても、遊びのなかで自然に交わっていく。第 3 節でみたように、幼児期にお

いては、保育者や他の子どもたちとの自然な関わりのなかでことばが育ち、様々な活動を通して「主体的・対話的で深い学び」のための基礎が育っていくことが望まれる。

　多文化化への対応は、多文化の子どもたちだけを対象とするものではなく、保育所、幼稚園、こども園における保育・教育全体に関わる課題である。平成29（2017）年に改定された保育所保育指針では、保育全般に関わる配慮事項として「子どもの国籍や文化の違いを認め、互いに尊重する心を育てるようにすること」を挙げている（厚生労働省, 2017, p. 30）。また幼稚園教育要領解説においても、様々な背景を持つ幼児がともに生活することが、一人一人の違いに気づき、それを受け入れたり、自他の存在について考えたりする機会となることを指摘し、互いに認めあう貴重な経験につながることを示唆している。そのため、教師には幼児期の特性を認めつつも、一人一人がかけがえのない存在であることに気づくよう促していくことが求められている（文部科学省, 2018a, pp. 129-130）。

　幼稚園教育要領における領域「環境」では、内容の（6）として、日常生活のなかで、我が国や地域社会における様々な文化や伝統に親しむことが挙げられた。こうした様々な文化には伝統的祭りがあるが、この際、七夕などの伝統的な行事、わらべ歌、凧揚げなどの伝統的な歌や遊びの楽しさを味わうとともに、様々な国や地域の食べ物や歌、祭りなど、異なる文化に触れることで体験を豊かにすること、国際理解の意識の芽生えなどが養われることが想定されている（文部科学省, 2017, pp. 18-19）。

　先述の全国幼児教育研究協会の調査によれば、外国人幼児の母国の文化や生活に関する遊びや教材を取り入れること、様々な外国の文化の文化理解や言語に関する研修を行うこと、挨拶や簡単な言葉掛けを母語で行うことなどの取り組みによって、外国人幼児が他の幼児と遊びのなかで自然に交わるなど他の幼児との関わりに変化がみられるという（全国幼児教育研究協会, 2017, pp. 26-30）。それぞれの言語や文化を尊重し、違いを認め合う環境を作ること

で、多文化の子どもたちも安心して自己を発揮し、主体的に人と関わるなか
で発達に必要な体験を深めていく。また周りの子どもたちも言葉の違いに関
わらず自然に交わり、ともに活動することで、違いに気づいたり、関係を調
整したりしながら成長していく。

　ガイアスらは、アメリカの子ども 670 名を対象に、生後 54 か月、小学 1
年生、小学 3 年生と縦断調査を実施し、幼稚園の教室で多様な人と接するこ
とが、小学 1 年生時の人種間の友情関係に関わり、またそれが 3 年生時の人
種間友情関係と人種バイアスの低さに関わることを明らかにしている（Gaias,
et al., 2018）。こうした結果は、幼児期から多様な人と関わることの意義、多
文化保育の重要性を示すものといえる。多様性とともに生きる力は、幼児期
から培われているのである。

5　小学校教育にみる多文化化への対応

　「学校における外国人児童生徒等に対する教育支援の充実方策について（報
告）」は、学校における児童生徒の多国籍化・多文化化の状況をふまえ、異
文化理解や多文化共生の考え方に基づく教育がますます求められていくとす
る（文部科学省, 2018b）。座長として策定に関わった佐藤は、同施策は多文化
共生の視点をはじめて明確にしたものであり、外国人の子どもたちを日本社
会に生きる「市民」として教育すること、またライフコースの視点に立ち体
系的、継続的な支援が必要なことなど、統合政策としての転換を示すもので
あるとしている（佐藤, 2019, pp. 81-83）。

　平成 29（2017）年に告示された小学校学習指導要領では、第 1 章「総則」
第 4「児童の発達と支援」2「特別な配慮を必要とする児童への指導」のな
かで、海外から帰国した児童などの学校生活への適応や、日本語の習得に困
難のある児童に対する日本語指導が示されている。海外から帰国した児童へ
の指導にあたっては、それぞれの児童が自信や誇りを持って学校生活におい

て自己実現ができるような配慮が必要であるとされる。また日本語の習得に困難のある児童については、個々の児童の実態に応じた指導内容や指導方法の工夫を組織的かつ計画的に行うこと、特に通級指導においては、教師間の連携に努め、指導計画を個別に作成することなど効果的な指導のための指針が示されている（文部科学省, 2018c, p. 25）。

　日本語指導が必要な子どもが在籍する学校においては、日本語指導を担当する専任教員や、学級担任、市町村から派遣される日本語指導の支援者などによって日本語指導が行うことが求められている。しかしながら、自治体や学校における状況や取り組みの違いも大きく、子どもが学校で十分な支援を受けることができない場合もみられる。

　これに対し、2014 年に学校教育法施行規則の一部が改正され、一人一人に応じた日本語指導などを実現するために「特別の教育課程」制度が導入された意義は大きい。これにより学校は児童生徒の在籍学級以外の教室で行われる指導について「特別の教育課程」を編成し、個別の指導計画に基づいて日本語指導を行うことができるようになった。また 2017 年には義務標準法[3]の改正により、日本語指導などを必要とする子ども 18 人につき教師 1 人が基礎定数として配置されることとなった。このように学校における外国人児童生徒等に対する日本語指導の体制は少しずつ整備されてきている。

　「特別の教育課程」に基づく日本語指導は、児童生徒が日本語で学校生活を営み、学習に取り組むことができるようにすることを目的に、年間 10 単位時間から 280 単位時間までを標準として行われる。指導の形態は学校や自治体によって様々であるが、児童生徒の在籍する学校における取り出し指導が一般的であり、学校内に設置された「日本語教室」（学校によっては「日本語学級」「国際教室」「ワールドルーム」など）で行われることが多い。

　指導計画の作成にあたっては、児童の日本語習得状況や生活への適応状況などを踏まえるとともに、発達段階を考慮することも重要である。小学校 1 〜 3 年生では、日常生活のなかで日本語にたくさん触れ、その表現と場面を

全体として覚えていくことから、児童の生活に関連のある具体的な場面ととも
に、表現を繰り返して使って活動すること、また 4 〜 6 年生では具体的な
場面での日本語使用の例や補助的な説明を通して理解した規則をもとに、実
際的な場面や興味のある内容に関連づけて活用することなど、発達段階に応
じた指導方法の工夫が必要となる（文部科学省, 2019c, p. 35）。こうした日本語
の学習は、在籍学級での学習、日々の生活に関連づけることで意味を持つ。
そのためにも在籍学級の担任との連携、学校全体での取り組み、家庭や地域
との連携が求められる。

　在籍学級は、子どもたちが学校での大半の時間を過ごす生活と学習の場で
ある。文部科学省による「外国人児童生徒受入れの手引き」は、学級への受
け入れにあたって子どもの適応状況に応じた配慮事項を提示している。例え
ば、入学・編入した当初は、自己表現が難しく、不安と期待が入り混じった
時期であり、情緒的・身体的に不安定な面もある。そのため、保護者としっ
かり話し合うとともに、相互理解を深め、信頼関係を築くことが重要である。
また学級全体に対しても、ゆっくり丁寧に話しかけること、常に笑顔で対応
するなど、多文化の子どもに対する配慮を伝えることも大切である。学級に
も慣れ、日常会話ができるようになってくると、互いに活動するなかで特性
に気づき、学級集団のなかの位置づけができてくる。この時期には、学級担
任が子どもの状況と個性を把握したうえで、学級での活動や遊びに誘導した
り、活躍の場面を作るなど、学級のなかで居場所を創っていくための支援を
していくことなどができる（文部科学省, 2019c, pp. 43-44）。多文化の子どもと
学級の様子を適切に把握し、互いの良さを生かすことができる環境を作るこ
と、共生の視点からの学級づくりを進めていくことが重要である。

　小学校学習指導要領解説総則編によれば、学級の子どもたちが、帰国児童
や外国人児童、国につながる児童と共に学ぶことを通じて、互いの長所や特
性を認め、広い視野をもって異文化を理解し共に生きていこうとする姿勢を
育てるよう配慮することが大切であるという。さらに「このような相互啓発

を通じて、互いに尊重し合う態度を育て、国際理解を深めるとともに、国際社会に生きる人間として望ましい能力や態度を育成すること」が期待されている（文部科学省, 2018d, pp. 115-117）。

　こうした指導の過程に影響を及ぼすのが、学級担任の見方や姿勢である。例えば、自分の思いを言葉で伝えられないことから相手をたたいてしまったり、無気力になってしまっている子どもの姿を「乱暴」「やる気がない」と断定的にとらえてしまうと、そうした見方が無意識のうちに言動として現れ、学級全体の雰囲気に影響を与えていくことが考えられる。多文化環境での発達に関する理解や想像力、文化の違いに関する多元的な見方を持ち、自らの価値観や行動を省察できるようにしたい。

　在籍学級での教科指導においては、一人一人の児童の日本語の能力などに応じて、「①授業において使われている日本語や学習内容を認識できるようにするための支援、②学習したことを構造化して理解・定着できるようにするための支援、③理解したことを適切に表現できるようにするための支援、④自ら学習を自律的に行うことができるようにするための支援、⑤学習や生活に必要な心理的安定のための情意面の支援といった側面からの支援」（文部科学省, 2018d, pp. 115-117）が求められる。学級担任は、例えば、短く明確に話すなど言葉遣いの工夫、絵や図などの視覚的支援の活用、例文の提示による作文や発言の支援、学習目的や流れが分かるワークシートの活用などを考えることができるだろう。

　第3節でみたように、二言語の学習の過程においては、生活言語能力と学習言語能力の習得に差があり、日常会話には問題がなくても教科学習を支える学習言語能力が十分についていない時期がある。特に高学年になり、学習に抽象的な概念が多く用いられるようになると、日本語で年齢相応の学習についていくことが難しくなりがちである。

　特に生活言語としての日本語が優勢になりながら、母語においても多様な言語活動に触れる場が限られていた場合には、日本語でも母語でも思考を支

えることばの力が育っていないために学習が停滞してしまう。日本語での学習言語能力を育てるためには、例えば、体験や活動を通して概念の理解を促し、日常的な日本語での説明を学習のための言語に置き換えるなどの指導を積み重ねることが必要となる（齋藤, 2011, pp. 59-61）。

　第一言語である母語が発達していれば、母語を通して概念を理解しながら学習を進めることができ、日本語での学習言語の発達とともに学習の力も伸びていくことが想定される。幼児期から日本で生活している子どもの場合には、日本語とともに母語の力を継続して伸ばしていくことができるような支援も必要である。小学校高学年で来日した子どもの場合には、母語で培った考える力や言葉の概念に関する知識を利用して日本語を学んでいくことができる。ただし日本語での学習言語能力の習得には一定の時間がかかるため、その間、母語での学習支援、母語で本を読むなど母語学習の継続がなされるとよい（日浦, 2019, pp. 34-36; 齋藤, pp. 59-61）。このように多文化の子どもの教育においては、日本語だけではなく、母語も含めた全体としてのことばの力をとらえる視点、幼児期からの発達の過程や学習歴をとらえる視点が必要である。

6　幼児期の教育と小学校教育をつなぐ視点

　2019年4月、改正出入国管理法が施行された。同法は、国内の労働力不足に対応するため、新たな在留資格として「特定技能」を設けたものであり、介護や外食など14の分野に就労する外国人の受け入れが想定されている。グローバル化の進展、新たな制度の導入により、日本で生活する子どもたちの多文化化はさらに進んでいくと思われる。

　今回の改正に合わせて検討された「外国人材の受入れ・共生のための総合的対応策」（2018年12月）は、生活者としての外国人に対する支援の一項目として「外国人の子どもに係る対策」を挙げ、保育所などにおける外国籍児

童への配慮、保育所などから小学校への切れ目のない支援、就学状況の把握及び就学促進を掲げている（文部科学省, 2019d）。

　これまで多文化の子どもたちへの施策が、小学校就学以降の学校教育、特に学校への適応と日本語支援が中心であり、保育・幼児教育における方針や具体的施策が存在しなかった（三井 et al., 2017）ことを考えると、幼児期の教育から小学校教育への接続の視点が加わったことは大きな転換である。政策で提言されている「切れ目のない支援」を意義あるものとするためにも、多文化の子どもたちの幼児期の教育と小学校教育をつなぐ視点が今後ますます求められていくだろう。

　そのためにも重要なことは、多言語・多文化環境における発達への理解である。たとえば、小学校において日本語で学習を深めていくためには、第3節で検討したように、幼児期にことばの力を育てることが重要であり、そのためにも家庭で身につける母語の役割を十分に認識する必要がある。単一言語での発達を基準とし、日本語の会話ができるか、日本人の子どもと同じように活動できているかという観点からのみ見るのではなく、複数言語とともにある子どもの発達を総体的にとらえること、また生涯にわたる発達の過程を理解したうえで支援していくことが大切ではないだろうか。

　さらに多言語・多文化環境における発達への理解を共有しながら、幼稚園、保育所、こども園、学校などの教育の場が相互に連携していくことも重要である。静岡県焼津市では、小学校での子どもたちの姿から、母語で絵本を読んできた子どもたちや母国で幼稚園に通っていた子どもが日本の学校に適応している場合が多いこと、母語で文字の概念がない子どもがひらがなを覚えることに困難を感じているなど、学校での学習と就学時の母語の力との関連に関心が向けられるようになった。また幼稚園や保育所からも多文化の子どもたちの支援についての悩みが多く寄せられた。こうした状況をふまえて焼津市教育委員会では、幼稚園や保育所で二言語での発達における母語の重要性を伝えるなどの取り組みを行っている（小澤, 2019）。このように行政も関

わりながら、幼児期の教育から小学校教育に関わる保育者や教師が多文化発達の課題を共有することで、それぞれの教育の場において発達段階をふまえた教育を行っていくとともに、相互に連携して情報の共有や引継ぎ、支援のための協働の取り組みを進めていくことができる。幼児期の教育と小学校教育をつなぐ「切れ目のない支援」のためには、多言語環境で育つ子どもたちの言語状況と発達の理解に基づく協働が今後ますます求められる。

　家庭と学校、幼稚園などで異なる言語と文化を経験しながら育っていく多文化の子どもの教育においては、家庭や地域との連携も大きな課題である。外国人保護者のなかには、日本語によるコミュニケーションが難しかったり、文化や習慣が異なることなどで不安や課題を抱えていたり、多言語・多文化環境での子育てに悩みを持つ場合も多い。言語の発達と学習に関しては、たとえば教育委員会が乳幼児健診や就学時健診の折に、保護者に母語での子育ての重要性や学校生活に必要な日本語習得のための初期日本語指導の必要性などを説明したり、保育者や教師が保護者に家庭で母語を使用するよう伝えるなど、家庭への働きかけを行うことで、子どもの発達に関する理解を家庭と共有していくことが求められる。

　小学校への接続の重要性が語られるなかで、就学前の多文化の子どもとその保護者を対象に学校での生活に慣れるための教育や支援を行う動きもみられるようになってきた。また地域によっては、多文化子育てサロン、地域日本語教室、母語教室などの活動も行われている。こうした活動の実施状況や体制は自治体や地域によって異なるが、教育委員会や自治体の福祉部局、小学校、保育所、幼稚園、こども園だけではなく、多文化共生・国際化などに関わる部局や関連機関、子育て支援・地域医療・福祉などの関係機関、地域のNPO、大学、社会教育関連施設など様々な組織が関わっていることが多い。また活動に関わる人たちも、母語での支援員、日本語指導者や支援員、NPOのスタッフ、ボランティアなど多様である。多言語・多文化環境で育つ子どもの学びの場を地域で支えていくためには、こうした連携が一層深ま

るとともに、多様な支援者が幼児期の教育や小学校教育における目標や課題、多言語における発達の特性と課題を理解していることが重要である。こうした理解を保育者、教師はもちろん、保護者、地域の支援者、行政が共有することで、幼児期から小学校へつながる学びの環境を整備していくことができると考えられる。

註
1) 本章がテーマとする多文化・多言語環境で育つ子どもたちは、日本においては「外国人児童生徒」「外国につながる子ども」「外国にルーツを持つ子ども」「移動する子ども」など様々な名称で呼ばれている。本章では、(1) 言語や文化の違いに焦点を当てること、(2) 多言語環境で育ったとしても、家庭や社会の状況等、様々な要因のもと必ずしも複数言語を身につけるわけではないこと、(3) 幼児期から児童期を含み、かつ就学していない子どもも含んで論じることなどの観点から「多文化の子ども」と称することにする。
2) 正式な名称は「出入国管理法及び難民認定法」。
3) 正式な名称は「公立義務教育諸学校の学級編制及び教職員定数の標準に関する法律」。

引用文献

Cummins, J. (2001). *Negotiating Identities: Education for empowerment in a diverse society* (Second ed.). Ontario, CA: CABE.

Gaias, L. M., Gal, D. E., Abry, T., Taylor, M., & Granger, K. L. (2018). Diversity exposure in preschool: Longitudinal implications for cross-race friendships and racial bias. *Journal of Applied Developmental Psychology*, **59**, 5-15.

法務省（2019）「平成 30 年末現在における在留外国人数について」 http://www.moj.go.jp/nyuukokukanri/kouhou/nyuukokukanri04_00081.html（2019 年 10 月 15 日取得）

厚生労働省（2017）『保育所保育指針』フレーベル館

厚生労働省（2018a）「人口動態統計」 https://www.mhlw.go.jp/toukei/saikin/hw/jinkou/kakutei18/index.html（2020 年 3 月 10 日取得）

厚生労働省（2018b）『保育所保育指針解説』フレーベル館

三井真紀・韓在熙・林　悠子・松山有美（2017）日本における多文化保育の政策・

実践・研究の動向と課題　VISIO, **47**, 31-41.

文部科学省（2017）『幼稚園教育要領』フレーベル館

文部科学省（2018a）『幼稚園教育要領解説』フレーベル館

文部科学省（2018b）「学校における外国人児童生徒等に対する教育支援の充実方策について（報告）」https://www.mext.go.jp/b_menu/houdou/28/06/__icsFiles/afieldfile/2016/06/28/1373387_02.pdf（2020 年 3 月 10 日取得）

文部科学省（2018c）『小学校学習指導要領』

文部科学省（2018d）『小学校学習指導要領解説総則編』

文部科学省（2019a）「日本語指導が必要な児童生徒の受入状況等に関する調査（平成 30 年度）の結果について」https://www.mext.go.jp/b_menu/houdou/31/09/1421569.htm（2019 年 10 月 15 日取得）

文部科学省（2019b）「外国人の子供の就学状況等調査結果（速報）」https://www.mext.go.jp/content/1421568_001.pdf（2019 年 12 月 1 日取得）

文部科学省（2019c）『外国人児童生徒受入れの手引』明石書店

文部科学省（2019d）「外国人の受入れ・共生のための教育推進検討チーム報告～日本人と外国人が共に生きる社会に向けたアクション～」https://www.mext.go.jp/component/a_menu/other/detail/__icsFiles/afieldfile/2019/06/17/1417982_02.pdf（2019 年 12 月 1 日取得）

中島和子（2010a）「バイリンガル教育の基礎知識」中島和子（編著）『マルチリンガル教育への招待―言語資源としての外国人・日本人年少者―』ひつじ書房 pp. 11-44.

中島和子（2010b）「バイリンガル育成の理論モデル」中島和子（編著）『マルチリンガル教育への招待―言語資源としての外国人・日本人年少者―』ひつじ書房 pp. 193-226.

中島和子（2011）「カミンズ教育理論と日本の年少者言語教育」ジム・カミンズ（著）中島和子（訳著）『言語マイノリティを支える教育』慶應義塾大学出版会 pp. 13-59.

内閣府・文部科学省・厚生労働省（2017）『幼保連携型認定こども園教育・保育要領：平成 29 年告示』フレーベル館

日本保育協会（2009）「保育の国際化に関する調査研究報告書―平成 20 年度―」https://www.nippo.or.jp/Portals/0/images/research/kenkyu/h20international.pdf（2019 年 12 月 1 日取得）

岡本夏木（1982）『子どもとことば』岩波書店

小澤美幸（2019）「静岡県焼津市の事例から」（「日本語教育推進に関する国際フォ

ーラム in かながわ」2019 年 12 月 21 日）配布資料

齋藤ひろみ（編著）（2011）『外国人児童生徒のための支援ガイドブック—子どもた
　　ちのライフコースによりそって—』凡人社

齋藤ひろみ（2009）「成長・発達モデルから見た移動する子どもたちの状況」齋藤
　　ひろみ・佐藤郡衛（編）『文化間移動をする子どもたちの学び—教育コミュニ
　　ティの創造に向けて—』ひつじ書房　pp. 19-33.

坂本光代（2016）「文化間移動と子どもの言語発達」宮崎幸江（編）『日本に住む多
　　文化の子どもと教育—ことばと文化のはざまで生きる—増補版』上智大学出版
　　会　pp. 3-13.

佐藤郡衛（2019）『多文化社会に生きる子どもの教育—外国人の子ども、海外で学
　　ぶ子どもの現状と課題—』明石書店

総務省統計局（2019）「国籍別, 在留資格（永住・非永住）別外国人登録者数」
　　https://www.stat.go.jp/data/chouki/zuhyou/02-12.xls（2019 年 10 月 15 日取得）

田浦秀幸（2019）「継承語習得と認知能力発達」近藤ブラウン妃美・坂本光代・西
　　川朋美（編）（2019）『親と子をつなぐ継承語教育—日本・外国にルーツを持つ
　　子ども—』くろしお出版　pp. 32-53.

塘利枝子（2010）生涯発達における文化間移動—青年期までのアイデンティティ形
　　成を中心にして—　異文化間教育, **31**, 19-32.

全国幼児教育研究協会（2017）「幼児期における国際理解の基盤を培う教育の在り
　　方に関する調査研究—外国籍等の幼児が在園する幼稚園の教育上の課題と成果
　　から—」（平成 28 年度文部科学省委託「幼児期の教育内容等深化・充実調査研
　　究」）　http://zenyoken.org/wp-content/uploads/2016/05/ 幼児期における国際理解
　　の基盤を培う %EF%BD%9EHP 用データ . pdf（2020 年 3 月 10 日取得）

（渋谷　恵）

第5章　教育相談の視点から幼小をつなぐ

1　はじめに

　教育相談は、日本においては生徒指導活動の中の一つの実践と位置付けられる。中学校学習指導要領解説（特別活動編）（文部科学省, 2008, p. 97）には、教育相談は、「一人一人の生徒の教育上の問題について、本人又はその親などに、その望ましいあり方を助言することである。その方法としては、1対1の相談活動に限定することなく、全ての教員が生徒に接するあらゆる機会を捉え、あらゆる教育活動の実践の中に生かし、教育相談的な配慮をすることが大切である。」と示されている。

　そして、ここに示されている望ましい在り方とは、好ましい人間関係形成、良好な生活適応、自己理解の深化、人格の成長援助を目的とするとされ、「これら教育相談の目的を実現するためには、発達心理学や認知心理学、学校心理学などの理論と実践に学ぶことも大切です。また、学校は教育相談の実施に際して、計画的、組織的に情報提供や案内、説明を行い、実践することが必要となります。」としている（文部科学省, 2010, p. 99）。

　本稿は、主に幼稚園、小学校における教育活動に携わることを希望している大学生を対象とし、前述の教育相談の内容を概説することを目的とする。そこで、教育相談の主目的である好ましい人間関係の形成という視点から、①幼児から児童という年齢段階において、環境との相互作用によってどのようにかかわりが発達していくのか、②幼児から児童期においては、環境との相互作用がどのようになって問題が生じ、どのように対応したら良いのか、③教育相談には、どのような実践形態があり、園、学校において、どのよう

な体制で計画的、組織的に実施するのか、④教育相談の今後の課題、について述べる。

2　子どものかかわりの発達

　幼児期から児童期における好ましい人間関係の形成とは、どのようなことであろうか。人間関係におけるかかわりは、時間の経過とともに自然に習得されるものではなく、徐々に習得され習熟していくものである。以下に、小林（1989）を参考に乳児期から児童期までのかかわりの発達を示す。

2-1　信号 - 受信 - サービス―かかわりのスタート

　赤ちゃんとして誕生し、初めの四週間ぐらいを新生児期という。産声を上げて数時間の後に主として空腹という生理的ストレスに反応して、産声でない通常の「泣き」が生じる。

　本来は個体内で生じる生理的反応である「泣き」は、親を中心とした周囲の働きかけを誘発する効果をもつ。なぜならば、親らは、この「泣き」を止めようとかかわるからである。子どもは空腹を満たしてくれ、渇きを癒やしてくれ、濡れを乾かしてくれるといったように、「泣き」が快をもたらすことをくりかえし体験することになる。この結びつきの体験を通して、泣きは親らや欲求を満たしてくれる人とのかかわりの意味も有する社会的な行動となっていく。

　ところで、新生児期の泣きは生理的な不快を感じている赤ちゃんからの信号である。そして、その信号を何らかの援助を求めるサインとして受信した親らが赤ちゃんに接近することとなる。次に、親らにより、泣きが何を求めている信号であるかがチェックされ、要求に対応したサービスを行うというかたちでのかかわりが形成される。この赤ちゃんと親らとの相互作用が、かかわりの基礎となる。

2-2　信号の社会化―要求行動の成立

　「泣き」が、なんらかの援助を求めるサインであるということは、赤ちゃんの示す最初の要求行動であるといえる。この初期の「泣き」は空腹、気分が悪い、おしめが濡れているといった 3 つの要求であるといえよう。しかし、赤ちゃんは、単純な「泣き」を空腹であるのか、気分が悪いのか、おしめが濡れているのかを区別して表現しているわけではない。したがって、母親等が赤ちゃんの泣きの様子から空腹のための泣きか、おしめを変えてもらいたい泣きかを弁別する手がかりを見つけ出し、予想された欲求を充足する対応をして「泣き」がおさまったことで自らの判断が正しかったかを考えることになる。そして、親らは、自らの対応により「泣き」がおさまらなかった場合、最初の子どもへの理解を修正して、他の対応に変更することが必要となる。例えば、母親が、赤ちゃんが空腹で泣いていると判断して、ミルクを与えたが泣き止まなかったとする。そこで、おしめを確認して、濡れていることがわかり、それを取り換えることによって「泣き」をおさめるといった対応が必要となる。親らは、この仮説検証ともいえるプロセスから、どういう「泣き」方をした時には、どういう欲求なのかを判断していくことが、赤ちゃんに対する理解の一歩となるといえる。

　子どもは、間もなく、生理的要求ばかりでなく、「かまってもらいたい」といった社会的要求のために「泣き」を用いることも増えてくる。そして、「泣き」以外にほほえむ、手を伸ばす、目で追うなどの行動レパートリーも拡大し、かかわりのもち方も多彩となる。例えば、気分の良い時に生じやすい生理的な微笑反応が、新生児期の後期となれば特定できる快い視覚・聴覚刺激（例えば、いないないばぁ）によって誘発されるようになる。そして、注視行動とも結びついて、周囲の大人との対応で社会的微笑が相対的に増加してくるのである。こうした信号の社会化が後の要求行動成立の基礎となっているといえよう。

　次の発達段階では、子ども自分自身によって自らの要求を自己充足できな

い場合に、他者を媒介として充足しようと試みる。そのためには、要求の内容、対象について他者に誤りなく伝達しなければならなくなる。この時期の初期には、手をバタバタするといった大まかな動作表現から指さし行動などによる特定化した表現へと展開していく。そして「ことば」と、必要ならば動作表現の伴った要求行動となっていく。

2-3　受信の行動化─指示に対応する行動の成立

　子どもと周囲との交流が活発化していくことによって、環境の現実に直面することになる。ある事態、ある人によっては要求が充足され、他の事態、他の人によっては充足されなかったりすることを体験する。人を弁別し、人の表情、雰囲気を弁別し、場面を弁別するようになる。したがって、子どもの場面を弁別する力をつけるためには、母親や周囲の人は、子どもの欲求が充足される、充足されない場面をバランスよく提供することが必要となってくる。

　発達の初期の段階においては人の動作や雰囲気を弁別し、それに対応する行動をおこなうようになる。そして、「ことば」を発することが可能になる前に「ことば」をある程度は理解し、ある程度は対応的な行動がとれるようになる。ある子どもが、二〇～三〇単語を自身の行動の表現に用いられるようになったということは、それらの約二倍の単語を理解していると考えられている。したがって、親らは、子どもに多くの「ことば」をなんらかの方法で提示し、可能な限り対応する動作、事物を対提示して理解を促すことが、子どもの「ことば」の発話に必要であるといえる。

　満一歳を過ぎて歩行が可能となり、全般的な活動水準が高まってくると子どもの安全のためにも周囲からの言語に従う行動が必要となってくる。「やめなさい」「こちらへ来なさい」といった周囲の声かけを理解し、それに対応する行動が必要となる。

　この時期の子どもの「ことば」の理解力の不十分さは、周囲の人たちの

「ことば」と同時に提示される表情、動作といった非言語的手がかりや、声のニュアンスなどにより解消される。したがって、感情的含みのある指示やジェスチャーなどの非言語的手掛かりを付けやすい指示がより早期に理解されることになる。

　したがって、この時期の親らは、子どもたちの「ことば」の理解を助けるために、伝えたい「ことば」に対応した感情豊かな表現、大きな身振り手振りが必要である。

2-4　コミュニケーション行動─相互作用の成立

　非言語的な援助が少なくても「ことば」を理解するようになると、子どもと周囲の人との「ことば」を主たる手段として情報を相互にやりとりするコミュニケーション行動が徐々に可能となってくる。

　こうしたやりとり、すなわち、「ことば」によるキャッチボールが可能になることは、対人関係において、相互作用が成立しているとみることができる。

　キャッチボールが続くかどうかは、投げる人、受ける人の両方の投げ方、捕り方に関係していることは言うまでもない。「ことば」の相互作用が続くかどうか、その相互作用の内容には、子どもと親ら双方、周囲の人の話し方、聞き方が大きく影響している。

　例えば、一歳半を過ぎても「ことば」がでてこないという訴えをもって専門家を訪問してきた母親に対して、専門家は「ことば」を用いていない母子の相互作用がどのように行われているかを尋ねたり、観察したりする。子どもが「ことば」を用いなくても相当程度のコミュニケーションが可能である関係が形成されている場合、子どもの非言語行動を母親が読み取って、子どもが無発語でも母親が要求を叶えてしまうといった例もある。また、典型的な自閉スペクトラム症児の場合のように、子どもが人的刺激そのものを回避して、ほとんど「かかわり」が成立していない場合もある。

　「ことば」を主として用いたコミュニケーション行動は年齢の進行に伴って急激に発達していくが、それは、単に習得した語彙量によってのみ規定されるわけではない。対人関係の全般的発達、習得した語彙を相手、状況に合わせて適切に活用するという社会的スキルの習熟が、コミュニケーション行動の発達に重要となる。

3　幼児から児童期における教育相談上の問題とその対応

　中枢神経系のなんらかの障害を起因とする器質性の問題以外は、この周囲の人、環境と子どもとの相互作用の不具合によって教育相談上の問題が生じるといえる。本稿では、小林（1989）を参考に、この時期に問題となる人間関係の問題、母子相互作用の不具合による「ことば」の問題、選択性緘黙、いじめ、不登校について概説する。

3-1　母子相互作用の不具合による「ことば」の問題

　ここでは、「母」を主として赤ちゃんの世話を担当する人という意味で用いるが、この母と子どもの相互作用が通常の発達に重要な役割を果たしていることは前述した通りである。

　基本的に母は、初期の「泣き」に対して、可能な限り即時的に、そして要求充足的に対応していくことが対人関係、情感関係をつくりあげるばかりでなく、全般的な発達をもたらすことに結びつく。なんらかの理由（多忙、無関心など）で、「泣き」にタイミングよく母が対応することができないと、赤ちゃんの「泣き」が減少してしまう。「泣き」の減少とは初期の要求行動の出現頻度の低下を意味する。そして、「泣き」の減少は、母および他の成人の接近回数を減少させてしまうことになる。

　これは、必然的に対人場面を縮小させることになってしまう。母が「泣き」に的確に対応しないことによって子どもの快的状態の喪失、母による

「泣き」の要求語への変換支援の減少、「ことば」の身振り動作等による理解支援の喪失が生じる。その結果、子どもの「ことば」の理解欠如、要求語の未学習による発話行動無し等の「ことばの遅れ」の問題が発生する。

　一歳半から二歳ごろに、「ことばの遅れ」を主訴に専門機関を訪問する事例のなかの過半数が、このような母子関係の不具合を起因としているとされている。このことは子どもへの直接的な治療教育的アプローチを試みることなく、母親への子育ての仕方を指導するのみで「ことばの遅れ」を解決できたことによって証明されている。

　したがって、前述の母子相互作用の状態にある場合、教員は、母の悩みを受け止めるとともに、以下の二点の助言ができることが要請される。

　第一は、母への子育ての仕方の再教育として、快をもたらすような情感的かかわりの形成である。なぜならば、母の「泣き」への未反応により、子どもが母親との快的なかかわりが形成されないうちに、子どもが立ち歩くなどの行動が生じて、「躾」と称する罰のコントロールが始まり、ぎくしゃくした親子関係をつくりあげてしまっている場合があるからである。

　第二は、「ことば」を必要とする対人関係事態を設定していくことである。前述したように母が、子どもの発話がなくてもすべて動作で読み取って対応してしまい、「ことば」の使用が必要なくなる場合がある。また、身体・運動的発達と「話しことば」の発達にずれが生じた場合には、意識的に「話しことば」を必要とする事態の設定をする必要がある。なぜならば、身体・運動的発達によって、例えば、棚の上のお菓子が取れるようになり、冷蔵庫の中の飲み物を飲めるようになると、周囲の大人に何らかの形で要求充足のための援助を依頼する必要がなくなってくるからである。

3-2　選択性緘黙、いじめ、不登校の発現メカニズム

　選択性緘黙、いじめ、不登校（とくに学校恐怖症）は、前述の子どもと人との相互作用の不具合によって生じる問題といえる。

　これらの問題が発生するには遺伝的素因からスタートし、妊娠期、出産期、そしてその後の生育史をめぐる要因を準備条件とし、実際に誘発する条件が整う必要がある。一度発生したこれらの問題は一時的な反応ですめば、特に相談対象として扱われない。一度発生したこれらの問題が持続したり、繰り返されたりすることから相談対象として扱われる。その問題が持続したり、また繰り返したりするということは、その子どもにとって、その問題がたとえ一時しのぎのものであれ、それなりの快的意味（回避、注目関心引き等）をもっているという視点は重要である。

　前述したかかわりの不具合が存在することによって、これらの問題が発生した場合には、それが準備条件となっている場合がある。例えば、クラスのなかで目立たず、特に拒否もされないが孤立している状態にある子どもは「いじめ」の対象になりやすい傾向にある。

　また、かかわりが不具合の子どもが同年齢児とのかかわりが乏しい状態で幼稚園などの集団生活に導入され、社会的な未成熟さのためにショックを受ける。その結果として集団生活のなかで発語が不可能となってしまうといった選択性緘黙の発現は、この問題の誘発条件にかかわりの不具合が関係していることを示している。

　これらの問題が、持続するのは、かかわりの不具合には「かかわり」から逃げる、回避することが症状に含まれていることによる。対人関係において回避傾向の顕著な学校恐怖症、視線恐怖、あがりなどの例においては一時的ではあるにせよ、集団場面や対人場面を避けることができる。一時的には「ホッ」とした気分をもつことができるかもしれないが、失敗感が生じ、次の機会への予期恐怖・不安を増幅し、症状が維持することとなる。

3-3　選択性緘黙

　ある特定の場面においてのみ発語することができない状態を選択性緘黙という。一般的には、幼稚園、学校という場面で発語することができず、家庭

においては自由に話すことができるという特徴がみられる。過緊張状態においては、だれでも発語困難が生じるが、社会的経験の乏しさから極端な過緊張状態になっていたことが発現のきっかけとなることが多い（小林, 1989, p. 13）。

　そして、選択性緘黙状態となると、親らの周囲の人がなんとか話をさせようと強制的な働きかけがなされることが多い。その場合、子どもの防衛的構えを強めてしまうことが多く、ほとんど効果をあげない為、短期間で中止される。そして、発語しない子どもの存在する集団は、その子どもがしゃべらなくてもよい状況に変化していくことにより緘黙症状が持続していくことになる。

　選択性緘黙は、軽度と重度に分けられる。軽度の場合、発語はしないが、動作・表情などによる「イエス」「ノー」の表示、学校での一般的な活動、学習活動、運動、作業をこなすことができる。こうした軽度の例では自然治癒率が著しく高い。

　重度の場合、家庭では自由に発話できるが、学校場面などではほとんどの自発的行動が停止してしまう状態となる。校門をくぐると表情がこわばり、立ち止まってしまう。もし、移動させるとすれば、他者による後押しや手をひくといった援助が必要となる。

　重度の場合には自然治癒はあまり期待できず、専門的な治療的アプローチが必要となる。現時点では、行動療法的アプローチの効果が確認されている（例えば、加藤・小林・財部, 1981）。

3-4　いじめ

　2015年に施行された「いじめ防止対策推進法」では、いじめを「児童等に対して、当該児童等が在籍する学校に在籍している等当該児童生徒と一定の人的関係にある他の児童等が行う心理的又は物理的な影響を与える行為（インターネットを通じて行われるものを含む。）であって、当該行為の対象とな

った児童生徒が心身の苦痛を感じているもの」と定義している。

　教育相談として「いじめ」がとりあげられる場合、いじめられている側、すなわち「被いじめ」が問題となる。一般には「被いじめ」により生じた怪我や精神的ショックが、不登校、うつ状態となって深刻な問題として取り上げられてくる。

　「被いじめ」の準備条件としては学級集団のなかでの対象児は目立たない存在のことが多く、学級を超えたなかで対象児とされる場合には変に目立つ存在もターゲットとなる。そして、他者とのかかわりが深くなく、どちらかといえば孤立傾向がみられる。

　ひとたびいじめの対象とされた子どもが、いじめをうけても何も不平も言わず指示に従っている「縮こまっている」状態は「いじめ」を促進する効果をもつ。そして、「いじめ」に対処する社会的スキル、直接的にははっきりと「いいかげんにやめろ」と表現できるか、しかるべき人または機関に援助を求めるといった社会的スキルが必要である。

　以上のことから「被いじめ」を生じさせない為には、教員は、通常のかかわりの発達の促進（好きなこと、嫌なことの両方を体験させ弁別させる等）を心がけるとともに、子どもたちの嫌な場面における「やめてください」というスキルの習得、困難場面において他者に援助を自分から求めるスキルの習得を心がけることが重要であるといえる。

3-5　不登校

　文部科学省は、不登校児童生徒とは「何らかの 心理的、情緒的、身体的あるいは社会的要因・背景により、登校しないあるいはしたくともできない状況にあるために年間 30 日以上欠席した者のうち、病気や経済的な理由による者を除いたもの」（文部科学省, 2015, p. 2-3）と定義している。

　すなわち、不登校とは子どもが日常的にくりかえしている家庭と学校の往復行動の流れのなかの家庭の部分で中断し、そこで停留状態に陥ること（小

林, 1989, p. 15）である。

　基本的に、不登校は学校を回避し、家庭に逃げこんでいる状態であるから、「学校からの回避反応」であり、その原因は、不安、学業不振、怠学傾向、無気力、対人トラブルと多様化してきている。学校に不快場面があって、それを回避して家庭内に維持条件があることにより生じる問題である。

　幼児期の不登園は、特別な対人関係上のつまずきがなければ母子関係（密着からの分離）に起因することが多い。前述したかかわりの発達を参考に通常の母子相互作用に変容させていくことが再登校には、効果的である。

　学齢期の不登校は、子どもが学校生活にどの程度溶け込んでいるかと大きく関連している。小学校低学年で「不登校」とか「登校しぶり」が見られたら、教室まで子どもを連れて行き様子を見ることが必要である。その子どもが教室に入ってしまえば、他児とも仲良くできて勉強もしているとすれば特に問題はないが、教室に導入しても動けず、回避しようとしているといった状態であるならば、友人関係や学習にある問題を解明して、適切な対処をする必要がある。そのためには再登校達成実績のある専門家（臨床心理など）のコンサルテーションが効果的である。

　小学校高学年になってくると、子どもには学習面で次々と課題が立ちはだかり、課題に追われている間に学習困難が生じることがある。「数の計算」は得意だったのに「図形の問題」になると突然対応できなかったり、漢字学習は得意だったが、教科書の朗読ができなかったり、といったことなどが、つまずきのきっかけになる。注意集中力も欠けてきて、教室にいることが苦痛となり、憂鬱な気分になり登校時間になると体調不良となり家から出られなくなることがある。この場合、単に「休養をとる」だけではなく授業場面での有能感を生じさせる適切な学習指導が効果的である。

　現在、大きく、そしてしばしば取り上げられるものに、いじめにより学校が「嫌な場」「恐怖の場」となり、それを回避することから生じる不登校があり、自殺に至る例もある。教員が、幼稚園段階からの「被いじめ」対応、

「いじめっ子」に対する積極的かつ適切な介入が必要である。

4　教育相談活動の実施形態

　幼稚園、小学校で実施されている教育相談活動は、大別すると、学級担任が行う学級の幼児、児童、保護者を対象とする教育相談活動（直接的相談）と、園、学校全体として教員組織で実施する教育相談活動、教育委員会主導で地域ぐるみで実施する教育相談活動がある。

4-1　学級担任が行う学級の児童生徒を対象とする教育相談

　学級担任は、学級の幼児、児童に対して相談室での個別面接を実施するだけではなく、特別支援教育などと連動して対象児の個別ニーズに即応できるように多様な相談形態や相談方法の選択肢を複数用意する必要がある。

　したがって、学級担任は、相談形態としては、個別相談、グループ相談、チーム相談、呼出し相談、チャンス相談、定期相談、自発相談を実施する用意をする必要がある。相談方法としては、面接相談、電話相談、手紙相談、ＦＡＸ相談、メール相談を実施する用意が必要である。

　また、学級担任は、幼児、児童の居場所である学級の経営を担当している。そこで、学級担任は、安全配慮、すなわち幼児、児童が安心安全に学校生活を送れるように配慮しなければならない。また、学級担任は、児童生徒の学習面、心理・社会面、進路面、健康面に目を配り、園、学校生活をサポートする役割を担っており、これらのサポートを円滑に実施する学級経営（学級づくり）が求められ、その中に教育相談的配慮を織り込む必要があるといえよう。

　現在では、この学級経営は、個々の学級担任の学級経営方針に基づく日々の配慮、例えば、担任がポジティブな雰囲気で教壇に立つことや、子ども達の様子をよく観察し子どもたちのよいところをほめること、いつもと様子が

異なる子どもに気が付いて声をかけること、といった教育相談活動と同時に、 Q-U 等の心理検査によって児童の学級活動における満足度といった心理状態や人間関係を把握し、それに基づく学級経営を行う実践も行われている（河村, 1999）。

4-2　学校全体で実施する教育相談

　多くの学校では、学校全体の教育相談を担う組織として、教育相談に関する部会や委員会、係りが設置されている。近年の傾向としては、コーディネーション委員会という、運営（マネジメント）委員会、個別援助チームの中間に位置づけられる委員会（図1）を設置する学校が増えている（家近・石隈, 2003）。コーディネーション委員会は、「学校内外の援助資源を調整しながらチームを形成し、援助対象の問題状況及び援助資源に関する情報をまとめ、援助チーム及びシステムレベルで、学校内外の援助活動を調整する委員会」と定義される（同, p. 231）。コーディネーション委員会が機能するとき、①スクールカウンセラーを含むチームのコンサルテーション・相互コンサルテーション機能が向上する、②生徒に対する効果的な援助や情報の提供を行う学校・学年レベルの連絡・調整機能が向上する、③共有された援助方針をそれ

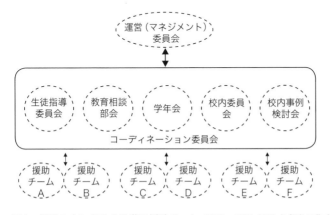

図1　組織の中にある3段階の援助チーム（家近・石隈, 2003 を参考に作成）

ぞれの援助チームに伝えることでチーム援助が促進される、④管理職が参加することによって、校長の意思伝達や教職員との連携が図られることでマネジメントが促進されることが示されている（家近・石隈, 2003）。

　個別の援助チームは、全教職員を対象とした事例検討会を実施している。これは、個々の事例に対するアセスメント、介入方針と目標、方法、評価方法を決定し、それを実行し、PDCA（Plan、Do、Check、Action）を実施する。これらの情報、作業を関連教員と実施し、対象児童生徒の問題を解決する中枢となる委員会である。

　この個別の援助チームと校内事例検討会の有機的な連携による問題解決のモデルとして伊藤・小野（2017）がある。これは、発達障害のある子どもの問題行動に対する具体的支援方法を校内事例検討会に提案、検討、実施により問題が解決した報告である。支援対象は、アスペルガー症候群の診断を受けた児童で登校しぶりの問題を抱えていた。特別支援教育コーディネーターの個別の指導計画作成及び実施サポートを専門家（著者：小野）が、実際の計画実行を特別支援コーディネーターと担任が実施し短期で問題解決した。応用行動分析の立場から作成された児童生徒の問題行動解決ツール（小野, 2012）のソフトを活用して著者（小野）が、特別支援教育コーディネーターである教員のコンサルテーションを実施した。このソフトは、教員が単独で個別の指導計画の PDCA 運用を可能とするために工夫されたソフトでアセスメント及び評価としての行動アナログ記録表（表 1）、機能分析システム、機能分析結果と支援が明示される問題解決思考支援シート（図 2）、事例検討会議用の問題解決思考支援シート・学内及び外部連携用シートの印刷機能、データのグラフ化機能、支援仮説通りにいかなかった時の仮説修正機能、データベース機能が備わっている。

　以下に児童生徒の問題行動解決ツールの 10 段階の PDCA のステップの内容と事例検討会等での活用の仕方を示す。

　ステップ 1：担任、学年教員が対象を決定し、対象の状況についてレーダ

表1　行動アナログ記録表の例

【行動問題のアナログ記録表】

	確立操作	関連する先行条件				問題行動	結果条件		備考
日付	本日の調子	時間	場所	場面	相手	直前のきっかけ	行動形態	直後の対応	結果	
17/05/31	△（睡眠不足でイライラする）	10:30〜10:45	教室	授業終了後	A先生	ものを片づけるように口頭で指示	先生の髪を引っ張る	腕を抑えながら、「離して！」とやさしく言う	しばらく離さなかったが、5分程度で離す。	

※先頭に「【児童生徒名：○○　○○】」

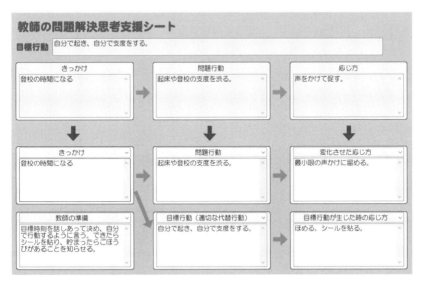

図2　問題解決思考支援シートの例（伊藤・小野, 2017）

ーチャート評価を実施する。

　ステップ2：レーダーチャート評価を参考に、対象の問題となる領域を見つける。

　ステップ3：対象の問題となる領域の中で、最優先で介入する領域を決定する。介入する領域の優先順位は、①危険性の伴う行動、②生活習慣やコミュニケーションの行動、③広範囲に影響する行動の順である。

　ステップ4：対象の行動を観察し、担任は行動アナログ記録を記入する。

　ステップ5：行動アナログ記録から問題行動を絞り込む。目標行動を事例検討会議で検討して決定する。

　ステップ6：問題行動に対してMASチェックリストを実施し、機能分析を実施する。事例検討会議で機能を検討、専門家の助言を要請する。

　ステップ7：対象の問題行動の機能に対応した対処法を考える。事例検討会議で協議する。

　ステップ8：会議で決定した対処法を問題解決思考支援シートに記入し、整理する。事例検討会議にて専門家の助言要請、検討結果を学年所属教員へシートとして配布し、統一した支援を実施する。

　ステップ9：対象に対応し結果を担任等が行動アナログ記録表に入力する。行動アナログ記録表のデータに基づいて事例検討会議で支援仮説を検討する。

　ステップ10：問題行動が変容して適切な行動が獲得できた場合、ステップ7の対応を継続するか、終結とする。問題行動が変容しない場合は、ステップ6からステップ9を再度実行する。事例検討会でデータを検討して対応を決定する。

　また、学校全体で行う教育相談の例として、教育相談週間や教育相談月間を設置し、担任と子どもの個別の面談の時間を学校全体で設置している学校は多い。この個別面談に先駆けて、心の健康調査などのアンケートを事前に実施し、担任が資料として活用できるようにしている学校もある。このような活動をコーディネーション委員会全体で取り組むことは、教育相談のユニ

バーサルデザイン化につながるといえる。教育相談期間を設け、全員面談を行うことは、今現在援助を必要としている児童生徒が教員に相談できる機会を提供することに加え、他の児童生徒にも、教員と話す機会を提供し、何かあったときに相談しやすい状況をつくることに役立つといえる。

4-3　教育委員会主導で実施する地域ぐるみの教育相談活動

　教育委員会主導で実施する教育相談活動には、教育委員会の管轄地域の学校全体で最重要課題を設定して、継続的に取り組む教育相談活動と、ある問題を集中的に解決するプロジェクト型の教育相談活動がある。前者の教育相談対象の問題は、いじめ問題が取り上げられることが多い。なぜならば、いじめ問題に関しては、「いじめ防止対策推進法」が存在し、全国の全教職員は、この法をコンプライアンスすることが求められているからである。

　後者は、不登校問題が取り上げられることが多い。特に、当該の教育委員会管轄地域の学校において不登校発現率が、全国平均より顕著に高い場合に実施されることが多い。この不登校対策の典型的な手順は以下の通りである。教育委員会の不登校対策コンサルテーションアドバイザー（以下、CAと略す）が、行動論の立場から対象となる地域、学校の典型的不登校の行動アセスメントにより不登校発現・維持条件を解明し、その不登校発現・維持条件を低減する方法を組み込んだ不登校予防対策、再登校支援対策、不登校再発防止対策の3つ立案する。それぞれの対策は、2つの実施形態があり、それは、教職員が主体となって児童生徒、保護者に実施するものと、CAが主体となって教職員、保護者・児童生徒と面接、助言するものである。

　教育委員会は、その対策を管轄する幼稚園、小学校、中学校の校園長に対する指導主事訪問による実施説明、CAによる教職員研修講演開催によって対策を全教職員に周知すると同時に実施上の質問等を適宜対応し、対策の浸透をサポートする。教育委員会は、特に学校教育法施行令第20条、第21条にある学校長が対応しても改善しなかった不当な理由での欠席を認める保護

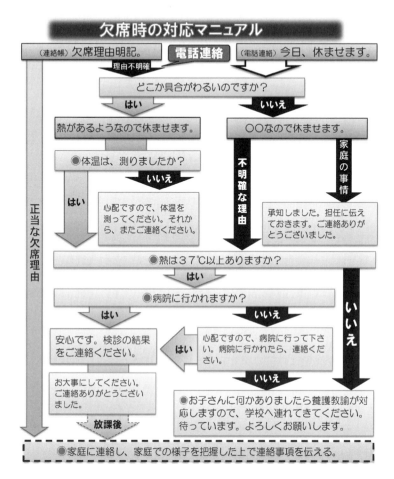

図3　欠席対応マニュアル（小野．2014）

者への対応を実施する。

　この手続きの適用例で顕著な成果を挙げた不登校減少対策例としては、小野（2014）がある。この研究は、東京都東大和市内全学校を対象として、対象学校の不登校典型事例を包括的支援アプローチの行動アセスメントによって分析し、曖昧な理由による欠席に対する対処が不登校誘発条件であるとし、

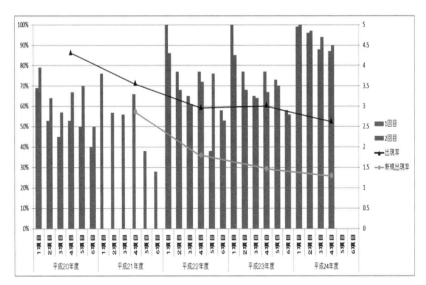

図 4　新規不登校発現率と欠席対応実施率（小野, 2014）

　この不登校誘発条件を減少させる目的で保護者の欠席電話受付時の教員の対
応随伴性を変化させた手順（図 3）を全学校に導入した。
　この対策の 4 年間実施の結果、東大和市の全教員の不登校認定手順の実施
率が 90％となり、新規不登校発現率が、2.87％から 1.3％、新規不登校数 59
人から 28 人となり、新規不登校発現率及び新規不登校数ともに半減した。
図 4 に、東大和市の新規不登校発現率と教員の欠席対応実施率の推移を示す。
これは、前例のない優れた成果であり、CA の適切な行動アセスメントに基
づいた不登校対策は、教育委員会が学校、家庭と連携することにより市単位
であっても確実な効果を示すことが明らかになった。

5　今後の課題

5-1　外国と関連のある幼児、児童に対する教育相談

　幼稚園、小学校期の新たな教育相談対象として、外国と関連のある幼児、

児童があり、早急な教育相談体制、方法の整備が要請されている。2018 年 5
月 1 日時点の、公立の小学校、中学校、高等学校、中等教育学校及び特別支
援学校に在籍する日本語の指導が必要な外国人児童生徒は 4 万 485 人で、前
回調査の 2016 年時点では、3 万 4335 人であったことから 17.9％増加してい
る（文部科学省, 2018）。これらの日本語指導が必要な外国と関連のある子ども
達の多くは、教育相談上の援助ニーズもあることが考えられる。

　しかしながら、現時点においては、これら外国と関連のある児童生徒に対
する教育相談体制は、対応する人材、他機関、体制等充分とは言えない状態
である。

5-2　幼小の教育相談へのトップダウンの発想の導入

　エビデンスベースの対応を推奨され、多職種連携を公認心理師法で義務付
けられた公認心理師（国家資格）が、2019 年度から教育現場への配置が開始
され、配置数の増加に伴い、学校の教育相談におけるチーム体制化、エビデ
ンスベース化は改善されていくと考えられる。

　しかしながら、小学校 6 年生における適応を想定した幼稚園段階からの教
育相談の実施が真の社会的自立支援には要請されており、小林（2017）が指
摘するように社会的自立というゴールからの逆算的評価、いわゆる「トップ
ダウン」の発想と「ボトムアップ」の発想の両方向からの総合的評価を活用
した個別の指導計画、個別の教育支援計画の立案、遂行が必要であるが、現
時点では、教育相談領域においては殆ど実施されていない。

　今後、幼稚園、小学校の連絡協議会等で幼小機関のつながりを強化すると
ともにトップダウンとボトムアップの両方の発想からの個別支援計画に基づ
く教育相談の PDCA と対応成果のデータベース化が要請される。

文献
家近早苗・石隈利紀（2003）中学校における援助サービスのコーディネーション委
　　員会に関する研究―A 中学校の実践をとおして―　教育心理学研究, 51, 230-238.

伊藤陽子・小野昌彦（2017）「第 4 章　専門機関と特別支援教育コーディネーターの連携―個別支援計画を活用した登校しぶりのある発達障害児童への支援―」柘植雅義（監修）小野昌彦（編著）『ハンディシリーズ発達障害支援・特別支援教育ナビ　発達障害のある子 / ない子の学校適応・不登校対応』金子書房 pp. 34-42.

加藤哲文・小林重雄・財部盛久（1981）中度精神遅滞児の選択性緘黙反応に対する行動療法的アプローチ　行動療法研究, **7**, 2-8.

河村茂雄（1999）『楽しい学校生活を送るためのアンケート「Q-U」実施・解釈ハンドブック』図書文化社

小林重雄（1989）「1　子どものかかわり障害」　内山喜久雄・筒井末春・上里一郎（監修）小林重雄（編）『メンタルヘルス・シリーズ　子どものかかわり障害』同朋舎　pp. 1-17.

小林重雄（監修）是枝喜代治・近藤裕彦・小林重雄・平　雅夫・高村哲郎・寺山千代子・山本順大（2017）『自閉症スペクトラムなどの発達に問題のある人の自立支援のためのチェックリスト．CLISP-dd（ボトムアップ編）発達検査解説書』文教資料協会

文部科学省（2008）「中学校学習指導要領解説（特別活動編）」　http://www.mext.go.jp/component/a_menu/education/micro_detail/__icsFiles/afieldfile/2011/01/05/1234912_014.pdf（2019 年 9 月 3 日取得）

文部科学省（2010）「生徒指導提要」　http://www.mext.go.jp/a_menu/shotou/seitoshidou/1404008.htm（2019 年 9 月 3 日取得）

文部科学省（2015）不登校児童生徒への支援に関する中間報告～一人一人の多様な課題に対応した切れ目のない組織的な支援の推進～「不登校に関する調査研究協力者会議中間報告書」　http://www.mext.go.jp/component/b_menu/shingi/toushin/__icsFiles/afieldfile/2016/08/01/1374856_2.pdf（2019 年 9 月 3 日取得）

文部科学省（2018）「『日本語指導が必要な児童生徒の受入状況等に関する調査（平成 28 年度）』の結果について」　http://www.mext.go.jp/b_menu/houdou/29/06/__icsFiles/afieldfile/2017/06/21/1386753.pdf（2019 年 9 月 3 日）

小野昌彦（2012）『児童・生徒の問題行動解決ツール―教師のための 10 ステップ実践ガイド―』風間書房

小野昌彦（2014）学校教育法施行令を遵守した不登校認定導入による市単位の中学生不登校発現予防の効果―新規不登校発現率半減を達成した東大和市の例―スクール・コンプライアンス研究, **2**, 71-80.

（小野昌彦）

第6章　幼小をつなぐ教育の制度と経営

1　はじめに─教育の制度と経営とは─

　本章では、幼児期の教育と小学校教育がどのような制度と組織で構成されているのかを概説する。また、近年進められてきた就学前教育・保育改革を概観するとともに、幼児期の教育と小学校教育をつなぐための政策とその普及の実態を明らかにし、そのうえで今後求められる課題について示していく。

　はじめに、本章が取り上げる教育の制度や経営、組織という概念を整理したい。

　大辞林（第三版、三省堂）によると、制度とは、「国家・社会・団体を運営していく上で、制定される法や規則」「社会的に公認され、定型化されているきまりや慣習」をいう。教育という営みは、国によってその体系や内容が異なる。それは、教育はその国が定めた法律や規則に基づいて行われているためである。

　また、経営について同じく大辞林は、「方針を定め、組織を整えて、目的を達成するよう持続的に事を行うこと」とし、組織については「特定の目的を達成するために、諸個人および諸集団に専門分化された役割を与え、その活動を統合・調整する仕組み。または、そうして構成された集団の全体。また、それを組み立てること」としている。法律によって、幼稚園、保育所、認定こども園、小学校といった制度が成立したとしても、その制度の内側を構成し、実質化しているのは一人ひとりの教員や保育者であり、子どもたちである。幼稚園や小学校等の目的を見据えて、特に管理職をはじめとする教職員集団（組織成員）がいかに工夫を凝らして活動を遂行するかで、制度内

の実態が異なってくる。このことは、たとえ制度が整っていたとしても、組織が整わずに活動の統合や調整がなされなければ失敗に終わることを意味し、一方で、制度に何らかの不備が認められたとしても、組織成員が自らの活動に工夫を凝らして統合や調整を行うことができれば、制度の不備が補われる可能性もあることを示している。つまりそこに、教育組織のあり方や経営のあり方を考える意義が生まれる。

2　制度的・組織的観点からみた幼児期の教育と小学校教育

　幼児期の教育と小学校教育は、制度的・組織的に見た場合にどのような構造であるのか。表1は小学校・幼稚園・保育所・認定こども園の制度的・組織的特徴をまとめて示したものにあたる。2006（平成18）年に制度化された認定こども園については次節以降で概説することとし、本節では主に小学校・幼稚園・保育所の構造をみていく。

2-1　制度的特徴

　小学校・幼稚園・保育所を比べた場合、まず、「学校」に相当するか否かという観点での違いがある。学校教育法はその第1条に「学校」の種類について規定しており、幼稚園、小学校、中学校、義務教育学校、高等学校、中等教育学校、特別支援学校、大学および高等専門学校の9種類が明示されている。これらは1条校[1]とも呼ばれる。小学校と幼稚園は学校（1条校）に相当するが、一方で保育所は、児童福祉法に基づき設置される児童福祉施設に相当する。そのため所管省庁に関しても、学校としての小学校と幼稚園は文部科学省であるのに対して、保育所は厚生労働省となっている。教育や保育の内容に関しても、前者は文部科学省告示の「幼稚園教育要領」「小学校学習指導要領」に基づき、後者は厚生労働省告示の「保育所保育指針」に基づいている。こうした状況は、二元行政との批判を受けるなど、幼児期の教

育と小学校教育とをつないでいく上での障害の一つと指摘されてきた。

　また、義務教育か否かという位置づけの違いも認められる。小学校が義務教育に相当するのに対して、それ以前の幼稚園への通園や保育所等への通所は義務にはあたらない。義務教育については、日本国憲法、教育基本法、学校教育法が次のように規定している。

〈**日本国憲法**〉
第26条　すべて国民は、法律の定めるところにより、その能力に応じて、ひとしく教育を受ける権利を有する。
2　すべて国民は、法律の定めるところにより、その保護する子女に普通教育を受けさせる義務を負ふ。義務教育は、これを無償とする。

〈**教育基本法**〉
第5条　国民は、その保護する子に、別に法律で定めるところにより、普通教育を受けさせる義務を負う。

〈**学校教育法**〉
第16条　保護者（子に対して親権を行う者（親権を行う者のないときは、未成年後見人）をいう。以下同じ。）は、次条に定めるところにより、子に九年の普通教育を受けさせる義務を負う。
第17条　保護者は、子の満六歳に達した日の翌日以後における最初の学年の初めから、満十二歳に達した日の属する学年の終わりまで、これを小学校、義務教育学校の前期課程又は特別支援学校の小学部に就学させる義務を負う。ただし、子が、満十二歳に達した日の属する学年の終わりまでに小学校の課程、義務教育学校の前期課程又は特別支援学校の小学部の課程を修了しないときは、満十五歳に達した日の属する学年の終わり（それまでの間においてこれらの課程を修了したときは、その修了した日の属する学年の終わり）までとする。

　これらの規定からは、日本国民である保護者に対して就学義務が課されていることが確認できる。また、子どもの就学の時期や義務教育の期間は年齢によって定められていることがわかる。

　幼児期の教育は、「就学前教育」や「就学前教育・保育」とも呼称される

表1　小学校・幼稚園・保育所・認定こども園の比較

	小学校	幼稚園
根拠法令	学校教育法	学校教育法
所管省庁	文部科学省	文部科学省
施設の性格	学校	学校
設置主体	国、地方公共団体、学校法人	国、地方公共団体、学校法人（例外として宗教法人）
目的	「心身の発達に応じて、義務教育として行われる普通教育のうち基礎的なものを施すこと」（学校教育法第29条）	「義務教育及びその後の教育の基礎を培うものとして、幼児を保育し、幼児の健やかな成長のために適当な環境を与えて、その心身の発達を助長すること」（学校教育法第22条）
対象・機能	・学齢（満6歳）に達した日の翌日以後における最初の学年の初めから、満12歳に達した日の属する学年の終わりまでの児童 ・義務教育で修業年限は6年	満3歳～就学前の幼児
教育・保育時間等	年間標準総授業時数　5,785単位時間 第1学年：850単位時間 第2学年：910単位時間 第3学年：980単位時間 第4-6学年：1,015単位時間	・開設日数は39週以上（春夏冬休みあり） ・4時間を標準とする（預かり保育を実施）
教育・保育内容基準	小学校学習指導要領	幼稚園教育要領
学級編制および教諭・保育士の配置基準	第1学年：1学級35人以下 第2-6学年：1学級40人以下 （小学校設置基準第4条）	1学級35人以下 （幼稚園設置基準第3条）
教諭・保育士の資格	小学校教諭免許（専修・1種・2種）	幼稚園教諭免許（専修・1種・2種）
校長・園長等の資格	「教諭免許状及び5年の教育職経験」又は「10年の教育職経験」が原則。ただし、「同等の資質を有する者」等の特例あり	小学校に同じ
施設数	19,892校（国70、公19,591、私231）	10,474園（国49、公3,737、私6,688）
在籍者数	6,427,867人（国37,837、公6,312,251、私77,779）	1,207,884人（国5,330、公186,762、私1,015,792）
教員数・女性比率	420,659人（女性比率62.2%）	95,592人（女性比率93.5%）
平均年齢・給料	43.4歳（平均給料月額33万6千円）	36.3歳（平均給料月額22万3千円）
教員の学歴構成	大学院4.8%、大学（学部）86.9%、短大7.8%、その他0.5%（平成28年度）	大学院1.1%、大学（学部）28.4%、短大67.8%、その他2.7%（平成28年度）
免許状の所有状況	専修5.1%、1種78.9%、2種14.0%（平成28年度）	専修0.5%、1種27.2%、2種68.0%（平成28年度）

出典：関係法令および文部科学省「平成28年度学校教員統計調査」「平成30年度学校基本調査」「令和元年度幼児教育実態調査」、厚生労働省「保育所等関連状況取りまとめ（平成31年4月1日）」、湯川（2010）、島田（2019）等を参考に作成

保育所	認定こども園
児童福祉法	就学前の子どもに関する教育、保育等の総合的な提供の推進に関する法律
厚生労働省	内閣府・文部科学省・厚生労働省
児童福祉施設	教育・保育等を総合的に提供する施設 幼保連携型認定こども園は学校および児童福祉施設
地方公共団体、学校法人、社会福祉法人、宗教法人、NPO、その他の法人企業など制限なし	幼保連携型認定こども園の場合は、国、地方公共団体、学校法人、社会福祉法人のみ。 幼稚園型は幼稚園に同じ。保育所型と地方裁量型は設置主体制限なし
「保育を必要とする乳児・幼児を日々保護者の下から通わせて保育を行うこと」（児童福祉法第39条）	「就学前の子どもに対する教育及び保育並びに保護者に対する子育て支援の総合的な提供を推進するための措置を講じ、もって地域において子どもが健やかに育成される環境の整備に資すること」（就学前の子どもに関する教育、保育等の総合的な提供の推進に関する法律第1条）
0歳児〜就学前の保育に欠ける幼児	0歳児〜就学前のすべての幼児
・開設日数は約300日 ・保育時間は8時間を標準（延長保育、一時保育を実施）	・開設日数は保護者の就労の状況等の地域の実情に応じて適切に提供できるように定めること ・保育時間は長時間利用時は保育所に同じ
保育所保育指針	幼稚園教育要領及び保育所保育指針。幼保連携型認定こども園は、幼保連携型認定こども園教育・保育要領による
・学級編制の規定なし ・配置基準 0歳　　　3：1 1・2歳　6：1 3歳　　　20：1 4・5歳　30：1 （児童福祉施設最低基準第33条）	・満3歳以上の短時間利用児・長時間利用児の共通の4時間程度の共通利用時間は学級を編制 ・配置基準は短時間利用児の場合は幼稚園と同じ（35：1）。長時間利用児の場合は保育所に同じ
保育士資格	幼稚園教諭免許（専修・1種・2種） 保育士資格 幼保連携型の認定こども園では、幼稚園教諭免許と保育士資格を併有する保育教諭を配置
規定なし。なお、運営費の基準において、施設長は「児童福祉事業に2年以上従事した者」又は「同等以上の能力を有すると認められる者」。	教育・保育及び子育て支援を提供する機能を総合的に発揮させるよう管理・運営を行う能力を有しなければならない。 幼保連携型認定こども園の園長は原則として教諭免許状と保育士資格を有し、5年以上の教育職・児童福祉事業の経験者。ただし「同等の資質を有する者」も可。
23,524園（平成30年）	4,521園（公650、私3,871）
2,088,406人（平成30年）	603,954人（公75,071、私528,883）
－	87,969人（女性比率94.7％）
－	36.3歳（平均給料月額20万2千円）
－	－
－	－

が、それは、そこでの教育・保育が義務教育としての学齢に達して小学校に入学する「前」の子どもを対象として行われているためである。具体的には、幼稚園では満3歳から就学前の幼児が、そして保育所では0歳児から就学前の保育に欠ける幼児が対象となる。

2-2　組織的特徴

　施設の性格が学校か否か、義務教育か否かということは、当然のことながら施設の目的や組織構造の違いとしてあらわれている。

　保育所の目的は、「保育を必要とする乳児・幼児を日々保護者の下から通わせて保育を行うこと」（児童福祉法第39条）にあり、あくまでも児童福祉施設として、保護者の就労等の事情により保育に欠ける0歳からの子どもを対象に1日原則8時間の保育を行うという位置づけである。一方、学校としての幼稚園の目的は、「義務教育及びその後の教育の基礎を培うものとして、幼児を保育し、幼児の健やかな成長のために適当な環境を与えて、その心身の発達を助長すること」（学校教育法第22条）にあり、満3歳からの子どもを対象に1日4時間を標準とした教育を行うことが明示されている。

　学校としての組織の特徴には、幼稚園が小学校と同様に子どもの年齢に応じて学級を編制することと規定されている点（幼稚園設置基準第3条）にも認められる。保育所については学級編制の規定はなく、子どもの年齢に応じた保育士数の規定があるのみである。

　さらに組織を構成する職員に関しても、学校か否かで状況が異なる。学校としての幼稚園や小学校で子どもの教育に従事するのは、文部科学大臣から教職課程の認定を受けた大学や短期大学で所定の単位を修得して教諭免許状を取得した者である。彼らは法律上、「教員」「教職員」「教諭」などと呼称される。校長や園長としての資格は一部例外があるものの、「教諭免許状及び5年の教育職経験」又は「10年の教育職経験」を有していることが原則とされる。一方、保育所で子どもの保育に従事するのは「保育士」で、その

資格は、厚生労働大臣による指定保育士養成施設を卒業するか、保育士試験に合格した場合に得られる。園長（施設長）の資格に関する明確な規定はない。

　また、文部科学省の「平成30年度学校基本調査」と「平成28年度学校教員統計調査」によって、学校として位置づく小学校や幼稚園等の実数と国公私立の内訳、教員の平均年齢や学歴、相当免許状の所有率等を確認できる。小学校は学校数と在籍者数の98％以上が公立であるのに対して、幼稚園は私立が大半（施設数の64％以上、在籍者数の84％以上）を占める。さらに、教員特性からも幼小の違いが認められる。特に、幼稚園は女性教員の比率が極めて高く（93.5％）、短期大学修了者（67.8％）と2種免許状所有者（68.0％）が多数を占め、平均年齢と給料月額が低いといった特徴がある。

3　就学前教育・保育の一体化と小学校教育への円滑な接続の推進

　前節2で示した通り、幼児期の教育と小学校教育は、制度的・組織的にみても相違点が多く、両者のつながり等が意識されてきたとも言い難い面があった。しかし近年はそうした傾向を大きく変えるべく改革が遂行されてきたといえる。特に、これまで別個の目的と役割をもってきた幼稚園と保育所の一体的な運営が模索されるとともに、保護者に対する子育て支援の総合的な提供が目指されてきた。そして2006年6月には「就学前の子どもに関する教育、保育等の総合的な提供の推進に関する法律」（通称：認定こども園法）が制定され、10月からは「認定こども園」制度が誕生するに至った。

3-1　「認定こども園」制度の導入とその概要

　2006年10月に制度化された認定こども園は、幼稚園、保育所等のうち、教育・保育を一体的に提供して、地域における子育て支援を実施する施設に相当する。従来、保護者の就労等の状況次第で保育所か幼稚園かといった選択がなされてきたが、認定こども園は、①保護者の就労にかかわらずに受け

入れを行い、就学前の子どもに教育・保育を提供する機能、②すべての子育て家庭を対象に、子育て不安に対応した相談や親子の集いの場の提供等を実施し、地域における子育て支援を行う機能、以上を有する。基準を満たした施設は都道府県知事より認定こども園の認定を受けることが可能となり、地域の実情や保護者のニーズに応じて以下の 4 類型に分類される。

〈1〉幼保連携型：幼稚園的機能と保育所的機能の両方の機能をあわせ持つ単一の施設として、認定こども園としての機能を果たすタイプ。

〈2〉幼稚園型：認可幼稚園が、保育が必要な子どものための保育時間を確保するなど、保育所的な機能を備えて認定こども園としての機能を果たすタイプ

〈3〉保育所型：認可保育所が、保育が必要な子ども以外の子どもも受け入れるなど、幼稚園的な機能を備えることで認定こども園としての機能を果たすタイプ

〈4〉地方裁量型：幼稚園・保育所いずれの認可もない地域の教育・保育施設が、認定こども園として必要な機能を果たすタイプ

　こども園としての認定は、内閣総理大臣、文部科学大臣、厚生労働大臣が定める基準に従い、また参酌して各都道府県等が条例で定めることとなっている。2012 年 8 月には認定こども園法が一部改正され、2015 年 4 月から改正認定こども園法に基づく新制度が施行されて今日に至る。

　改正認定こども園法は、特に幼保連携型認定こども園に関する規定が整備された点にその特徴があり、その第 9 条において、学校及び児童福祉施設としての法的位置づけが明示された。幼保連携型認定こども園は学校教育と保育を一体的に提供する施設となるため、原則として幼稚園教諭の免許状と保育士資格を併有した「保育教諭」の配置が必要で（ただし 2024 年度末までは経過措置あり）、その他の認定こども園に関しては、満 3 歳以上は幼稚園教諭免許状と保育士資格の併有が望ましく、満 3 歳未満では保育士資格が必要となる。また、幼保連携型認定こども園では、満 3 歳以上の教育時間相当利用時と教育及び保育時間相当利用時の共通の 4 時間程度は学級を編制することが規定されている。教育・保育内容については、「幼保連携型認定こども園教

育・保育要領」を踏まえて教育・保育を実施する（幼稚園型は幼稚園教育要領、保育所型は保育所保育指針に基づくことが前提）とされ、小学校における教育との円滑な接続等が目指された。

3-2　改革の背景

　就学前教育・保育の一体化を進める動きは、「幼稚園の保育所化」「保育所の幼稚園化」とも捉えられる。また、就学前教育・保育を義務教育としてのその後の小学校教育の基礎と位置づけ、両者をつなげていこうとする動きでもある。改革の背景としては、第一に、深刻な少子化の進行、第二に、家庭や子育て環境の変化（女性の社会進出の進展、核家族化およびひとり親家庭の増加等）、第三に、「小1プロブレム」の顕在化による就学前教育・保育と小学校教育の接続の必要性認識の高揚がある。そして第四に、国による税制改革や構造改革の推進と政治における少子化対策および教育改革の争点化、第五に、幼児期の教育投資と教育的・社会経済的効果の相関を示す研究成果への着目[2]ならびに国際的な就学前教育・保育改革の趨勢[3]、およそ以上がある。

　また、認定こども園制度の創設に際しては、次の4点が指摘されて改革が進められてきた（内閣府, 2008）。すなわち、①就労形態の多様化の中で、保護者の就労の有無で利用施設が限定されることの弊害がある点（就労の中断や再開の際に同一施設を継続利用できないなど）、②少子化が進む中で、幼稚園・保育所別々では子ども集団が小規模化し、運営面での効率が悪い点、③保育所への待機児童が2万人も存在する一方で、幼稚園の利用児童は10年で10万人も減少するなど、幼稚園等の既存施設の有効活用と待機児童の解消が必要な点、④幼稚園にも保育所にも通わず家庭で0〜2歳の子どもを育てている者（専業主婦など）への支援が大きく不足している点、である。

3-3　改革の経緯

　就学前教育・保育の一体化と小学校教育への円滑な接続の推進の経緯は、

大きく分けて以下の 5 期に整理できる。すなわち、①問題の顕在化と認定こ
ども園制度創設期（1989 年の出生率が過去最低を記録した「1.57 ショック」から
2006 年の認定こども園法制定までの時期）、②基本法の制定期（2006 年の教育基本
法改正および 2007 年学校教育法改正の時期）、③幼小の円滑な接続に向けた教育
課程等整備期（2008 年の学習指導要領等の改訂～ 2012 年の義務標準法改正の時期）、
④改正認定こども園法に基づく新制度導入期（2012 年の認定こども園法の改正
～学習指導要領等の改訂および全面実施の時期）、⑤幼児教育・保育無償化始動期
（2019 年 10 月の消費税率引き上げによる増収分を活用した幼児教育・保育の無償化の
始動期）、である。

3-3-1　問題の顕在化と認定こども園制度創設期

　昨今の改革につながる契機をつくったものとして、1990 年の「1.57 ショ
ック」がある。これは合計特殊出生率（一人の女性が生涯に生む子どもの数の理
論値）がその前年の 1989（平成元）年に 1.57 まで低下したとの公表が社会に
与えた衝撃をさすが、それ以降、「少子化対策」は国を挙げた重要課題とな
り、各省庁の垣根を越えた協議のうえで各種の施策が提示されることとなっ
た。また、少子化の要因の一つとして子育てと仕事の両立の難しさが指摘さ
れたことから、保育所の増設や保育士の待遇改善が進められた。1999 年に
は男女雇用機会均等法と児童福祉法施行令の改正が行われて「保母」の名称
が「保育士」へと変更され、2003 年には保育士の国家資格化が実現した。
　一方でこの時期は女性の社会進出等により、特に乳幼児を預ける保育所が
不足して待機児童の問題が顕在化し、保育時間が短い幼稚園は逆に定員不足
に陥るところが出るなど、両者の共用を求める声が上がりはじめた。そうし
た中で、2003 年に経済財政諮問会議が「骨太の方針 2003」を公表し、「就学
前の教育・保育を一体として捉えた一貫した総合施設」の設置を提言するに
至る。そしてこの提言内容は中央教育審議会の答申「子どもを取り巻く環境
の変化を踏まえた今後の幼児教育の在り方について」に反映され、2006 年 6

月の「就学前の子どもに関する教育、保育等の総合的な提供の推進に関する法律」（通称：認定こども園法）の制定へと結実した。同法の第 1 条には次のように目的が明示された。

〈就学前の子どもに関する教育、保育等の総合的な提供の推進に関する法律〉
第 1 条　この法律は、幼児期の教育及び保育が生涯にわたる人格形成の基礎を培う重要なものであること並びに我が国における急速な少子化の進行並びに家庭及び地域を取り巻く環境の変化に伴い小学校就学前の子どもの教育及び保育に対する需要が多様なものとなっていることに鑑み、地域における創意工夫を生かしつつ、小学校就学前の子どもに対する教育及び保育並びに保護者に対する子育て支援の総合的な提供を推進するための措置を講じ、もって地域において子どもが健やかに育成される環境の整備に資することを目的とする。

3-3-2　基本法の制定期

　2006 年 6 月に認定こども園法が制定されたことを受けて、10 月から認定こども園制度が導入された。そして同年の 12 月に教育基本法が、翌 2007 年 6 月には学校教育法が改正されるに至る。改正された教育基本法では、第 11 条として「幼児期の教育」に関する次のような規定が新設された。

〈教育基本法〉
（幼児期の教育）
第 11 条　幼児期の教育は、生涯にわたる人格形成の基礎を培う重要なものであることにかんがみ、国及び地方公共団体は、幼児の健やかな成長に資する良好な環境の整備その他適当な方法によって、その振興に努めなければならない。

　教育基本法における幼児期の教育の新設規定は、学校教育のスタートとしての幼稚園教育の意味を明確にするものであり、学校教育法の改正内容にも反映された。改正された学校教育法では、子どもの発達段階の観点から学校教育法第 1 条に掲げる学校種の規定順が見直され、幼稚園が学校教育の始まりとして最初に定められた。そして第 22 条では幼稚園の教育目的が「義務

教育及びその後の教育の基礎を培うもの」として、次のように明示された。

〈学校教育法〉
（幼稚園の教育目的）
第22条　幼稚園は、義務教育及びその後の教育の基礎を培うものとして、幼児を保育し、幼児の健やかな成長のために適当な環境を与えて、その心身の発達を助長することを目的とする。

　あわせて学校教育法は、その第24条で「幼児期の教育に関する各般の問題につき、保護者及び地域住民その他の関係者からの相談に応じ、必要な情報提供及び助言を行うなど、家庭及び地域における幼児期の教育の支援に努めるものとする」と定め、幼稚園にいわゆる「子育て支援」を求めた。

3-3-3　幼小の円滑な接続に向けた教育課程等整備期

　教育基本法および学校教育法の改正を経て、2008年3月には、保育所保育指針、幼稚園教育要領、小学校学習指導要領が改訂され、幼小接続に関して相互に留意する旨が規定された。その後2009年には、文部科学省と厚生労働省が共同のうえ「保育所や幼稚園等と小学校における連携事例集」を作成し、都道府県および市町村の関係部局等に周知している。また、2010年11月には、文部科学省内の有識者会議が報告書「幼児期の教育と小学校教育の円滑な接続の在り方について」を公表するなど、幼児期の教育とその後の教育の連続性・一貫性を推進する動きが加速した。

　さらに、2012年4月には「公立義務教育諸学校の学級編制及び教職員定数の標準に関する法律」（通称：義務標準法）が改正され、小学校の第1学年の学級編制が40人以下から35人以下へと引き下げられることとなった。35人以下という基準は幼稚園の学級編制基準と同様である。こうした背景には、幼小の接続の問題への配慮や、「小1プロブレム」への配慮が含まれる。

3-3-4　改正認定こども園法に基づく新制度導入期

　2012年8月に認定こども園法が改正され、2015年4月より、改正法に基づく新制度がスタートした。改正の最大の特徴としては、幼保連携型認定こども園の位置づけの明確化、すなわち、学校及び児童福祉施設としての規定が挙げられる[4]。改正認定こども園法では、幼保連携型認定こども園を第2条7および第9条で次のように定めた。

〈改正認定こども園法〉

第2条7　この法律において「幼保連携型認定こども園」とは、義務教育及びその後の教育の基礎を培うものとしての満三歳以上の子どもに対する教育並びに保育を必要とする子どもに対する保育を一体的に行い、これらの子どもの健やかな成長が図られるよう適当な環境を与えて、その心身の発達を助長するとともに、保護者に対する子育ての支援を行うことを目的として、この法律の定めるところにより設置される施設をいう。
第9条　幼保連携型認定こども園においては、第二条第七項に規定する目的を実現するため、子どもに対する学校としての教育及び児童福祉施設（児童福祉法第七条第一項に規定する児童福祉施設をいう。次条第二項において同じ。）としての保育並びにその実施する保護者に対する子育て支援事業の相互の有機的な連携を図りつつ、次に掲げる目標を達成するよう当該教育及び当該保育を行うものとする。

　幼保連携型認定こども園の教育課程その他の教育及び保育の内容については、2014年4月に「幼保連携型認定こども園教育・保育要領」が内閣府・文部科学省・厚生労働省共同告示により公示され、新制度開始となる2015年4月より実施された。そして「幼保連携型認定こども園教育・保育要領」は、その後2017年3月に「幼稚園教育要領」「保育所保育指針」「小学校学習指導要領」とともに改訂され、2018年4月より完全実施されて今日に至る（小学校の完全実施は2020年4月）。

　2017年3月の改訂の特徴としては、第一に、「幼稚園教育要領」「保育所保育指針」「幼保連携型認定こども園教育・保育要領」における3歳以上の

記載内容がすべて共通とされたこと、それに伴い、第二に、保育内容の5領域はすべての幼稚園・保育所・認定こども園における3歳以上について同一のものが指導されること、第三に、「幼児教育を行う施設として共通すべき事項」として、「育みたい資質・能力」および「幼児期の終わりまでに育ってほしい姿」が明示されたことが挙げられる。この改訂は、保育所保育における幼児教育の積極的位置づけや、乳幼児期から小学校教育へつながる「発達や学びの連続性」の確保を図るものであり、幼児期の教育と小学校教育との接続強化を一層促すものと捉えることができる。

　新制度導入後の変化としては、他にも、内閣府に子ども・子育て本部が発足して認定こども園に係る事務を担うようになったことや、財政措置が「施設型給付」で一本化されたことなどが含まれる。認定や設置に係る事務の煩雑さ等が減少し、認定のハードルも下がったことにより、新制度導入後は認定こども園の量的拡大が進んだ [5]。

3-3-5　幼児教育・保育無償化始動期

　就学前教育・保育の一体化と小学校教育への円滑な接続は、上述した経緯で進められてきたが、この一連の過程は、幼児教育・保育の無償化の実現が目指された過程とも軌を一にするものであった。実際には、2019年10月の消費税率の引き上げとともに幼児教育・保育の無償化が始まったわけだが、その嚆矢は、まず、2006年7月に閣議決定された「骨太の方針2006」に確認できる。そこでは「幼児教育の将来の無償化について歳入改革にあわせて財源、制度等の問題を総合的に検討」することが示され、それ以後、政府の重要課題として明確に位置づけられるようになった。

　幼児教育・保育の無償化が提唱され、2019年10月に実現した背景には、次のような動向があったと考えられる。第一に、質の高い幼児教育の実施が高い教育的効果を生み出すばかりでなく、社会経済的にも高い投資効果を生み出す公共的事業に相当するとの指摘が先進諸国を中心になされるようにな

ったこと、そしてそのコストを社会全体で負担するという潮流がつくられて
きたことである。また第二に、社会経済状況の変化に伴うひとり親家庭の増
加や、貧困家庭に育つ子どもの増加といった状況が明らかになり、子どもの
育ちや教育を早い段階から社会で支える必要性が指摘されてきたことが挙げ
られる。特に 2010 年前後は OECD をはじめとする国際調査によって、日本
が先進諸国の中でも「子どもの貧困率」[6] が極めて高い国であることが示
されて社会の関心を集めたことにより、2013 年 6 月には「子どもの貧困対
策の推進に関する法律」が成立・公布されるに至った。そして第三に、国家
財政の悪化から消費税率の引き上げを図りたい政府が、増収分を低所得世帯
や子育て世代に還元していくとする方針を打ち出したことがある。政府が示
す 8％から 10％への消費税率の引き上げ案に対しては、それまで強い批判と
懸念が示され、さらには、消費低迷や大災害等の影響もあって 2 度も増税が
見送られていたが、政府が増税と幼児教育・保育の無償化を抱き合わせる方
針を示したことで形勢が変わり、実現に至った。

　以上のような状況を経て、2019 年 5 月に「子ども・子育て支援法」が改
正され、同年 10 月から幼児教育・保育を無償化することが決定した。そし
て 2019 年 10 月 1 日の消費税率の引き上げとともに幼児教育・保育の無償化
が始動した。すなわち、幼稚園、保育所、認定こども園などを利用する 3 歳
から 5 歳児クラスの子どもと、住民税非課税世帯の 0 歳から 2 歳児クラスま
での子どもの施設利用料が無料となった[7]。

4　改革推進に向けた取り組みとその現状

　幼児期の教育と小学校教育を円滑に接続するために、具体的にどのような
取り組みがなされてきたのか。以下では、5 つの観点から状況を示していく。

4-1　交流活動の展開

　まず、子ども同士および教職員同士の交流活動の展開が挙げられる。文部科学省の「幼児教育実態調査」結果を 2008（平成 20）年度と 2019（令和元）年度で比べた場合、「幼稚園と小学校における幼児と児童の交流」の実施率は、幼稚園側からの回答に基づくと 55.6% から 85.6% に増えていることが確認できる。しかし同時に、交流活動が幼小合同による具体的なカリキュラム改善には至っていないという状況も看取できる。市町村側からの回答結果（2019 年度）からは、「年数回の授業、行事、研究会などの交流があるが、接続を見通した教育課程の編成・実施は行われていない」とする自治体が過半数の 50.6% を占め、次の段階となる「授業、行事、研究会などの交流が充実し、接続を見通した教育課程の編成・実施が行われている」自治体は 26.5%、「接続を見通して編成・実施された教育課程について、実施結果を踏まえ、更によいものとなるよう検討が行われている」自治体は 9.5% にとどまることが明らかになった。園レベルの回答でも、「小学校と共同して、接続を意識したカリキュラムを編成・実施」しているとしたのは 16.5% にすぎない。

　一方、東京都品川区の連携事例をみた場合[8]、区が接続期カリキュラムを策定し、学校園レベルで年間計画を策定した上で保幼小の指導内容の共有、生活の共有、保育者と小学校教員の連携（保幼小の合同研修、学校園公開時等における参観、連絡協議会の設置と活用、就学支援シートの作成・活用）を進めている状況が確認できる。交流活動の対象は、一般的に 5 年生と年長児である[9]。具体的には、学校に慣れることを目的とした内容（学校探検や教室の使い方など）からはじまり、その後グループでの交流やプール交流、給食交流が続く。そして秋以降は合同の運動会や学芸会、作品展等に向けた取り組みと授業体験が増え、小学校に付設された学童保育の見学が行われている。

4-2　指導要録の作成・活用

　幼児期の教育と小学校教育をつなぐものの一つに指導要録（保育要録）が

あるが、近年、その見直しと活用の充実が図られてきた。

　指導要録（保育要録）は、子どもの学籍並びに指導の過程とその結果の要約を記録し、その後の指導及び外部に対する証明等に役立たせるための原簿にあたる。また、子どもの指導の継続性の観点から、要録の抄本又は写しを進学先となる小学校に送付することとされている[10]。しかし、所管省庁ごとに異なる要録の参考様式が示され、さらには外部への開示が意識されるあまりに記載内容の形骸化や空洞化が進むなど、多くの問題が指摘されてきた。こうした状況を踏まえて、近年は各自治体が様式に統一性をもたせるとともに、取扱いや記入に関する基本的な方針等を示し、就学前教育・保育の施設上の違いがあっても、共通の視点で子どもの育ちを捉えて継続的な支援を行えるように改善を進めてきた。

4-3　教員免許状・資格の併有促進と研修に係る状況の改善

　交流活動の展開と関連し、教職員や管理職をめぐる状況の変化、すなわち、複数の教員免許状・資格の併有促進や研修に係る状況の改善が認められる。

　免許状・資格の併有の促進は、特に、幼保連携型認定こども園で勤務する保育教諭に対する特例措置や予算措置等に顕著にあらわれている。特例には、経過措置期間は単一の免許状・資格で保育教諭として勤務可能とするほかに、単一の免許状・資格を有して一定の勤務経験（3年かつ4,320時間）を有する者が大学等で所定の単位を修得する場合に、他の免許状・資格を取得できるとする措置等が含まれる。一方、大阪府教育委員会をはじめとして、多くの自治体が「幼小人事交流」を実施し、幼稚園と小学校の免許併有者等を対象に、学校種をまたいだ人事異動や長期派遣研修を進めている。

4-4　放課後の子どもの育ちに関する継続的な支援の展開

　認定こども園制度の導入をはじめとする改革動向は、就学前の子どもや家庭への支援を企図するものであったが、この間、就学後の子ども支援および

家庭支援につながる政策も展開されてきた。

　具体的には、「放課後児童クラブ」[11] や「放課後子ども教室」[12] の充実が挙げられ、保護者が昼間家庭にいない児童（小学生）が、放課後に小学校の余裕教室や児童館等で過ごすことができる取り組みの拡充が進んだ。また、量的な面のみならず、質的な拡充も図られ、「放課後児童クラブ運営指針」および「放課後子ども総合プラン」に基づく職員の養成・確保が行われてきた。

4-5　関係省庁・部局間の連携強化および行政対応窓口の一元化

　最後に行政側の変化が挙げられる。行政は、いわゆる「縦割り」が一般的であり、省庁間や部局間のつながりの欠如に対して批判が向けられてきたが、改革の過程では省庁間や部局間の連携が進み、対応窓口の一元化も進んだ。

　特に国レベルでは、文部科学省と厚生労働省が共同で連携事例集の作成に取り組み、また、内閣府、文部科学省、厚生労働省が認定こども園法に基づく事務を共管し、教育課程に関わる改訂も共同告示の形を採るなどの変化があった。さらに、内閣府に子ども・子育て本部が設置されて認定こども園制度に関わる事務や子育て支援に係る財政支援の一元的な実施を担うようになるなど、煩雑な行政のあり方が見直されてきた。

　そして同様の傾向は地方レベルでも確認できる。一般的に地方における保育行政は、公立・私立ともに首長部局が担当し、幼稚園等の学校教育に係る行政に関しては、公立学校は教育委員会、私立学校は首長部局が担当する。しかし近年は変化がみられる。例えば、高知県をはじめとする自治体は、保育所と幼稚園の行政窓口を教育委員会に一本化し、保育士と幼稚園教諭の合同研修の実施等の取り組みを通じて一体的な就学前教育・保育の実施と小学校教育への接続を進めてきた。また、公立・私立幼稚園がともに設置されている市町村では、その29.9％が「公立・私立ともに教育委員会」を行政窓口としており、20.3％が「公立・私立ともに首長部局」としている実態がある

（「令和元年度幼児教育実態調査」）。こうした傾向は、情報の一元的提供や教職員と各施設に対する総合的な支援を可能にするものとして注目される。

5　今後の課題

　以上、就学前教育・保育の一体化と小学校教育への円滑な接続推進に係る制度と政策を概説し、その普及の実態について示してきた。最後に今後の課題を示したい。

　第一の課題に挙げられるのは、小学校低学年における教職員の資源配分のあり方に関することである。幼児期は、小規模かつ複数の大人によるチームによる教育・保育が一般的だが、小学校では基本的に学級担任一人が子どもの教育に従事する。つまり子どもの視点でみれば、就学前と就学後では教職員の資源配分という点での相違がある。小学校第1学年の学級編制基準が35人に下がるなど一定の改善はあるが、制度面の改善のみならず、経営上の工夫、すなわち、校長の裁量の範囲としての教員の校務分掌上の配慮や、ボランティアなど地域人材の活用の模索を含めたなかでの改善が求められる。

　また第二に、学校の組織構造や教職員の専門性等に関する保護者への情報提供をめぐる課題がある。保護者にとって就学前教育・保育施設の園長や職員は非常に身近な存在であった一方で、小学校は組織の規模が大きく、教職員の専門性も多様な様相を見せるため、保護者が感じる障壁は子ども同様に大きい。したがって、情報提供に関する教職員の意識改革を図り、また、学校説明会や入学説明会、ホームページや学校便りなどの見直しを進める中で、学校の組織構造や相談窓口の情報、教職員の専門性や役割分担に関する情報を、より適切かつ確実に保護者に提供して不安の解消に努めていく必要がある。とりわけ、養護教諭や事務職員といった常勤職員、スクールカウンセラーやスクールソーシャルワーカーといった非常勤職員など、教員とは異なる専門性を有して子どもに関わる教職員の存在と役割について就学前後に周知

していくことが求められる。

　第三に、就学前教育・保育関係者への配慮のあり方をめぐる課題がある。先に子どもと保護者が直面するであろう障壁について言及したが、教職員自身も例外ではない。就学前教育・保育施設は小学校に比べて、組織の規模、教職員の性別や年齢構成、専門性において均質的な特徴を有し、設置者別でみても私立が大半を占めるといった特徴がある。また実際には、連携に必要な教室等の不足や施設間の距離の問題、時間割や教育・保育時間等の相違がある中で、学校園全体で連携協働を進める上では困難な状況も存在する。そしてここにおいて、管理職のリーダーシップ、特に複数の施設から子どもが入学することになる小学校の管理職のリーダーシップの重要性を指摘できる。つまり、組織特性上のマジョリティとなる小学校がいかに資源を調整し、組織を統制して目標を達成していくのかが問われている。

　そして最後に行政側の課題を指摘したい。研修機会や給与をはじめとする教職員の待遇は、公立と私立、学校と保育所とでは大きな開きがあることは明白である。制度の実質化や成否は組織成員にかかっていることを鑑みても、これらの是正に係る行政側の支援と早急な改善が何よりも求められる[13]。

　　註

1) 次節以降で扱う認定こども園のうち「幼保連携型認定こども園」は、2012年8月の認定こども園法の改正によって「学校」であると同時に「児童福祉施設」としての性質も有するようになった。ただし、「幼保連携型認定子ども園」は認定こども園法を根拠として学校教育と保育双方の水準を保障する規定を整備しているため、1条校には該当しない。

2) 就学前教育・保育改革を導いた研究の一つにノーベル経済学賞を受賞したジェームズ・ヘックマンの研究がある。彼は、1960年代にアメリカで実施された「ペリー就学前計画」の結果や脳科学の知見を用いて就学前の子どもへの教育投資効果の研究を行い、就学後の教育の効率性を決めるのは就学前の教育にあるとして、就学前教育の重要性、特に学習意欲や努力、忍耐などの非認知能力の育成の必要を指摘した。また、恵まれない状況下の子どもへの教

育投資は、公平性と効率性を同時に促す稀な公共政策に値すると言及した。

3) OECD（経済協力開発機構）は、「Starting Strong」（人生のはじまりこそ力強く）を掲げて先進諸国の就学前教育・保育に対する教育投資の動向に関する調査を進めており、その報告書を 2001 年以降シリーズで公表している。

4) 幼保連携型認定こども園は「学校教育法」に基づく学校、すなわち 1 条校ではないが、「認定こども園法」に基づく学校であり、「教育基本法」の「法律に定める学校」とされた。教育基本法第 6 条は、「法律に定める学校は、公の性質を有する」こと、「教育を受ける者の心身の発達に応じて、体系的な教育が行われなければならない」と規定している。また、「児童福祉法」で、幼保連携型認定こども園が新たに「児童福祉施設」と規定された（第 7 条 1）。

5) 内閣府「認定こども園に関する状況について」によると、2015 年の新制度導入直後には 2,836 園（4 類型総数）であったが、2019 年には 7,208 園まで増加したことが確認できる。

6) 「子どもの貧困率」とは、国民全員の年間所得を順番に並べた時に、真ん中の人のさらに半分の所得額を「貧困線」と定め、その「貧困線」に満たない世帯にいる子どもの割合をいう。「平成 22 年国民生活基礎調査の概況」からは、2009 年の貧困線は 112 万円で、子どもの貧困率は 15.7％に相当し、約 6 人に 1 人の子どもが貧困家庭下にあることが明らかになった。

7) 幼稚園は月額 2 万 5700 円を上限に利用料を補助。認可外保育施設も補助対象となり、3 〜 5 歳児は月額 3 万 7000 円、0 〜 2 歳児の住民税非課税世帯は月 4 万 2000 円が上限とされた。

8) 以下の記述内容は鞍馬（2015）に基づく。

9) 小学校 5 年生が対象となっている理由としては、年長児が翌年度小学校に入学した後も継続的なかかわりが持てるためといった配慮がある。

10) 「幼稚園幼児指導要録」は学校教育法施行規則第 24 条、「保育所幼児保育要録」は保育所保育指針、「幼保連携型認定こども園園児指導要録」は認定こども園法施行令第 8 条に基づく。

11) 児童福祉法第 6 条に基づき厚生労働省が行う事業で、正式名称は「放課後児童健全育成事業」。通称「学童」。主に共働き世帯の子どもを対象としている。

12) 全児童を対象とした文部科学省の事業。放課後や週末における子どもの居場所づくりを目的に、地域住民の協力でスポーツや文化活動を展開している。

13) 一前（2017）は個々の学校園の取り組みにとどめず、また、人事異動等に左右されない持続可能な連携を進めるうえでは、行政主導による保幼小連携体制の構築が重要であると指摘している。

引用文献

Heckman, J. J. (2006). Skill Formation and the Economics of Investing in Disadvantaged Children. Science, **312**, 1900-1992.

Heckman, J. J. (2013). *Giving Kids a Fair Chance: A Strategy that Works*. MIT Press. （ヘックマン J. J.　古草秀子（訳）（2015）『幼児教育の経済学』東洋経済新報社）

一前春子（2017）『保幼小連携体制の形成過程』風間書房

国立教育政策研究所（編）（2020）『幼児教育・保育の国際比較―質の高い幼児教育・保育に向けて　OECD 国際幼児教育・保育従事者調査 2018 報告書―』明石書店

鞍馬裕美（2015）保幼小連携推進に関する一考察―東京都品川区における連携事例の分析を通じて―　明治学院大学心理学紀要, **25**, 21-33.

文部科学省初等中等教育局幼児教育課（2009）「平成 20 年度幼児教育実態調査」

文部科学省初等中等教育局幼児教育課（2020）「令和元年度幼児教育実態調査」

内閣府（2008）「認定こども園について」認定こども園制度の在り方に関する検討会第 1 回（2008 年 10 月 15 日）資料 2、p. 1

OECD（編）星三和子他（訳）（2011）『OECD 保育白書―人生の始まりこそ力強く：乳幼児期の教育とケア（ECEC）の国際比較』明石書店

島田佳吾（2019）「就学前教育行政と幼稚園・保育所・認定こども園」　青木栄一（編）『教育制度を支える教育行政』ミネルヴァ書房　pp. 17-30.

湯川秀樹（2010）「就学前教育制度」　河野和清（編）『現代教育の制度と行政』福村出版　pp. 126-140.

（鞍馬裕美）

第7章　幼小をつなぐカリキュラムと学びのデザイン

1　はじめに

1-1　全体の概要

　社会の変化とともに人は不確実な未来の中で、さまざまな情報や知識を駆使し新たな課題に向き合い生きていく必要がある。明確な解がない中で、直面する状況（文脈）を理解し、課題を乗り越えていく。ゆえに人は生涯学び続けることが重要であり、そのスキルの養成は必至である。学校教育は、教育基本法・学校教育法において、幼児期の教育から大学に至るまでの体系的な位置づけがなされている。その中で発達と学びの基礎を築くための重要な役割を担うのが幼児期・児童期である。時代に求められる学び続ける力の基盤づくりともいえるだろう。

　本章では、幼児期・児童期の学びをどのようにとらえデザインすることができるのかについて考えていく。重要性が認識されつつある、接続期カリキュラムについて概観し、幼児期と児童期の学びをどのように展開していくことが期待されており、かつ実現可能であるのかみていく。

1-2　カリキュラムと教育課程

　カリキュラムとは、ラテン語の「currere（走る）」を語源とし、学習者の学習を走ることに見立てた「経歴・履歴」のこととされる。学習者個人のカリキュラム（Aさんのカリキュラム）の場合もあれば、学校が用意したカリキュラム（小学校カリキュラム）なども含まれる（安彦, 2019）。

　カリキュラムは実施の仕方に合わせてさまざまな形に類型できる。代表的

なものに分科（教科）カリキュラム、相関カリキュラム、高領域カリキュラム、経験カリキュラムなどがある。小学校教育は「教科」で構成される教科中心型カリキュラムである。対して、幼児期の教育では子どもの育ちに関わる「領域」が健康、人間関係、環境、言葉、表現の５つに分類されている。一人一人の生活や経験を重視しているという視点から整理すると、経験カリキュラムとも説明できる。このように類型からカリキュラムの特徴をとらえることができる。

　教育課程とは教育の全体計画のことを指し、小学校教育では小学校学習指導要領、幼児期の教育では幼稚園要領、幼保連携型認定こども園・保育要領、保育所保育指針（以下、幼稚園教育要領等）の中で教育課程を編成する基準が定められている。教育課程には、幼稚園、保育所、こども園（以下、幼稚園等）や学校が各々掲げる教育目標の達成を目指し、授業を含む活動をどのように展開するかの指導計画が含まれる。

　幼児期の教育、小学校教育とも、この教育課程に沿って学びが展開されていくが、それぞれの特徴を確認しておく。小学校教育の教育課程は幼児期の教育と比べ、教えるべき科目や内容が明確であり、具体的な知識やスキルの習得を目標とした活動が行われる。小学校教育における目標は何をどこまでできるようになったかを確認できる到達目標であり、目に見える行動や結果など達成度・到達度を踏まえて教科ごとの学習が展開される。対して、幼児期の教育のねらいは、どのような方向に育ってほしいかを示す方向目標で、どこまでできるかの到達目標は基本的に問わず、その子どもが育っている方向性を大事にした個々の経験や成長を重視する。目標が異なるため、評価の在り方も異なる（表1）。

　どちらも長期的に一人の人間として学び成長し続けていくための力を意識した教育活動であり、それらは、社会で求められる資質・能力の養成を目指している。同じ方向性を見据えつつも、幼児期の教育、小学校教育それぞれの発達段階を踏まえ、教育課程に沿った学習活動が展開される。

表1　幼児期の教育と小学校教育の特徴

	幼児期の教育 「学びの芽生え」	小学校教育 「自覚的な学び」
接続期 カリキュラム	アプローチカリキュラム	スタートカリキュラム
教育課程	5領域（健康・人間関係・環境・言葉・表現）を総合的に学ぶ経験カリキュラム	（国語・算数・生活など）教科中心型カリキュラム
ねらい・目標	方向目標 （「～味わう」「感じる」などの方向づけを重視）	到達目標 （「～できるようになる」といった目標への到達度を重視）
評価	個人内評価	目標に準拠した観点別評価
方法	遊びを通した総合的な活動	各教科等の学習を系統的な学習活動

1-3　接続を意図した資質・能力

　平成29年3月に改訂された学習指導要領では、学校教育において育成すべき資質・能力を「知識・技能」、「思考力・判断力・表現力等」、「学びに向かう力、人間性等」の3つの柱で整理している（図1）。幼児期の教育においては、幼稚園教育要領等の中で、育みたい資質・能力を「知識・技能の基礎」、「思考力・判断力・表現力等の基礎」、「学びに向かう力、人間性等」3つの柱で構成し、学校教育と一体となって育むことが示されている。これらは、環境を通して取り組むという特性を持つ幼児期の教育と小学校教育以降の学びのつながりを発達の段階や成長過程を考慮し、縦のつながりの見通しを持って系統的に示している。小学校教育と幼児期の教育において同じ目標を達成することが望まれているのではなく、同じ方向に向かってそれぞれの教育で培われる力の関係を示していることに着目したい。次の段階での教育を鑑みて連続性を持たせるための連携や接続の必要性を確認できる。生涯学び続ける人材の育成という視点に立てば、共通理解の上でそれぞれの成長段階においてどのような学びの展開が求められるのかを考えることは自然な流れといえるだろう。

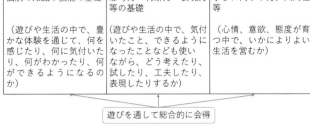

<table>
<tr><td>小学校以上におい
て育成すべき
資質・能力</td><td>個別の知識や技能

（何を知っているか、何
ができるか）</td><td>思考力・判断力・表現力
等

（知っていること・でき
ることをどう使うか）</td><td>学びに向かう力、人間性
等

情意、態度等に関わるも
の　（どのように社会・世
界と関わりよりよい人生
を送るか）</td></tr>
<tr><td>幼児教育において
育成を目指す
資質・能力</td><td>個別の知識や技能の基礎

（遊びや生活の中で、豊
かな体験を通じて、何を
感じたり、何に気付いた
り、何がわかったり、何
ができるようになるの
か）</td><td>思考力・判断力・表現力
等の基礎

（遊びや生活の中で、気付
いたこと、できるように
なったことなども使い
ながら、どう考えたり、
試したり、工夫したり、
表現したりするか）</td><td>学びに向かう力、人間性
等

（心情、意欲、態度が育
つ中で、いかによりよい
生活を営むか）</td></tr>
</table>

遊びを通して総合的に会得

図1　幼児期の教育・小学校教育における資質・能力

2　幼小接続期のカリキュラム

2-1　幼小接続期カリキュラムと幼児期の終わりまでに育ってほしい姿

　幼小接続期カリキュラムは、幼児期の教育と小学校教育の連携を円滑に行うために考えられたカリキュラムであり、アプローチカリキュラムとスタートカリキュラムで構成されることが多い。国立教育研究所（2017）は次のように整理している。

　アプローチカリキュラム：就学前の幼児が円滑に小学校の生活や学習へ適応できるようにするとともに、幼児期の学びが小学校の生活や学習で生かされてつながるように工夫された5歳児のカリキュラム

　スタートカリキュラム：幼児期の育ちや学びを踏まえて、小学校の授業を中心とした学習へうまくつなげるため、小学校入学後に実施される合科的・関連的カリキュラム

　このように、実施段階を考慮して幼児期と就学以降の二つに分けて考えることが一般的であるが、各カリキュラムの実施時期は明確に決まっているものではなく、カリキュラムの立案と実施に合わせて、実施する各学校や幼稚園等に委ねられている。

　幼児期の教育は環境の中で遊びから学び、それらは幼稚園教育要領等に示された 5 領域のねらい及び内容によって示されている。領域ごとに設定されたねらいを踏まえ、遊びを介した総合的な活動が展開される。5 領域は教師の立場から示されたもので、子どもの姿として示されたのが「幼児期の終わりまでに育ってほしい姿」（表 2）である。この育ってほしい姿を小学校と共有し、接続期のカリキュラムを構築していくことで、幼児期の教育と小学校教育との円滑な接続を可能にする意図がある。

表 2　幼児期の終わりまでに育ってほしい姿

幼児期の終わりまでに育ってほしい姿	
(1) 健康な心と体	健康な心と体を育て、幼稚園生活の中で充実感や満足感を持って自分のやりたいことに向かって心と体を十分に働かせながら取り組み、見通しを持って自ら健康で安全な生活を作り出していけるようになる。
(2) 自立心	身近な環境に主体的に関わりいろいろな活動や遊びを生み出す中で、自分の力で行うために思い巡らしなどして、自分でしなければならないことを自覚して行い、諦めずにやり遂げることで満足感や達成感を味わいながら、自信を持って行動するようになる。
(3) 協同性	友達との関わりを通して、互いの思いや考えなどを共有し、それらの実現に向けて、工夫したり、協力したりする充実感を味わいながらやり遂げるようになる。
(4) 道徳性・規範意識の芽生え	してよいことや悪いことが分かり、相手の立場に立って行動するようになり、自分の気持ちを調整し、友達と折り合いを付けながら、決まりを守る必要性が分かり、決まりを作ったり守ったりするようになる。
(5) 社会生活との関わり	家族を大切にしようとする気持ちを持ちつつ、いろいろな人と関わりながら、自分が役に立つ喜びを感じ、地域に一層の親しみを持つようになる。 遊びや生活に必要な情報を取り入れ、情報を伝え合ったり、活用したり、情報に基づき判断しようとしたりして、情報を適切に取捨選択などし

	て役立てながら活動するようになるとともに、公共の施設を大切に利用したりなどして、社会とのつながりの意識等が芽生えるようになる。
(6) 思考力の芽生え	身近な事象に積極的に関わり、物の性質や仕組み等を感じ取ったり気付いたりする中で、思い巡らし予想したり、工夫したりなど多様な関わりを楽しむようになるとともに、友達などの様々な考えに触れる中で、自ら判断しようとしたり考え直したりなどして、新しい考えを生み出す喜びを感じながら、自分の考えをよりよいものにするようになる。
(7) 自然との関わり・生命尊重	自然に触れて感動する体験を通して、自然の変化などを感じ取り、身近な事象への関心が高まりつつ、好奇心や探究心を持って思い巡らし言葉などで表しながら、自然への愛情や畏敬の念を持つようになる。身近な動植物を命あるものとして心を動かし、親しみを持って接し、いたわり大切にする気持ちを持つようになる。
(8) 数量・図形、文字等への関心・感覚	遊びや生活の中で、数量などに親しむ体験を重ねたり、標識や文字の役割に気付いたりして、必要感からこれらを活用するようになり、数量・図形、文字等への関心・感覚が一層高まるようになる。
(9) 言葉による伝え合い	言葉を通して先生や友達と心を通わせ、絵本や物語などに親しみながら、豊かな言葉や表現を身に付けるとともに、思い巡らしたことなどを言葉で表現することを通して、言葉による表現を楽しむようになる。
(10) 豊かな感性と表現	みずみずしい感性を基に、生活の中で心動かす出来事に触れ、感じたことや思い巡らしたことを自分で表現したり、友達同士で表現する過程を楽しんだりして、表現する意欲が高まるようになる。

2-2　幼小接続の背景にあるもの

　予測不可能な今日の社会に適応するために、子どもにはバランスの取れた認知的スキルと社会情動的スキル（または非認知能力）が必要であることがこれまでの研究成果から明らかになってきている。社会情動的スキルは「(a) 一貫した思考・感情・行動のパターンに発現し、(b) フォーマルまたはインフォーマルな学習体験によって発達させることができ、(c) 個人の一生を通じて社会経済的成果に重要な影響を与えるような個人の能力」と定義される (OECD, 2018, p. 52)。つまり、現状を理解した上で目標を立て、その目標達成のためにどのように乗り越えるかを考え、必要に応じて他者と協働し、さらに諦めず自身で乗り越えようとする力である。社会情動的スキルは外向

性、協調性、誠実性、情緒安定性、開放性という5つの要素に人格を分けた
ビッグファイブと呼ばれる分類法をはじめとする心理学の理論やフレームワー
クに基づいて検討されている。

　これまでの研究成果から、個人のスキル水準が高いほど、スキルの獲得は
大きく、また、社会情動的スキルの向上は認知スキルの向上にもつながるこ
とが分かっている。また、これらのスキルは、相互に作用し、影響し、個人
が有するスキルをもとに徐々に培われていく。よって幼児期・児童期からこ
れらのスキルを獲得していくことは、その個人の成長と社会進歩にとって重
要な投資となる。学校教育においては、社会情動的スキルは学習指導要領の
「学びに向かう力、人間性等」に相当する。

　小学校に入学した児童が学校での過ごし方に慣れない状態が続く場合があ
る。小1プロブレムと呼ばれるこの課題は、教室の中で座って過ごすことや
集中して話しを聞き活動を行うことなど、学校生活の基本的な生活習慣を作
ることができないなどの理由がある。自由度が高い幼児期の教育から学校教
育への移行は子どもたちにとって決して簡単なことではないだろう。それを
乗り越え、学びに向かう力を引き出し、子どもの知的好奇心を高め、楽しい
と思える学び合う活動を創出していくことが接続期の活動づくりに求められ、
ゆえに社会情動的スキルの重要性を認識した学びのデザインが有用である。

2-3　調査結果からみる接続期カリキュラムの実施状況

　文部科学省では幼稚園、保育所、幼保連携型認定こども園の設置状況や教
員等への研修実施状況、小学校との連携状況などについての幼児教育実態調
査が行われている。平成28年度の報告書（文部科学省初等中等教育局幼児教育
課, 2018）によると、小学校の児童と交流を行った幼稚園は、全体の77.9%
（8,328園）であった（公立：96.8%、私立：66.9%）。また、平成28年度の教育課
程の編成にあたり、小学校との情報交換等の連携を行った幼稚園は全体の
59.5%（6,362園）であった（公立：70.8%、私立：52.9%）。

　市町村ごとの幼小接続の状況を下記に示す 0 から 4 で段階的に分けて整理すると、授業、行事、研究会などの交流が行われるがまだ教育・保育課程の編成や実施は行われていない「ステップ 2」が 57.6%（1,002 市町村）と最も多く、そのあとに「ステップ 3」、「ステップ 0」、「ステップ 1」、「ステップ 4」と続く（図 2　市町村ごとの幼小接続の状況）。平成 24、26 年度の結果と比

ステップ 0：連携の予定・計画がまだない。
ステップ 1：連携・接続に着手したいが、まだ検討中である。
ステップ 2：年数回の授業、行事、研究会などの交流があるが、接続を見通した教育課程の編成・実施は行われていない。
ステップ 3：授業、行事、研究会などの交流が充実し、**接続を見通した教育課程の編成・実施**が行われている。
ステップ 4：接続を見通して編成・実施された教育課程について、実践結果を踏まえ、**更によりよいものとなるよう検討**が行われている。

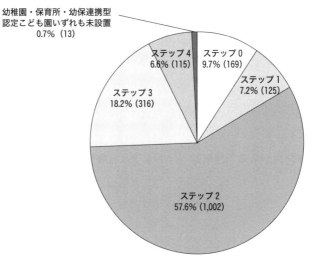

母数：市町村総数（1,740 市町村）
（　）内は市町村数

図 2　市町村ごとの幼小接続の状況
（文部科学省初等中等教育局幼児教育課, 2018）

較するとそれぞれステップ3が13.8%、17.0%と少しずつ増えつつあるものの、全体の傾向は大きくは変わっていない。幼児期の教育と小学校教育の接続を実現するためには、教育課程の編成・実施が必要だがそこまでは至らない現状も見える。

　国の調査とは別に、国立教育政策研究所幼児教育センター（2017）では、幼小接続期カリキュラムの実態や傾向を把握しようと、実施されている接続期カリキュラムの特徴について分析した。平成24、26、27年に文部科学省幼児教育課で収集された都道府県または市区町村で作成した「保幼小接続に関する資料」（指導資料、ガイドブック、事例集、パンフレットなど）のうち、幼小接続期カリキュラムに関する資料を対象とし、得られたデータは平成20-23年度と平成24-27年度に分類され、個々の資料内容の確認も行われた。

　アプローチカリキュラムとスタートカリキュラムの実施状況を比較すると、平成20-23年度に作成されたカリキュラムは51自治体、平成24-27年度に作成されたカリキュラムは96自治体（重複あり）であった（図3）。アプローチカリキュラムとスタートカリキュラムの両方を実施した自治体が増加していた。また、カリキュラムの柱だてがあるかどうかを確認したところ、平成

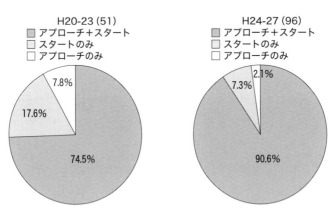

図3　アプローチカリキュラムとスタートカリキュラムの実施状況
（国立教育政策研究所, 2017）

20-23年度では柱だてがあった割合が62.7％だったのに対し、平成24-27年度では88.7％に上昇していた。一方で、その柱だてをカリキュラムに生かせていないものも見受けられたという報告もある。カリキュラム内容には幅があるという指摘からも、接続期のカリキュラムの作成と実施には実施する幼稚園等や学校への支援が求められることが示唆されている。

2-4　海外における接続期のとらえ方とカリキュラム

　経済協力開発機構（OECD）が生涯学習の基礎を強化することを目指し、Starting strong（『人生の始まりこそ力強く』）と題して、乳幼児期の教育とケア（Early childhood education and care: ECEC）に関する現状や政策状況をOECD加盟国・地域を中心に調査・分析報告書にまとめている（OECD, 2001, 2006, 2012）。幼い子どもにケアと教育を提供することは、貧困による格差や女性の労働市場への参加を保証するうえで必要と考えられていたが、乳幼児期の発達が人間の学習と発達の基礎形成段階であるとみなされるようになってきた。歴史的にみると、乳幼児対象のプログラムと公教育は別々に発展し、行政システム、財源、職員養成はそれぞれ異なる。これらを結びつける位置づけでStarting Strong（OECD, 2001）では乳幼児期の教育と初等教育の間の強力で対等な連携を提案している。OECD諸国は連携の方法について探り、両教育の整合性を高めようとしている（OECD, 2006）。そのアプローチは2つに分けることができる。学校の観点から連携を考え、子どもに「学校へのレディネス」スキルを提供するという立場からくる就学前型アプローチと、教育学を広くとらえ、ケア・養育・学習を相互に上下のヒエラルキーをつけずに結びつけて子どもにアプローチするというものである。ここには乳幼児期の教育を「学校化」するのではなく、乳幼児期の教育のほうが小学校低学年の教育に浸透していくべきという考えがあるという。この2つのアプローチは対立するものと考えるよりも、カリキュラムの強調点が違うと考えられている。

　国内の動きは、OECD の動向とは異なる背景からきているが、幼児期からの教育が子どもの成長に影響を及ぼす点に着目し、幼児期の教育と学校教育の接続に取り組んでいる点には共通点が見られる。2012 年の OECD の調査には、日本も参加した（OECD, 2012）。今後も継続的に実施される本調査結果を確認しつつ、国内の教育の充実が期待される。

3　幼小接続期のカリキュラムの実践例

　ここでは、実際に取り組まれている幼小接続期のカリキュラムをアプローチカリキュラムとスタートカリキュラムそれぞれについて見ていく。

3-1　アプローチカリキュラム

　アプローチカリキュラムは、5 歳児教育の後期から実施されることが多く、9 または 10 月から開始される場合や 1 月から開始で検討される実践例もあり、幼稚園等の実態に応じて取り組まれている。例えば、兵庫教育委員会（2018）では、3 期または 2 期に分けて実施する案をそれぞれの利点と合わせて提示している。園によってあらかじめ計画された行事（例えば運動会や収穫祭など）を考慮し、アプローチカリキュラムの活動を各行事の中に取り込むなど、活動の内容や指導の方向性に合わせて調整が可能である。

　カリキュラム作成においては、先述した「幼児期の教育において育みたい資質・能力」や「幼児期の終わりまでに育ってほしい姿」を見据えて計画を立てていくこととなる。表 3 と表 4 は兵庫教育委員会（2018, 2019）で取り組まれている実践・研究の成果から生み出されたアプローチカリキュラムの一例である。表 3 は、3 つの育みたい資質・能力を縦軸とし、それに対応する「幼児期の終わりまでに育ってほしい姿」の記述がある。対して表 4 は、縦軸に「幼児期の終わりまでに育ってほしい姿」を示し、それぞれが資質・能力のどれにあたるかを示している。本章の中では約半年間のカリキュラムを

表3　育てたい3つの資質・能力を中心に整理したアプローチカリキュラムの例

（兵庫県教育委員会, 2018）

アプローチカリキュラム　（10月〜3月）

		Ⅰ　期　5歳児　10月〜12月	Ⅱ
アプローチ期に身に付けたい資質・能力	知識及び技能の基礎	【園生活の中で自分の役割を感じて、自分たちで生活を進めていこうとす （A）・手洗い、うがい、着替えなど健康な体のために必要なことを自分から進んで行うようになる。 （A）・鬼ごっこ、縄とび、しっぽ取り、鉄棒などの遊びに応じた体を動かすコツをつかみ、意識してその部位を動かして遊ぶようになる。 （A）・収穫したサツマイモ・米・柿・栗等でクッキングやキッズキッチンを通して、食べ物への興味や関心をもち、友達と一緒に食べることを楽しんだり、収穫物への感謝の気持ちをもったりするようになる。 （A）・秋祭りに参加し、地区の人とふれ合い、自分達が住む地域の良さに気付き、親しみをもつようになる。 （G）・ドングリやまつぼっくり、山の木々の色の変化や落ち葉等にふれ、自然の美しさに気付き、また、季節の移り変わりに興味や関心をもつようになる。 （H）・文字・数字・標識に興味を持ち、生活や遊びに取り入れて使うことを楽しんだり時計を意識しながら行動したりしようとするようになる。	（A）・養父市5つの生習慣」を守っ （B）・春を呼ぶ集いのを自覚し責任を （D）・友達や異年齢児と （E）・就学への期待を気持ちを持つ感 （G）・雪や氷、霜柱等ようになる。 （G）・気温によって、くことなどに気 （H）・かるたやトラン字や表の便利さ
	思考力・判断力・表現力等の基礎	【身近な環境に好奇心や探究心をもって関わり、自ら考え、決定し、伝え合 （F）・友達と一緒に遊ぶ中で、共通の目的をもって遊びのルールを決めようとするようになる。 （G）・秋の自然物を使い、友達と工夫したりしながら遊びに取り入れるようになる。 （H）・木の実や落ち葉を拾い、数や大きさ、形などの違いに気付き、比べるようになる。 （I）・絵本や文学遊びをする中で言葉の楽しさや美しさに気付き、言葉が豊かになる。 （J）・ごっこ遊びや共同制作等、友達とイメージを共有する中で、表現する喜びを味わうようになる。 （I）・友達と言葉のやり取りを十分に行い、互いの思いを伝え合うようになる。 （H）・もちつきの中で、丸めた数を確かめたり、丸める大きさを工夫したりしながら、多い・少ない・大きい・小さい等の意味を実感するようになる。	（F）・自分の作りたりし、方法を （F／G）・氷、霜柱等して遊ぶ楽し （H）・ごっこ遊びに必むようになる。 （I）・朝の会や終わりれるようなる。 （J）・表現遊びでは、るようになる。
	学びに向かう力・人間性等	【友達や保育者との人間関係が深まり、人と関わる心地よさを感じながら、よりよく遊ん （B）・製作や運動遊び等、できなくても根気よくやり、できたときの達成感を味わうようになる。 （B）・おまつりごっこやお店やさんごっこ等の再現遊びを通して、先生や友達に認められたり、友達と支え合いする経験をし、自分の良さに気付き、自信をもって行動するようになる。 （C）・ごっこ遊びなどの再現遊びの中で、想像したり役割分担したりしながら、友達と一緒に遊びをつくり上げる楽しさを味わうようになる。 （C）・文化祭に向けて、友達と協力して作品を作り上げるようになる。 （E）・祖父母・異年齢児・小学生との関わりの中で、相手のことを思いやって接したり、手助けをする姿を感謝されたりして、人の役に立つ喜びを感じるようになる。 （D）・自分の気持ちを相手に分かるように話したり、相手の考えを受け入れたりし、折り合いをつけて遊ぶようになる。 （G）・コウノトリの郷公園へ遠足に行ったり、6年生の生き物調べを見たり聞いたりする中で、生命の尊さに気付き伊佐の自然を愛し大切に思う気持ちをもつようになる。	（C）・春を呼ぶ集いにものを一緒に作 （I）・表現遊びを通しなる。 （J）・友達と絵本のイ充実感を味わう （I）・卒園式の呼びかうになる。 （E）・お別れ会や卒園期待感をもった （I）・困ったときにはて、解決するよ
	幼児の活動	・野菜の収穫・種まき　等　　　　　　・遠足（コウノトリの郷公園）　・クッキング・キッズキッチン（収穫したものを使 ・八鹿文化祭（共同製作）　・学習発表会（伊佐小学校）　　　・春を呼ぶ集い（表現・歌・楽器遊び・鍵盤 ・秋の自然にふれる（木の実・落ち葉　等）　　　・冬の自然にふれる（雪・氷・霜柱・つらら　等） ・ごっこ遊び（おまつり・ハロウィン・クリスマス・もちつき・お店屋さん・郵便屋さん・学校ごっこ　等） ・運動遊び・チャレンジタイム（縄跳び・竹馬・フラフープ・鉄棒・ドッチボール・鬼ごっこ・跳び箱・雲梯　等） ・生活習慣（手洗い・うがい・衣替え・感染症の予防　等）　・お正月遊び（たこ・かるた・コマ・すごろく・トランプ・ふく
	幼小連携の具体的な活動	・秋の収穫祭（1年生）　・1対1の読み聞かせ（4年生）　・学習発表会参加　　　　・合同避難訓練 ・生き物調べ（6年生）　・手作りおもちゃ交流（2年生）　・体育交流（3年生） （通年）・養護の先生の話を聞く　・保健衛生について　　　・5・5交流（5年生）・・・給食・遊び・そうじ　等
	☆教師の援助　○環境の構成のポイント	○園外に散歩に行く機会を設け、秋の自然に十分にふれたり、季節の変化が感じたりできるような直接体験の場を持ち、自然物への関心が高まるようにする。又、気付いたことを調べられる図鑑や絵本を用意しておく。 ○十分に遊べるように時間を確保したりルールを確認する場を設けたりする。又、必要に応じて仲立ちをし、楽しく遊べるようにする。 ○生活習慣の中で数、文字、数量、時計に関わって遊べるような場を工夫する。 ☆友達の考えや自分の思いを互いに認め合えるような好ましい関係が築けるように援助し、試行錯誤したり葛藤したりする姿を温かく受け止め支えていく。 ☆相手の思いに気付けるように、幼児同士が話し合う場を大切にする。又、幼児なりの言葉で表現する姿を見守り、人の話を聞くことの大切さを知らせていく。 ☆地域の行事に参加したり、様々な人々との交流を通して、感じたり発見したりしたことを遊びに生かせるようにする。 ☆遊びのアイデアやイメージを出し合いながら工夫し、互いに励まし合ったり認め合ったりする姿を受け止め、一緒に協力して活動する満足感につなげるようにしていく。 ☆一人一人に目標をもたせ、最後までやり遂げた気持ちを高めていく。 ☆小学校行事や交流会・就学前健康診断を通して、就学に向けて関心がもてるようにする。	○共通のイメージで遊べるよ ○お正月遊びや伝承遊びが十児達のやりやすいところ ○卒園までの予定などが分かきるようにする。 ○就学への期待がもてるよう、 ☆春を呼ぶ集いでは、様々なし、自信をもって取り組 ☆さまざまな楽器の音色を楽るようにする。 ☆自分の力を十分に発揮し、 ☆これまでに経験してきたこ定感を育んだりするなど、

期　　　5歳児　1月〜3月	スタート期に育つ子どもの姿 (4,5,6月) 幼小で共通理解
【　　　る力】	【新しい環境に適応して生活する力】
活習慣（早寝・早起き、規則正しい食事、あいさつ、片付け、読書の て規則正しい生活習慣を身につけようとするようになる。 内容や進行等、仲間と話し合う中で役割を分担することや自分の役割 果を出そうと努力するようになる。 との関わりを深め、思いやりの気持ちをもって行動するようになる。 膨らませる中で、成長することの大変さを知り、周りの人への感謝の 謝の気持ちを表す方法を考えるようになる。 で遊び、自然事象の不思議さを感じながら興味や関心をもって関わる 雪の質感、量感が変わること雪や氷が溶けることによって変化してい 付くようになる。 ブの枚数を数えたり、コマ回しの技を友達と競ったりすることで、数 を知るようになる。	・自分の食べる量が分かり、時間内に残さず、マナー 　を守って楽しく食べようとする。 ・活動が始まるまで（休み時間）にトイレに行こうとする。 ・素早く衣服の着脱、始末をしようとする。 ・手洗いやうがいの効果を知り、進んで実践しようと 　する。 ・集団生活をする上で注意しなければならない危険な 　ことや交通ルールを理解し守って生活しようとす 　る。 ・持ち物の整理整頓を習慣付け、見通しをもって行動 　しようとする。 ・掃除の進め方を理解し、一生懸命掃除をしようとす 　る。
【　　　って遊ぼうとする力】	【教科学習の基礎となる興味・関心や意欲・能力】
雪だるまやかまくらなどをイメージしながら雪の固さや量などを予測 考えたりして取り組むようになる。 の発見や経験を通して、氷作りの条件を考えたり形を考えたりして試 しさを知るようになる。 要なものを準備する中で数える、比べる、形を工夫する等の遊びを楽し の会で、自分で考えたことや、頑張ったこと等をみんなの前で伝えら 友達とイメージを共有しながら感じたり考えたりしたことを体で表現す	・自分の名前が読めて書け、10までの数の意味や順 　番が分かるようになる。 ・自然にふれて、興味・関心を抱くようになる。 ・歌ったり踊ったり、自分の感じたことを伸び伸びと表現し 　ようとする。 ・自分がクラスの一員であることを感じ、集団行動の 　基本的な動きを知り、安全面にも気を配り、楽しく 　活動しようとする。 ・友達の話を聞いたり自分の思いを伝えたりして、楽 　しく協同的に活動しようとする。
【　　　だり生活したりしようとする力】	【友達や先生など身近な人と関わりながら思い を伝え合い、人間関係をつくっていく力】
向けて、進め方について友達と相談したり役割を分担したり、必要な ったりしながら、友達と一緒に活動を進める楽しさを味わう。 て登場人物の心情を考えたり、友達と考えながら深めたりするように メージを共有しながら伝えたいことを表現する方法を考え、達成感や けや歌を通して、感謝の気持ちを表現したり、心を通わせたりするよ 式を行う中で、自分が大切にされていたことに気付いたり、就学へ りするようになる。 、自分から先生や友達に話したり、お願いしたいことを依頼したりし うになる。	・自分から挨拶や言葉を掛け、人と関わろうとするよ 　うになる。 ・自分の伝えたいことを相手に分かるように話そうと 　する。 ・先生の話や全体の指示を自分のこととして聞き、理 　解して行動に移そうとする。 ・友達の名前をしっかり憶え、名前で呼ぶようになる。 ・トラブルの対処方法が分かり、自分達で解決しよう 　とする。 ・地域の人、先生、上級生とふれ合おうとする。
って） 　ハーモニカ・文学遊び） 　　　　　　　　　　　・早春の自然にふれる（ふきのとう・つくし　等） 　くわらい等）　　　・卒園に向かって（製作・卒園式練習　等） ・全校集会参加　　　・体験入学	＊参照 （A）健康な心と体 （B）自立心　　（C）協同性 （D）道徳性・規範意識の芽生え （E）社会生活との関わり （F）思考力の芽生え （G）自然との関わり・生命尊重 （H）数量や図形,標識や文字などへの関心・感覚 （I）言葉による伝え合い （J）豊かな感性と表現
うに絵本や掲示物を用意したり、話し合いの機会をもったりする。 分できる場所を確保し、文字や数量に興味や関心がもてるような絵本等、必要な物を幼 準備しておく。 るようなカレンダーを作り、スケジュールを確認したりしながら見通しをもって活動 、小学校の生活を見学したり、体験したりする機会をもつ。 表現しあ一緒に考えていきイメージを膨らませながら楽しんで主体的に取り組むように いる姿を認め、達成感が味わえるようにする。 しんだり、友達と音やリズムを合わせる楽しさを味わったり、音階に興味や関心をもて 互いの良さに気付き協力し合いながら遊びを進め、充実感を味わえるようにする。 とを振り返り、関わってきた人への感謝の気持ちをもったり、成長した姿を認め自己肯 就学に向けて自信がもてるように支えていく。	幼小連携の主な内容
	・互いの行事に参加し合う。 ・小学生の姿を見る機会をもち、小学校入学への憧 　れを感じるようにする。 ・園の生活や遊びの取り組みへの理解を得、学びを 　つなげられるようにする。 ・幼児や保護者が感じる、就学に向けての不安を保 　護者と教師が教諭する。 ・小学校の教師と小学校の生活の流れについて情報 　共有を行い、幼児が学校生活のイメージがもてる 　ようにする。 ・就学する小学校へ引き継ぎを行う。

表4　幼児期の終わりまでに育ってほしい姿を中心に整理したアプローチカリキュラムの例

（兵庫県教育委員会, 2019）

アプローチカリキュラム		(A)知識及び技能の基礎　　(B)思考力、判断力、表現力等
	幼児の実態からの保育の特色	★「転んでも怪我をしにくい身体」「腰骨を立てた姿勢」を目指して運動遊びの機会を増やしている。★の地域で遊ぼう」）。★生活習慣の確立ができていない幼児や規範意識が乏しい幼児が多くトラブルが頻見通しを立てる支援をしている。★左右等の対比や文字・数字に興味や関心をもつような遊びの環境を
	アプローチ期	5歳児　　9月〜12月
アプローチ期に身に付けたい資質・能力	健康な心と体	・「怪我をしにくい身体」「腰骨を立てた姿勢」を目指し、様々な身体を動かす運動遊びを、楽しむ。(A) ・竹馬、縄跳び、フープ、跳び箱、鉄棒、リレー等の運動遊びを自分で目標を立てて頑張る。(AC) ・自分の健康に関心をもち、病気の予防などに必要な手洗いやうがいを丁寧に行う。(AC) ・「おはしも」等の避難時の約束や方法が分かり、保育教諭の指示を聞いて行動する。(AC)
	自立心	・運動遊びで自分なりに目標を立てて、できなくても諦めずに繰り返し挑戦しようとする。(C) ・竹田城跡登山で、友達と励まし合いながら最後まで登り切り、達成感を味わう。(C) ・製作活動や給食の後に協力して掃除し、最後まできまりにしようとする。(C)
	協同性	・運動会のバラバルーン演技で、膨らんだりきれいに広がったりするようにみんなの力とタイミングを合わせ、達成感を味わう。(BC) ・「中川っ子の地域で遊ぼう」の活動の中で遊びの目的を共有し、目的が達成できるように役割分担したり協力したりしながら、友達と一緒に遊びをつくり上げる楽しさや充実感を味わう。(BC)
	道徳性・規範意識の芽生え	・友達と遊ぶ中で順番や時間等遊びのきまりの大切さに気付き、守ろうとする。(C) ・友達のトラブルの仲立ちをし、トラブルの原因や仲直りの方法を探り解決していこうとする。(BC) ・異年齢児と共に活動することによって関わりを深め、優しく声をかけたり、世話をしたり、思いやりの気持ちをもったりするようになる。(AC)
	社会生活との関わり	・地域の高齢者と触れ合い、親しみを感じたり昔からの生活や遊びの知恵を学んだりする。(AC) ・秋の遠足で公共の場でのマナーや約束事を知り、それを意識して行動する。(AC) ・「中川っ子の地域で遊ぼう」の活動を通して、地域に親しみや愛着を感じるようになる。(AC)
	思考力の芽生え	・運動や遊びがどうすれば上手くいくか、友達の様子を見たり真似をしたりして、気付いたり、工夫したりする。(AB) ・これまでの体験活動を、ごっこ遊びにどう取り入れるか、友達と試行錯誤しながら設計図にかいて考えを整理したり、工夫したりしながらつくっていく。(BC)
	自然との関わり・生命尊重	・サツマイモの収穫を喜び、収穫後は、つるの性質を利用しリースをつくって楽しむ。(BC) ・動植物の世話を責任をもって行い、親しみを感じたり命あるものを大切にしようとしたりする。(C) ・木の実や落ち葉拾いを楽しみ、遊びに活用しようとする。(C)
	数量や図形、標識や文字などへの関心・感覚	・収穫したサツマイモの数を数えたり、大きさや重さを比べたりしながら、多い、少ない、大きい、小さい、重い、軽い等の言葉の意味を実感する。(AB) ・駅の時刻表や案内図、道路標識などを見て、簡単な標識や時計、文字などに興味をもつ。(AC) ・ごっこ遊びの中でお金や看板をつくったり数えたりして遊び、数や文字に興味をもつ。(ABC)
	言葉による伝え合い	・活動の中で、自分が思ったことややりたいことを友達に分かるように伝えたり、相手の話を注意して聞いて理解したりする。(ABC) ・絵本や物語に親しみ興味をもって聞き、物語や言葉の意味を感じ取り言葉が豊かになる。(AC) ・ごっこ遊びの中で必要な言葉を知り、やりとりを楽しむ。(AC)
	豊かな感性と表現	・友達と一緒に音楽に合わせてダンスや体操をしたり、隊列移動したりすることを楽しむ。(AC) ・ごっこ遊びや共同製作等、友達とイメージを膨らませ、身近な素材や用具を使って工夫して表現する。(BC)
	幼児の活動	運動会「中川っ子ならやってみよう！」　チャレンジ活動（怪我をしにくい身体・腰骨を立て（挑戦していく運動遊び・・・縄 竹田城跡遠足　秋の自然に触れて遊ぶ　高齢者交流　クリス 芋掘り　異年齢合同ごっこ遊び「中川っ子の地域で遊ぼう」（多々良木ダム・芸術の森美術館・フレッシュあさご・竹田城跡・等）
	◎教師の援助○環境の構成のポイント	○毎日のチャレンジタイムは、主体的に継続して行えるようにジャンケンや競争遊び等楽しめる内容を取り入れる。 ○運動会では、4月からのチャレンジ活動を運動会向けにアレンジして、主体的に頑張る姿を見てもらえるように構成する。 ○園外に出る時は下調べを十分に行い、安全確認や見どころのポイントを把握しておく。 ○園外に出た時は、文字や数、標識等に注意が向くような言葉をかけ、興味や関心をもつようにする。 ◎挑戦したり、試行錯誤したりする姿を認めたり、褒めたりして自信がもてるようにする。 ◎芋掘りや木の実拾いでは、感動した喜びの声に共感しながら、大きさや数にも関心をもつような言葉をかける。 ◎子どもたちの考えに共感したり、考えを引き出したり、保育教諭も一員として関わるようにする。

等の基礎　　(C)学びに向かう力、人間性等

★地域に関心をもち、地域を好きになる子を育むために、園外保育で訪れた体験を 2 学期のごっこ遊びに取り入れて遊んでいる（「中川っ子
鑑なので、きまりを守る意識の定着を図っている。★見通しが立ちにくい幼児が多く、タイムタイマーを利用したり事前の手立てをしたり、
を整えている。

5 歳児　1 月〜3 月	保育のユニバーサルデザイン
・運動遊びの継続により怪我をしにくい身体や腰骨を立てた姿勢になりつつあることを実感する。(AC) ・ダイコン、ニンジン等冬野菜の生長に関心をもち、食べ物に感謝の気持ちをもつようにする。(AC) ・身の回りを清潔にし、衣服着脱、食事、排泄等の正しい方法を身に付け、自分で判断して行う。(AB) ・危険な場所、害虫、遊び方や災害時の避難の仕方が分かり、安全に行動する。(AC)	●子ども目線の環境設定 ・机椅子に名前を貼る（安心感・左右認識・文字への興味） ・動線を意識した部屋づくり（流れを分かりやすく）
・基本的生活習慣や整理整頓、身繕い等を身に付け、身の回りのことをきちんとしようとする。(AC) ・こども園年長であることの自覚をもち、園の行事で役割を担ったり手伝いをしたりする。(C) ・当番活動や友達との遊びの中で自分の役割を自覚し、責任をもって果たそうとする。(C)	・興味関心がある物に対しての教材準備（虫が好きなので生き物の図鑑を部屋に置く） ・保育室のゾーン化（コーナーづくり）
・小学校の運動場で友達と協力して大きな雪だるまをつくったり、力を合わせてこども園まで運んだりする経験を通して、協力する喜びや達成感を味わう。(BC) ・発表会に向かう活動の中で、友達同士で考えを伝え合ったり協力したりして、出来上がっていく喜びを味わう。(BC)	●見通しがもてる支援 ・一日の流れの視覚化（絵文字カード・矢印・手作り時計） ・生活の流れの視覚化（例　片付け→トイレ→手洗い→うがい→座る）
・共同の遊具や用具の正しい使い方や片付けの方法が分かり、それを守ることが次に使いやすくなることや、長く使えることにつながることを理解し、大事に扱うようにする。(AC) ・遊びや生活の中で自分の考えや行動がいつも正しいわけではなく、してよいことや悪いことがあることが分かり、友達や保育者の考えを受け入れたり、折り合いを付けたり、攻撃的な言動を抑制できるようになろうとする。(C)	・活動や遊びの終わりの時間の視覚化（タイムタイマー・時計） ・活動の視覚化 　＊発表の仕方の視覚化（発表する・分かりません・考えています等）
・小学校との交流等を通し、小学校に関心をもち、入学に喜びと期待を感じるようになる。(C) ・早春の地域に出かけ、景色の素晴らしさに気付いたり、親しみを感じたりする。(AC) ・卒園式に掲げられた国旗や市旗に接し、親しみをもつ。(AC)	＊友達とのコミュニケーションの視覚化（よい行動・悪い行動につながる結果を絵カードとボードで説明）
・園庭の氷や霜柱に興味や関心をもち、性質等を絵本で調べたり、友達と確かめようとする。(ABC) ・雪だるまづくりで大きさや重さが変化していくことを感じたり、日向、日陰で溶け方が違うことに気付いたりする。(AB) ・コマ回し等の伝承遊びに興味や関心をもち、できるようになろうと友達の様子を見たり、考えたり、工夫しながら練習したりし、習得したことを出来ない子に分かりやすく伝えようとする。(ABC)	・歯磨き時間の見通し（砂時計） ●刺激への配慮 ・集中しやすい環境設定（不要な箇所の目隠し） ・場所の配置
・雪や氷、霜柱等冬ならではの自然現象を遊びの中に取り入れて楽しんだり、溶けていく変化に興味や関心をもったりする。(BC) ・自分の誕生日を知り、友達や保育教諭から祝ってもらうことにより自分が大切にされていることに気付く。(AC) ・トランプやすごろく、かるた取り等の正月遊びを繰り返し楽しむうちに数字や文字への興味を深めていく。(ABC)	＊個人棚の配置（担任が確認しやすく、生活の動線を配慮した位置） 　＊製作時の机の配置（説明が分かりやすい位置） ・声の大きさの視覚化
・コマ回しやけん玉を回数を記録することで数や文字に興味をもち、さらに表にする分かりやすさを知る。(ABC) ・構成玩具や積み木で遊ぶ中で、対称の形に気付いたり、立体図形にも興味や関心をもったりする。(ABC) ・年賀状ごっこ遊びで、簡単な文字を見ながら書こうとしたり宛名を読んで配達したりする。(ABC)	●分かりやすい伝え方 ・必要な準備物の視覚化 ・話や活動は短く、具体的に ・製作の手順書（折り紙で利用）
・「みんなで話そうの会」等、クラスみんなで話す場で友達や保育教諭とやりとりしながら、自分の思いをみんなの前で伝えられるようになる。(C) ・卒園式の呼びかけを通して、一年間の思い出や感謝の気持ちを、自信をもって伝えられるようになる。(C)	・写真や映像を利用（見通しと振り返りを画像で確認） ・記憶の定着の為に繰り返しの説明
・物語をもとに友達とイメージを共有しながら劇遊びにつくり替え、自分の役になりきり表現し、達成感を味わう。(ABC) ・きれいな声の出し方に気を付けて、発表会や卒園式で心を込めて歌おうとする。(BC)	●ルールの提示 ・個人棚の片付け方の視覚化 ・食器の置き方の視覚化

てた姿勢を目指して行う運動遊び・・柔軟・左右均等の発達を促す等の運動遊び）
□跳び・フープ・跳び箱・鉄棒・竹馬等）

（図：楕円で囲まれた項目）
ス会　　伝承遊び（かるた・コマ・凧・すごろく　トランプ・あやとり・けん玉）　　冬の自然に触れて遊ぶ　　早春の自然に触れる　　冬野菜栽培　　発表会（劇・楽器・歌等）　　就学に向けての活動

・運動や遊びのルールを絵で分かりやすく説明

○真剣に取り組んでいる姿や役割を意識して自分なりに頑張っている姿を P C 等を利用して客観的に振り返る場を作り、自信や責任をもって頑張られるようにする。
○タイミングを逃さず冬の自然事象の体験ができるように、用具類や絵本、図鑑を準備しておく。
○卒園まで見通しをもって活動しながら、入学への期待を膨らませたりするように、卒園までの日数や予定等が分かるようにカレンダーを用意する。
◎毎日運動を続けることにより、段々としっかりした身体になってきていることを具体的に伝え、さらに意欲がもてるようにする。
◎幼児の気付きや発見、協力する姿を認め、友達と共有できるようにしていく。
◎修了前の一人一人の気持ちに寄り添い、成長を喜び合いながら修了や就学への期待がもてるようにする。

見通すことができる一覧表（表3と表4）のみを例示するが、両カリキュラムは各園の特徴やそこで過ごす子どもたちの姿や活動などを整理し、その上で幼児期の終わりまでに育ってほしい姿に向かってどのような手立てが考えられるのかをチームで議論と実践を重ねて得られた成果である。具体例は指導の手引き（兵庫教育委員会, 2018, 2019）で確認することができる。

　カリキュラム検討の際は、現在のカリキュラムや教育状況を改めて確認し、その上で育ってほしい姿を「幼児期の終わりまでに育ってほしい姿」と併せて整理していく必要がある。一つの活動や授業を作り上げるように、その活動のねらい、つまりその幼稚園等で育てたい子どもの姿を言語化し、その育てたい姿を引き出すために、どのような活動を展開していくのかを考えていく。活動を集約してできあがった成果物がアプローチカリキュラムといえるだろう。

3-2　スタートカリキュラム

　スタートカリキュラムは、小学校入学時が開始時となる。子どもたちが遊び中心の活動から教科中心の学びに円滑に移行していくためには、入学した

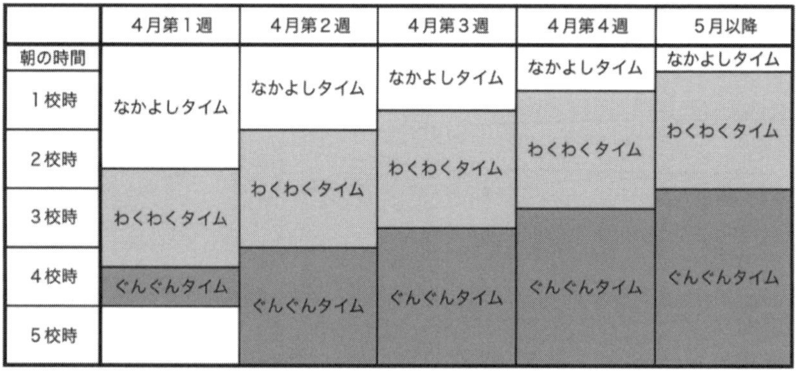

図4　3つの学びの時間帯　配分例
（横浜市こども青少年局・横浜市教育委員会, 2018）

直後からの支援・指導が重要となる。

　横浜市こども青少年局・横浜市教育委員会（2018）では、入学後は幼児期の遊び中心の生活リズムから構成時間割に基づく生活への移動を徐々に行っていくことができるように、3 つの時間帯を設定している（図 4）。「なかよしタイム」は新しい人間関係を築いていく時間、「わくわくタイム」は生活科を中心とした活動や体験の時間、「ぐんぐんタイム」は教科等を中心とした学習の時間としている。小学校生活に慣れていく過程で、「なかよしタイ

表 5　学びの時間帯の説明と実践例

学びの時間帯	説明	実践例
なかよしタイム	・一人ひとりが安心感をもち、担任や友達に慣れ、新しい人間関係を築いていく時間 ・自分の居場所を学級の中に見出し、徐々に集団の一員としての所属意識をもち、学校生活の基盤である学級で、安心して自己発揮できるように工夫していく	・1 年生と 6 年生の交流 ・学級全体でのリズム体操・読み聞かせ ・教科内容を意識した遊び（例：積み木でじゃんけん）
わくわくタイム	・幼児期に身に付けた力を発揮し、主体的な学びをつくっていく時間 ・生活科を中心として、様々な教科等と合科・関連を図り、教科学習に円滑に移行していく。幼児期における遊びを通した総合的な学びを生かし、子どもの思いや願いに沿った学習や、具体的な活動や体験をきっかけにして各教科等につなげる学習を大切にすることで、主体的に学ぶ意欲を高める	・学校探検での活動（図書室探検：ルールの共有、数量・図形・標識・文字への関心）
ぐんぐんタイム	・わくわくタイムやなかよしタイム、日常の生活の中で子どもが示した興味や関心をきっかけに、教科等の学習へ徐々に移行し、教科等特有の学び方や見方・考え方を身に付けていく時間	・ひらがなクイズ（グループで文字を完成させて言葉づくりをする） ・算数「いくつといくつ」5 本ずつ積み木をもってじゃんけんで獲得した合計が友達と合わせて 10 にする

注：横浜市こども青少年局・横浜市教育委員会（2018）p. 46 の表と実践例を 1 つの表として筆者がまとめた

ム」は徐々に減り、「ぐんぐんタイム」が増えるように設定している。各活動の例を表5に示す。

　本スタートカリキュラムを編成するにあたって、幼児期の育ちを生かしたカリキュラムとなるように次の点が留意点として示されている。幼児期の経験や遊び・保育者の指導を参考にすること、教員と保育者等との交流の場を設けること、そして「幼児期の終りまでに育ってほしい姿」を見据えて学習指導要領にある生活科を中心とした合科的な指導や関連的な指導が含まれるようにすることの3点である。生活科を中心に据え、他の科目での学習活動に接点を作り、互いの教科で学習活動の接点を子どもたちに気づかせることで、切り取った知識ではなく、文脈に依存した生きた知識とする工夫がある。

　本章ではスタートカリキュラムのみの紹介になるが、横浜市ではアプローチカリキュラムとスタートカリキュラムを合わせ、「横浜版接続期カリキュラム」としてまとめている。実践事例集も併せて発行されており（横浜市こども青少年局子育て支援部, 2018）、アプローチ・スタートカリキュラムの両事例が掲載されている。保育者も小学校教員も同じカリキュラムガイドや事例集を手にする機会が作られている。担当ではない接続側の実践を知る手がかりとなるであろう。

3-3　接続期カリキュラムの開発・実践に向けて

　本節で取り上げた事例から、日々の実践を踏まえつつ、さまざまな工夫がされノウハウが蓄積されていることがわかるだろう。各学校や幼稚園等に応じたカリキュラムが展開されるためのポイントをカリキュラム研究や実践を踏まえ次のように整理できる。

・カリキュラム開発前の土台づくり

　カリキュラムを作ろうとしても、すぐにできるものでない。まずは、それぞれの幼稚園等や学校、所属する子ども・児童の特徴から現状と幼児期の終わりまでに育ってほしい姿や育てたい資質・能力の確認を行う。わかってい

ることを可視化し、組織の中で共有することが重要である。これは、教授設計の現状分析に相当する。また、教員間または子ども間の交流などから始め、接続する相手（小学校または幼稚園等）を知ることが、カリキュラムの具体性や効果的な設計につながる。

・やりながら見直し、改善・調整する

　年度が替われば対象となる幼児や児童、さらに担当する教員らも変わる。しっかりとデザインされたカリキュラムも、状況に応じては調整が必要となる。実施しながら必要に応じて調整を加え、毎年見直して改善されることによって質が高まる。紹介したアプローチカリキュラム事例のように、良く練られたカリキュラムも実態に合った形へと改善がされている。継続にはこの見直しを通じた計画・改善・実施が必須であり、この繰り返しはPDCA（Plan・Do・Check・Action）サイクルとも呼ばれる。

・チームで実践に取り組み、協働で生み出す

　カリキュラムは一人で開発できるものではない。多くのステークホルダーが関与する。異なる教育機関との連携もその一つである。自身の役割を踏まえつつ、協働の中から、その組織にあった設計・実施が継続的に行われるようにすることが望ましい。

　これらを含むカリキュラム全体の営みは、カリキュラムマネジメントとも呼ばれる。学校・幼稚園等に適した教育課程を展開させていくための運営活動ととらえるとよいだろう。

4　まとめ

　本章では幼小接続期カリキュラムの背景とその現状についてみてきた。日本国内における幼児期の教育の重要性と学校教育への接続の必要性について、海外における動きと併せて確認した。各学校・幼稚園等での接続期カリキュ

ラムの実施状況より、接続期カリキュラムの認知度は高まっているものの、実践レベルについてはまだ地域差が見られることがわかった。取り挙げたアプローチカリキュラムとスタートカリキュラムは各地で展開されている実践のごく一部に過ぎないが、接続期カリキュラムを理解する手がかりとし、さらに多くの実践例を見て検討する契機になればと思う。

　接続期カリキュラムが展開・継続されていくためには、カリキュラムを作りあげていく、幼稚園等・学校の個々の取り組みが必須である。そして、それぞれの取り組みを支える教育システムの存在が併せて必要不可欠である。例えば、人的な支援、家庭・地域との連携などがある。OECD（2012）では学習準備期に位置づく乳幼児期の教育とケアの質向上を実現するために 5 つの主要な政策的な介入を掲げている。そこには、カリキュラムや学習基準のデザインのほか、政策的な介入、教育に従事する教員等の専門性の開発、労働条件の改善、加えて親や地域社会との関与が含まれている。

　与えられた環境には常に与件がある。その中でどのようなカリキュラムを目指し、どのように最適な子どもたちの学び場を提供できるかを考えていくことは、教育を任せられたものの使命である。

引用文献

安彦忠彦（2019）「カリキュラムとは何か」　日本カリキュラム学会（編）『現代カリキュラム研究の動向と展望』教育出版

兵庫県教育委員会（2018）「指導の手引き　学びと育ちをつなぐアプローチカリキュラムの作成」　http://www.hyogo-c.ed.jp/~gimu-bo/youtien/H30tebiki.pdf（2019 年 9 月 19 日取得）

兵庫県教育委員会（2019）「指導の手引き　幼児期と児童期の「学び」の接続の推進に向けて〜『幼児期の終わりまでに育ってほしい姿』を視点にして〜」　http://www.hyogo-c.ed.jp/~gimu-bo/youtien/H30tebiki.pdf（2019 年 9 月 19 日取得）

国立教育政策研究所（2017）「幼小接続期の育ち・学びと幼児教育の質に関する研究（報告書）」　https://www.nier.go.jp/05_kenkyu_seika/pdf_seika/h28a/syocyu-5-1_a.pdf（2019 年 9 月 19 日取得）

文部科学省初等中等教育局幼児教育課（2016）「幼児教育部会における審議の取り
　　まとめ」http://www.mext.go.jp/b_menu/shingi/chukyo/chukyo3/057/sonota/1377007.htm
　　（2019 年 9 月 19 日取得）

文部科学省初等中等教育局幼児教育課（2018）『平成 28 年度 幼児教育実態調査』

OECD（2001）. *Starting strong: Early childhood education and care.* OECD Publishing.

OECD（2006）. *Starting Strong II: Early Childhood Education and Care.* OECD
　　Publishing.（OECD（編著）星三和子・首藤美香子・大和洋子ほか（訳）（2011）
　　『OECD 保育白書—人生の始まりこそ力強く：乳幼児期の教育とケア（ECEC）
　　の国際比較』明石書店）

OECD（2012）. *Starting Strong III: A Quality Toolbox for Early Childhood Education and
　　Care.* OECD Publishing.（OECD（編）秋田喜代美・阿部真美子・一見真理子・
　　門田理世・北村友人・鈴木正敏・星三和子（訳）（2019）『OECD 保育の質向
　　上白書—ECEC のツールボックス』明石書店）

経済協力開発機構（OECD）（編著）ベネッセ教育総合研究所（企画・製作）無藤
　　隆・秋田喜代美（監訳）荒巻美佐子・都村聞人・木村治生・高岡純子・真田美
　　恵子・持田聖子（訳）（2018）『社会情動的スキル：学びに向かう力』明石書店

横浜市こども青少年局・横浜市教育委員会（2018）『横浜版接続期カリキュラム平
　　成 29 年度版育ちと学びをつなぐ』

幼児期の教育と小学校教育の円滑な接続の在り方に関する調査研究協力者会議
　　（2010）「幼児期の教育と小学校教育の円滑な接続の在り方について（報告）」
　　http://www.mext.go.jp/component/b_menu/shingi/toushin/__icsFiles/afieldfile/2011/
　　11/22/1298955_1_1.pdf（2019 年 9 月 19 日取得）

　　　　　　　　　　　　　　　　　　　　　　　　　　　　（根本淳子）

第8章　幼児期と学童期をつなぐ
特別支援教育の仕組み

1　はじめに

　この章では、保育所、こども園、幼稚園や児童発達支援センターなどの通所施設を含む就学前の時期から小学校あるいは特別支援学校小学部に入学するまでの移行期における「つなぐ仕組み」や「円滑につなぐツール」について紹介する。保育所・こども園・幼稚園などから小学校への移行には、子どもを取り巻く人との関係の大きな変化、日常生活や集団生活における大きな変化があり、円滑にこの移行を進める必要がある。特別支援教育におけるこの移行を支える仕組みを、①教育支援（今まで就学指導と呼んでいた）、②切れ目のない支援・指導、③個別の教育支援計画および就学支援シートの活用に分け、紹介していく。

　上記の本題に進む前に、特別支援教育のポイントについて簡単に紹介する。文部科学省中央教育審議会初等中等教育分科会（以下、中教審と略す）報告(2012) によると、特別支援教育の制度において、障害のある子どもの能力や可能性を最大限に伸ばし、自立や社会参加に必要な知識技能態度を培うため、一人ひとりの教育的ニーズに応じて多様な学びの場において適切な指導と共に必要な支援を行う必要があるとしている。2007（平成 19）年に特別支援教育が本格的に実施されてから 10 年経過した 2017（平成 29）年 5 月 1 日現在、特別支援学校や小学校中学校の特別支援学級や通級による指導を受けている幼児児童生徒の総数は約 49 万人で現在も増加傾向にある（内閣府, 2018）。義務教育段階の児童生徒は、全体の 4.2%（大凡 42 万人）である。

　幼稚園から高等学校における通常学級における特別支援教育に関して、幼

稚園教育要領（文部科学省, 2017）や小学校および特別支援学校小学部学習指導要領（文部科学省, 2017）などにより、個別の指導計画と個別の教育支援計画を作成し個々の幼児児童生徒の障害の状態などに応じた指導内容や指導方法の工夫を組織的計画的に行うことになっている。新保育所保育指針および幼保連携型認定こども園教育・保育要領にも同様に示されている（田中, 2018）。特別支援教育を推進する支援体制として、幼稚園から高等学校の各学校において校内委員会の設置、特別支援教育コーディネーターの指名が求められている。このような特別支援教育の校内体制の下で、個別の教育支援計画と個別の指導計画を作成し、一人ひとりの教育的なニーズに応じた指導支援を行うとされている。また、幼稚園段階から切れ目のない指導支援を継続するために、教育と保育、福祉、医療などの連携を推進する取り組みが進められている（例えば、2019 年度トライアングルプロジェクトなど）。

　特別支援教育の理念に関して、共生社会の形成を見据え、障害者の権利に関する条約第 24 条に基づくインクルーシブ教育システムの理念の構築のため、特別支援教育を着実に推進するとされている（中教審報告, 2012）。特別支援教育はインクルーシブ教育システムの最終的な形ではないが、その方向に向けた一里塚とされている。インクルーシブ教育システムとは、人間の多様性の尊重を強化し、障害者が精神的および身体的な能力を可能な限り最大限まで発達させ、自由な社会に効果的に参加することを目指し、障害のある者と障害のない者が共に学ぶ仕組みである。また、障害のある者が教育制度一般（general education system）から排除されないこと、生活する地域において初等中等教育の機会が与えられること、個人に必要な「合理的配慮」が提供されることなどが必要とされている。

　特別支援教育は、子ども一人ひとりの教育的ニーズを把握し、適切な指導および必要な支援を行う。この個に応じた指導支援は、障害のある子どもだけでなく障害のあることが判明しない学習上または生活上の困難のある子どもにも、更にすべての子どもに、良い効果をもたらすと考えられる（中教審

答申, 2005）。また、特別支援教育は、特殊教育が場による教育であったのに対し、子どもの特別な教育的ニーズに応じた適切な指導支援を行う教育であることから、特別支援学校や特別支援学級の中だけでなく、幼稚園、小学校などの通常学級においても行われることになっている。

2　教育支援による幼稚園などから小学校・特別支援学校小学部への移行

　幼稚園や就学前施設から障害のある幼児が小学校に入学するためには、入学前年度に教育委員会が行う就学指導を受けることになっていたが、2013（平成 25）年から、入学よりずっと早期からの教育相談・支援、就学後の適切な教育および必要な支援全体を「教育支援」と捉え直した制度に変更された（文部科学省, 2013）。これまでが入学前年度に就学指導委員会が担当し実施してきた就学指導を「点」としての教育支援としたら、これからは早期からの支援や相談を継続する「線」としての教育支援に、また家庭や関連機関と連携した「面」としての教育支援に仕組みが改正されたと説明している（2012中教審報告）。

　2013（平成 25）年度より子どもの障害の発見後、保護者と子どもは継続的に相談支援の機会があり、相談と支援の過程の中で就学先を次第に明確にする制度に改正されたことは上記の通りであるが、小学校への就学前年度に、図 1 のような一連の手続きを経て就学先の小学校あるいは特別支援学校小学部が決まる。

　2013（平成 25）年の学校教育法施行令の一部改正により、就学基準（学校教育法施行令 22 条 3）に該当する障害のある子どもは特別支援学校に原則就学するという従来の就学先決定の仕組みが改められ、障害の状態、本人の教育的ニーズ、本人・保護者の意見、教育学、医学、心理学等の専門的見地からの意見、学校や地域の状況などを踏まえた総合的な観点から就学先を決定

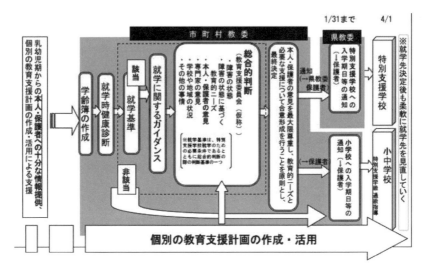

図 1　障害のある児童生徒の就学先決定の流れ

(中央教育審議会報告（2012）参考資料 16　障害のある児童生徒の就学先決定について（手続きの流れ））

する仕組みとなった。その際、市町村教育委員会は、本人・保護者に対し十分に情報を提供し、本人・保護者の意見を最大限尊重する。本人・保護者と市町村教育委員会・学校は教育的ニーズと必要な支援について合意形成を図り、最終的には市町村教育委員会が就学先の学校を決定するとしている。

　なお、特別支援学校小学部に入学する者を認定特別支援学校就学者と呼ぶ。これは、就学基準に基づくだけでなく、教育上必要な支援の内容、地域における教育の体制の整備状況なども勘案して、特別支援学校に就学させることが適当であることを表している。

　市町村教育委員会は 10 月までに学齢簿を作成し、11 月末までに就学時健康診断を行わなければならない。その際、就学基準に該当する場合、本人・保護者に就学に関するガイダンスを行い、就学先決定についての手続きの流れや就学先決定後も柔軟に転学できることなどを、本人・保護者にあらかじめ説明する。就学時健康診断において就学基準に該当しない場合には、1 月

以降に就学先小学校の入学案内が送られてくる。

3　乳幼児期から学童期における切れ目のない支援・指導の仕組み

　障害のある子どもとその保護者への支援は、なるべく早期から始めることが重要であると考えられている。また、その支援は、乳幼児の時期から学校卒業まで切れ目なく行われることが必要であるとされている。

　そこで、継続した切れ目のない支援が必要な子どもの誕生から小学校入学までの期間における主な支援の仕組みと機関を紹介する。障害のある乳幼児は、保育所や幼稚園などに通所通園する場合に加え、児童発達支援センターのような障害児通所施設に早期から通所し、療育を受ける場合があるので、最初に障害の早期発見から早期の療育の開始について述べる。

　市町村は、妊産婦または乳児もしくは幼児の健康診査を行うことになっている。妊娠・出産のときには、妊婦健康診査がある（母子保健法第 13 条）。また、市町村は、身体発育および精神発達の面から最も重要な時期である 1 歳6 か月児および 3 歳児に対して、健康診査を行う義務がある（母子保健法第12 条）。1 歳 6 か月児健康診査の受診人数は 978,831 人（96.2%）、3 歳児健康診査は、984,233 人（95.2%）である（厚生労働省, 2019）。これらの健康診査により、心身機能の障害のある幼児を早期に発見し、その障害の治療や軽減、療育やその他の福祉的な措置につなげている。

　障害のある児童に対しては、できるだけ早期に療育を行うことによって、障害の軽減や基本的な生活能力の向上を図り、将来の社会参加へとつなげていく必要がある。このため、健康診査などにより障害の早期発見を図るとともに、適切な療育を実施する体制の整備を図っている（表 1）。

　障がい者制度改革推進本部などにおける検討を踏まえた児童福祉法（昭和22 年法律第 164 号）の一部改正などにより、障害児支援については、身近な

地域で支援を受けられるようにするため、従来の障害種別に分かれていた体系を見直し、2012年4月から通所による支援を「障害児通所支援」、入所による支援を「障害児入所支援」としてそれぞれ一元化し、障害児支援の強化を図っている。さらに、学齢期における支援の充実を図るために「放課後等デイサービス」を、保育所などに通う障害のある幼児に対して集団生活への適応を支援するために「保育所等訪問支援」を制度化した（厚生労働省, 2012）。

表1　障害児通所支援・障害児入所支援の体系（障害者白書, 2018 より作成）

支援		支援の内容
障害児通所支援	児童発達支援	日常生活の基本的な動作指導、知識技能の付与、集団生活への適応訓練、その他必要な支援
	医療型児童発達支援	日常生活の基本的な動作指導、知識技能の付与、集団生活への適応訓練、その他必要な支援及び治療
	放課後等デイサービス	授業の終了後又は学校休業日に、生活能力向上のための訓練、社会との交流促進、その他必要な支援
	居宅訪問型児童発達支援	重度障害等により外出が著しく困難な児童に訪問して、発達支援を行う
	保育所等訪問支援	保育所等を訪問し、障害幼児に対し集団生活への適応のための専門的支援、その他必要な支援
障害児入所支援	福祉型障害児入所施設	入所している障害児に、保護、日常生活の指導及び独立自活に必要な知識技能の付与
	医療型障害児入所施設	入所している障害児に、保護、日常生活の指導及び独立自活に必要な知識技能の付与及び治療を行う

　2018（平成30）年3月にまとめられた文部科学省および厚生労働省による「家庭と教育と福祉の連携『トライアル』プロジェクト」報告において、障害のある子どもが地域で切れ目なく支援を受けられるように、特別支援学校および小・中学校で指導を受けている児童生徒に個別の教育支援計画を作成し、当該児童生徒と保護者の意向を踏まえ、関係機関が当該児童生徒の支援について必要な情報を共有した実践が紹介されている。関係機関とは、当該児童生徒が利用する医療機関、児童発達支援や放課後等デイサービス、保健

所などである。

4　幼稚園などから小学校・特別支援学校小学部へつなぐ
　　引継ぎのツール

4-1　個別の教育支援計画

　個別の教育支援計画は、乳幼児期から学校卒業後までの長期的な視点に立って、医療、保健、福祉、教育、労働などの関係機関が連携して、障害のある子ども一人ひとりのニーズに対応した支援を効果的に実施するための計画である（図2）。その内容としては、障害のある子どものニーズ、支援の目標や内容、支援を行う者や機関の役割分担、支援の内容や効果の評価方法などである。個別の教育支援計画という名称は学校など文部科学省管轄の機関が策定する場合に使われ、児童発達支援センターなどの厚生労働省管轄の機関

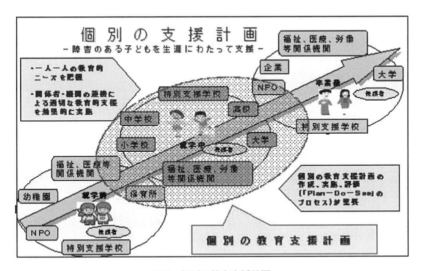

図2　個別の教育支援計画

（出典　独立行政法人国立特殊教育総合研究所『「個別の教育支援計画」の策定に関する実際的研究』
17頁（平成18年））

が策定する場合は個別の支援計画と呼ばれる（全国特殊学校校長会, 2006）。

　現在、ほとんどの特別支援学校で個別の教育支援計画を策定しており、特別支援教育が進展するにつれ幼稚園、小学校、中学校、高等学校においても策定が広がっている。また、就学前の療育を担う児童発達支援センターにおいても、ライフステージを通して一貫した相談支援となるよう福祉、保健、医療、労働などの関係機関と連携して個別の支援計画を策定している（厚生労働省, 2018）。

　また、近年、都道府県および市町村が実施主体の相談支援事業において、障害者への総合的なサービスを提供するため、相談支援専門員が、医療、福祉、保健、教育などの関係者と協働しつつ、利用者のニーズを把握してサービス利用計画を作成している（障害者総合支援法および児童福祉法）。障害者自立支援法において、地域の障害者の福祉領域の問題に関して、障害者、障害児の保護者または障害者の介護を行う者からの相談に応じ、必要な情報の提供および助言などを行う相談支援事業を市町村が行うとされている。この相談支援事業において、相談支援専門員がサービス利用計画の作成や利用調整などを行い、実際にサービスを提供する関係機関においてこのサービス利用計画に関連して、個別の支援計画を策定している。

　個別の支援計画の策定のためには、対象者の総合的なアセスメントが求められる。アセスメントには、子どもの障害の状態や相談・支援の内容とその効果、子どもやその保護者のニーズなどが含まれる。保護者の理解を得て、具体的な個別の支援計画を策定したり、保護者と個別の支援計画を共有し、同じ目線に立ち育児や療育に当たることが大切である。

　個別の支援計画の策定に当たっては、保護者の参画を促すなどして、子どもや保護者の意見を十分に聞いて、そのニーズを正確に把握する。個別の支援計画は、PDCA サイクルにより適切に見直していくことが求められる。

　障害のある子どものニーズは、その子どもの年齢に応じて医療、保健、福祉、教育、労働などの広い領域で生まれる。これらのニーズに対応するため

に、一人ひとりを取り巻く関係機関、関係者などが連携して、的確な支援目標を設定する必要がある。このとき、保護者は重要な支援者の一人であり、積極的な参画を促し、その意見を聞いて、支援の目標を設定する。次に、支

個別の教育支援計画

記入者 ○○養護学校　○○○○　記入年月日　平成18年3月6日

所属学校	学級	氏名	ふりがな
○○養護学校	小学部1年	・・・	・・・

支援目標	・小学部3年までに排泄の自立を目指す。 ・学校生活に慣れて、みんなと一緒に学習に取り組むことができるようにする。

		支援機関　支援者	支援内容	結果・引継
具体的な支援	家庭生活	家庭 父母	・7:00、10:00、13:00、15:00、夕食後、入浴後、就寝前にトイレに誘う。トイレで排泄ができたらほめる。 ・朝7時に起こし、学校の始業時間前に登校できるように車で送る。	・毎日実施＜継続＞ ・毎日実施＜継続＞
	余暇・地域生活	○○施設 地域生活支援コーディネーター　○○○○	・ショートステイ時のトイレ誘導と成功時の称賛、保護者への説明（誘導時刻：10:00、13:00） ・排泄自立に向けた情報提供	・夏季休業中ショートステイ11回実施　誘導・説明共に毎回実施＜継続＞ ・支援会議にて情報提供（1回）＜継続＞
		△△施設 地域生活支援コーディネーター　△△△	・ショートステイ時のトイレ誘導と成功時の称賛、保護者への説明（誘導時刻：10:00、13:00） ・排泄自立に向けた情報提供	・ショートステイ7回実施　毎回誘導実施　説明は実施せず　＜継続＞ ・支援会議、情報交換時に3回実施＜継続＞
	学校生活	○○養護学校担任 △△△、○○○○	・10:00、13:00のトイレ誘導と成功時の称賛、保護者への説明 ・時間割カード（マーク、写真）による時間割の提示	・毎日実施＜継続＞ ・毎朝実施＜継続＞
		療養育機関○○○ 担当者　○○○	・就学前の支援目標や内容、ポーテージ乳幼児プログラムの指導内容、児童の様子について情報提供	・支援会議1回、情報交換2回＜終了＞
		○○保育園 保育士　○○○○	・就学前の支援目標や内容、児童の様子について情報提供	・情報交換2回＜終了＞
	医療・健康・相談			

評価

・保護者、学級担任による個別面談を4月に実施し、ニーズの聞き取りを行った。また、2月に同メンバーに本校コーディネーターが加わって評価のための個別面談を実施した。
・5月16日に、○○保育園保育士と担任が情報交換を行った。
・6月21日に、保護者、療養育機関担当者、学級担任で支援会議を実施した。
・7月13日に、保護者、○○地域生活支援コーディネーター、△△地域生活支援コーディネーター、本校コーディネーターで支援会議を行い、支援目標や支援内容について話し合いを行った。
・2月18日に、保護者、○○地域生活支援コーディネーター、学級担任で支援会議を実施し、評価を行った。
・支援機関からは、「具体的な支援場面や支援方法を共有できて良かった。自分たちの支援の効果も知ることができた」という話が聞かれた。
・保護者からは「このような機会を設けてもらったことで、福祉施設に対して要望が伝えやすくなり、協力が得られて良かった。」「個別の教育支援計画があって安心した」という話が聞かれた。
・2月の「個別の教育支援計画校内ケース会議」において、「排便自立に向けた医療や専門機関からの情報提供の必要性も視野に入れてはどうか」との助言があった。

上記の情報を「○○施設」「△△施設」「療育機関○○○」「○○保育園」に開示することに同意いたします。
平成　年　月　日　保護者氏名　印

図3　個別の教育支援計画の例
（出典　全国特殊学校長会『「個別の教育支援計画」策定・実施・評価の実際』54頁（平成18年））

援の目標を達成するため支援の内容を明らかにし、各関係者・機関ごとの具体的な支援の内容についても明らかにする。この関係者・機関ごとの具体的な支援の内容は、その時点で直接かかわる医療、保健、福祉、教育、労働などの関係者・機関が会議を開催するなどして決める。

　実施した支援の評価と、それを踏まえた改訂内容と引き継ぎ事項を記入する。個別の教育支援計画の例は図3の通りである。

4-2　幼稚園などから小学校・特別支援学校小学部へつなぐ引継ぎツール

　保育所・こども園・幼稚園が就学時に小学校に対して障害の診断を受けていないが気になる子どもや特別な配慮を必要とする子どもについて、活動の様子や具体的な支援などの情報を伝えることにより、小学校への移行が円滑に進む。このような引継ぎ・連携の具体的な手立てとして、幼稚園などの年長組の担任と小学校などの1年担任の間で、気になる子どもについての就学前の連絡会や情報交換の機会の設定、就学支援シートによる情報の伝達がある（河口・土木田, 2017; 斎藤・池田・奥住・國分, 2017）。

　就学支援シートによる引継ぎの趣旨は教育的支援や個別の配慮が必要な子どもが円滑に小学校生活をスタートさせることにある。保護者が在席している保育所・幼稚園などの協力のもとに作成し、保護者が入学する小学校や学童保育所に持参し、適切な指導や配慮について話し合いをするものである（新宿区など, 2019）。就学支援シートの内容の例は、表2の通りである。

表2　就学支援シートの主な内容例（新宿区就学支援シートなどを元に作成）

保護者	好きな遊びや得意なこと、嫌いなことや苦手なこと、性格や行動の特徴、食事・排泄・着替え・睡眠など、健康面、病院・療育・相談機関、情緒が不安定になりやすい場面状況、家庭の中で困っていること悩んでいること
幼稚園など	社会性（人とのかかわり、集団参加、意思疎通）、生活（身体の動きや身辺処理など）、興味関心など
療育機関	社会性、学習（ことば・数など）、行動の特性・認知など

5　まとめ

　幼児期から学童期への移行はだれでも体験することであるが、幼稚園や保育所などと小学校や特別支援学校小学部の生活や学習は大きな違いがあり、この移行を円滑に進めるためには、関係者が連携する必要がある。

　本章では、特別支援教育における幼児期と学童期をつなぐ仕組みについて紹介した。一つは教育支援で、早期からの保護者に対する相談支援の経過の中で入学前年度に、小学校通常学級か特別支援学級か、あるいは通級による指導を利用するのか、更に特別支援学校小学部に入学するのかを決める仕組みについて説明した。

　次に、特別支援教育に関連して障害の早期発見と早期からの療育制度について触れ、個別の教育支援計画により医療、福祉、教育の関連機関が一人ひとりの子どもへの支援の内容と役割を担い、就学前から小学校や特別支援学校小学部へ切れ目のない支援をつないでいくことを述べた。

　最後に、障害があるとはまだ言えないが気になる子どもの場合には、就学支援シートを活用し、幼稚園年長組の担任と小学校 1 年担任による連絡会などの開催による引継ぎ・連携を紹介した。

文献

河口麻希・七木田敦（2017）小学校特別支援学級担任における保幼小連携に関する調査―年長担任・1 年生担任との比較―　特別支援教育実践センター研究紀要, **15**, 97-103.

国立特殊教育研究所（2006）『「個別の教育支援計画」の策定に関する実際的研究』p. 17

厚生労働省（2012）「児童福祉法の一部改正の概要について（平成 24 年 1 月 13 日障害福祉課）」 https://www.mhlw.go.jp/file/06-Seisakujouhou-12200000-Shakaieng okyokushougaihokenfukushibu/setdumeikai_0113_04.pdf（2020 年 3 月 1 日取得）

厚生労働省（2018）「家庭と教育と福祉の連携『トライアングル』プロジェクト報

告〜障害のある子と家族をもっと元気に〜」 https://www.mhlw.go.jp/file/06-Seisakujouhou-12200000-Shakaiengokyokushougaihokenfukushibu/0000204867.pdf（2019 年 11 月 4 日取得）

厚生労働省（2019）「平成 29 年度地域保健・健康増進事業報告の概要」 https://www.mhlw.go.jp/toukei/saikin/hw/c-hoken/17/dl/kekka1.pdf（2020 年 3 月 11 日取得）

文部科学省（2013）「学校教育法施行令の一部改正について（通知） 25 文科初第655 号」 https://www.mext.go.jp/a_menu/shotou/tokubetu/material/1339311.htm（2019 年 11 月 4 日取得）

文部科学省（2017）小学校学習指導要領

文部科学省（2017）幼稚園教育要領

文部科学省（2017）特別支援学校幼稚部教育要領

文部科学省（2017）特別支援学校小学部学習指導要領

文部科学省（2018）学校教育法施行規則の一部改正について（通知） 文部科学省初等中等教育局通知（H30. 8.）

文部科学省中央教育審議会（2005）「特別支援教育を推進するための制度の在り方について（答申）」 https://www.mext.go.jp/b_menu/shingi/chukyo/chukyo0/toushin/05120801.htm（2019 年 11 月 4 日取得）

文部科学省中央教育審議会（2012）「共生社会の形成に向けたインクルーシブ教育システム構築のための特別支援教育の推進（報告）」 https://www.mext.go.jp/b_menu/shingi/chukyo/chukyo3/044/houkoku/1321667.htm（2019 年 11 月 4 日取得）

内閣府（2018）『平成 30 年版　障害者白書』勝美印刷

斎藤遼太郎・池田吉史・奥住秀之・國分　充（2017）幼保小連携と特別支援教育に関する文献的研究　東京学芸大学紀要（総合教育科学系），**68**, 185-191.

新宿区（2019）「新宿区就学支援シート」 http://www.city.shinjuku.lg.jp/content/000248738.pdf（2019 年 11 月 4 日取得）

田中裕一（2018）個別の教育支援計画と個別の指導計画の作成と活用　季刊特別支援教育，**70**, 12-17.

全国特殊学校校長会（2006）『平成 18 年　「個別の教育支援計画」策定・実施・評価の実際』54　ジアース教育新社

（宮﨑　眞）

第9章　幼児期の教育と小学校教育をつなぐ教師論

1　はじめに

　幼児期の教育と小学校教育との連携・接続の必要性は、2008年3月に改訂された『幼稚園教育要領』と『保育所保育指針』において謳われたものである。また同時期に改訂された『小学校学習指導要領』でも、幼児期の教育との接続を図るために、各教科等の内容や指導において配慮がなされることが求められた。

　そして、2017年の改訂ではこうした流れをさらに進め、「幼児期の終わりまでに育ってほしい姿」[1]を共有するなど連携を図り、幼児期の教育と小学校教育との円滑な接続を図るよう努めることが示された。以下は、『幼稚園教育要領』、『小学校学習指導要領』における連携・接続に関する記載箇所の抜粋である。

『幼稚園教育要領』
第1章　総則　第3　教育課程の役割と編成等　5　小学校教育との接続に当たっての留意事項
(2)　幼稚園教育において育まれた資質・能力を踏まえ、小学校教育が円滑に行われるよう、小学校の教師との意見交換や合同の研究の機会などを設け、「幼児期の終わりまでに育ってほしい姿」を共有するなど連携を図り、幼稚園教育と小学校教育との円滑な接続を図るよう努めるものとする。

『小学校学習指導要領』
第1章　総則　第2　教育課程の編成　4　学校段階等間の接続
(1)　幼児期の終わりまでに育ってほしい姿を踏まえた指導を工夫することにより、

幼稚園教育要領等に基づく幼児期の教育を通して育まれた資質・能力を踏まえて教育活動を実施し、児童が主体的に自己を発揮しながら学びに向かうことが可能となるようにすること。

　また、低学年における教育全体において、例えば生活科において育成する自立し生活を豊かにしていくための資質・能力が、他教科等の学習においても生かされるようにするなど、教科等間の関連を積極的に図り、幼児期の教育及び中学年以降の教育との円滑な接続が図られるよう工夫すること。特に、小学校入学当初においては、幼児期において自発的な活動としての遊びを通して育まれてきたことが、各教科等における学習に円滑に接続されるよう、生活科を中心に、合科的・関連的な指導や弾力的な時間割の設定など、指導の工夫や指導計画の作成を行うこと。

　なお、ここで言う「連携」とは、相互に異なるセクション同士が協力して何かに取り組むことを意味し、「接続」とは下の学校種と上の学校種の間をつないで、円滑な移行を達成する営みのことを指す（酒井, 2011）。したがって、幼児期の教育と小学校教育との連携・接続とは、就学前の幼児教育施設と小学校が相互に協力し、両者の教育をつなげることで、幼児期の教育から小学校教育への円滑な移行の達成を図ることを目的とした営みと言える。

　この目的の実現において、幼児期の教育を担当する保育者と小学校教師が互いの教育の基本的特徴を理解し、教育観や子ども観をつなぐこと、そのうえで接続を意識した指導の工夫を行うことは不可欠である。しかし、両者の間にはさまざまな点で意識の違いがみられ、連携や接続の取り組みには困難がともなうことがある。

　そこで本章では、幼児期の教育と小学校教育のあり方の違いと、それを担う保育者と小学校教師の間での保育観・教育観の意識の違いを見ていく。次にその違いを生じさせる制度的な要因を指摘した上で、互いの違いを乗り越えて、両者の教育をつなげていくための取り組みを紹介する。

　なお、幼児期の教育は、幼稚園、保育所、認定こども園などによって担わ

れているが、2017 年に改訂された『幼稚園教育要領』・『保育所保育指針』・『幼保連携認定こども園教育・保育要領』は、幼児期の子どもがどの施設に通っても同じように教育を受けることができるように幼児教育の基本的な考え方や内容には整合性が図られている。このため、幼児期の教育に関する以下での説明では主に『幼稚園教育要領』に準拠することとし、必要に応じて保育所等にも言及する。

2　幼児期の教育と小学校教育の違い

　なぜ幼児期の教育と小学校教育の連携・接続が求められているのだろうか。その理由の 1 つは、遊びや生活を中心とする幼児期の教育と、教科等の学習を中心とする小学校教育の教育内容や方法の間にはさまざまな違いがあるからである。たとえば『幼稚園教育要領解説』では、次のように記されている。

> 　幼稚園では計画的に環境を構成し、遊びを中心とした生活を通して体験を重ね、一人一人に応じた総合的な指導を行っている。一方、小学校では、時間割に基づき、各教科の内容を教科書などの教材を用いて学習している。このように、幼稚園と小学校では、子供の生活や教育方法が異なる。(第 1 章　総説　第 3 節　5　小学校教育との接続に当たっての留意事項　(2)小学校教育との接続)

　こうした違いが生み出された背景としては、それぞれの教育が対象とする子どもの発達段階への配慮が挙げられる。幼児期の教育と小学校教育の円滑な接続の在り方に関する調査研究協力者会議が 2010 年に提出した『幼児期の教育と小学校教育の円滑な接続の在り方について (報告)』では、「幼児期の教育と児童期の教育には、子どもの発達の段階の違いに起因する、教育課程の構成原理や指導方法等の様々な違いが存在する」と示されている。また、

「幼児期の教育が幼児の生活や経験を重視する経験カリキュラムに基づき展開されるのに対し、児童期の教育が学問体系の獲得を重視する教科カリキュラムを中心に展開されるといった違い」は、「発達の段階に配慮した違いである」と記されている。

　こうした違いがあることを前提としながらも、「子ども一人一人の発達や学びは、幼児期と児童期とではっきりと分かれるものではないことから、幼児期の教育と児童期の教育との連続性・一貫性を確保することが求められる」として、両者の連携・接続の必要性が唱えられているのである。このことを言い換えれば、幼児期の教育と小学校教育をつなぐという取り組みは、両者の違いを前提として進めなければならず、それだけにそこにはさまざまな難しさがあることがうかがえる。この難しさを乗り越えて幼児期の教育と小学校教育をつなげるためには、それぞれの教育の特徴についての理解を深めることが求められる。

2-1　幼児期の教育と小学校教育の間にある教育内容および方法の違い

　上述の『幼稚園教育要領解説』の記述に見られるように、小学校教育では「教科」の学習が中心となっている。学校教育法施行規則第 50 条において、「小学校の教育課程は、国語、社会、算数、理科、生活、音楽、図画工作、家庭、体育及び外国語の各教科（中略）、特別の教科である道徳、外国語活動、総合的な学習の時間並びに特別活動によって編成するものとする」と規定されている。

　それぞれの小学校では、授業時数の 1 単位時間 45 分を基本として、児童や学校、地域の実態、各教科等や学習活動の特質等に応じて、創意工夫を生かした「時間割」を弾力的に編成することが求められている。そして、小学校教師は各教科等の「授業」において、発達段階に応じて定められた各教科等の知識・技能の確実な定着を目指し、教科書や教科書と関連づけたその他の教材を用いて教育活動を展開している。

　これに対して幼児期の教育は、「環境を通して行う教育」を基本としている。「環境を通して行う教育」とは、「環境の中に教育的価値を含ませながら、幼児が自ら興味や関心をもって環境に取り組み、試行錯誤を経て、環境へのふさわしい関わり方を身に付けていくことを意図した教育」（幼稚園教育要領解説, 2018, p. 30）である。幼児期の発達とは「能動性を発揮して環境と関わり合う中で、生活に必要な能力や態度などを獲得していく過程」（同上, p. 13）と捉えられていることから、幼児期の教育では幼児の環境との主体的なかかわりを大切にした教育が行われている。また、環境を通して行う教育における保育者の指導は、「遊びを通しての総合的な指導」を中心に行うことが重視されている。これは、遊びを通して幼児が周囲の環境に多様にかかわることが幼児の「心身の調和のとれた発達の基礎を培う重要な学習」（同上, p. 13）となるからである。

　このように幼児期の教育では、教科や授業といった内容や時間の区切りを持たず、日々の教育活動は、各園の幼児の発達の実情や生活の流れなどに応じて柔軟に行われている。ただし、どの施設においても、幼児教育期間の全体およびその後の教育を見通して、それぞれの発達の時期にふさわしい生活が展開できるように、『幼稚園教育要領』には目指すべき方向性として幼児期の教育において「育みたい資質・能力」が示され、さらにそれらが育まれている具体的な姿として「幼児期の終わりまでに育ってほしい姿」が定められている。そのうえで、これらを育んでいくための「ねらい」と「内容」について、発達の側面からまとめて以下の５つの領域が編成されている。

・心身の健康に関する領域「健康」

・人とのかかわりに関する領域「人間関係」

・身近な環境とのかかわりに関する領域「環境」

・言葉の獲得に関する領域「言葉」

・感性と表現に関する領域「表現」

　各領域には、「ねらい」（幼児が生活を通して発達していく姿をふまえ、幼児教育において育みたい資質・能力を幼児の生活する姿から捉えたもの）と「内容」（ねらいを達成するために保育者が幼児の発達の実情をふまえながら指導し、幼児が身に付けていくことが望まれるもの）、「内容の取扱い」（幼児の発達をふまえた指導を行うにあたって留意すべき事項）が記されている。なお、これらの５つの領域は「それぞれが独立した授業として展開される小学校の教科とは異なるので、領域別に教育課程を編成したり、特定の活動と結び付けて指導したりするなどの取扱いをしないように」（同上, p. 143）注意を払う必要がある。

2-2　保育者と小学校教師に求められる専門性

　幼児期の教育を担う保育者および小学校教育を担う小学校教師には、上述の教育内容や方法の違いを反映して、それぞれ高い専門性が求められている。

　幼児期の教育を担当する保育者の専門性を理解する上で示唆に富む資料の１つが、『幼稚園教員の資質向上に関する調査研究協力者会議報告書』（2002）である。この報告書では「幼稚園教員としての資質」が記された箇所があり、その冒頭に「幼稚園教員は、幼児一人一人の内面を理解し、信頼関係を築きつつ、集団生活の中で発達に必要な経験を幼児自らが獲得していくことができるように環境を構成し、活動の場面に応じた適切な指導を行う力」をもつことの重要性が示されている。この力を発揮するために、「幼児の発達段階や発達過程を内面から理解し、生活の中で幼児が示す発見の喜びや達成感を共感をもって受け入れるといった幼児理解が基本」となるとともに、「具体的に保育を構想し、実践する力」が必要とされる。これらの力量は幼児教育の内容や方法に基づくものであるため、幼稚園教員だけでなく、保育士も含めた保育者全体に求められるものと考えられる。

　一方、小学校教師の専門性を理解するうえで参考になる資料として、2005年10月の中央教育審議会の答申「新しい時代の義務教育を創造する」がある。この答申において、「あるべき教師像」に関する説明がなされており、

その中で「優れた教師」の条件として 3 つの要素が示されている。具体的には、「教職に対する強い情熱」、「教育の専門家としての確かな力量」、「総合的な人間力」である。「教育の専門家としての確かな力量」とは、「授業で勝負する」力量をもつ教師のことを指しており、小学校教師には各教科等の授業を通して、発達段階に応じて定められた各教科等の知識・技能の確実な定着を図ることが期待されていることを読み取ることができる。また、授業を行う上での力量とは「子ども理解力、児童・生徒指導力、集団指導の力、学級作りの力、学習指導・授業作りの力、教材解釈の力などからなる」と記されている。それとともに教師には、「子どもたちの人格形成に関わる者として、豊かな人間性や社会性、常識と教養、礼儀作法をはじめ対人関係能力、コミュニケーション能力などの人格的資質を備えていること」すなわち、「総合的な人間力」が必要とされている。

2-3　保育者と小学校教師の意識の違い

　幼児期の教育と小学校教育の連携・接続の具体的な取り組みとして、保育参観や授業参観等の交流や対話を通じて、保育者と教師が互いの教育について相互に理解できるように組織的に取り組むことが求められている。しかしながら、幼児期の教育を担当する保育者と小学校教師では指導に対する考え方や子どもに対する見方にはさまざまな違いがみられる。

　野口・鈴木・門田・芦田・秋田・小田（2007）は、教師が実践を語る際に頻繁に用いる語に着目し、幼稚園および小学校教師が用いる語の意味について比較検討を行っている。分析の結果、幼稚園の保育者は「子どもの主体性や自発性を重視し、内面や行動について教師側が読み取りをおこない共に活動をおこなっていく観点を持っている」のに対して、小学校教師については「教師側の指導、方向付けを重視し、子どもを理解する際直接な対話を重視する観点を持っていた」ことが明らかにされた。こうした違いは、保育者と小学校教師がそれぞれの実践に関する対話を通して相互理解を深める上で、

用いる語の受けとめ方や理解に相違があることを示唆するものである。

　また、幼児期に求められる指導内容についての保育者と小学校教師の考え方の違いに着目した白神・周東・吉澤・角谷（2017）によれば、「平仮名の書き方を教える」については、幼稚園の保育者よりも小学校教師において必要性の認識が高かった。これに対して、「衣服の着脱が一人でできる」、「歌を歌う機会を与える」、「友だちとのトラブルを経験する」については、保育者の方が小学校教師よりも必要性の認識が高かったことが報告されている。

　本章の冒頭で述べたように2017年改訂の『幼稚園教育要領』、『小学校学習指導要領』では、保育者と小学校教師が「幼児期の終わりまでに育ってほしい姿」を手がかりに子どもの姿を共有するなど、幼稚園教育と小学校教育の円滑な接続を図ることが明示された。しかしながら、濱田・松井・八島・山崎（2019）が行ったインタビュー調査によれば、幼稚園と小学校では、子どもの生活や教育方法が異なるため、「幼児期の終わりまでに育ってほしい姿」からイメージする子どもの姿にも違いが生じることが示されている。このため、保育者と小学校教師が話し合いながら、子どもの姿を共有できるようにしていくことの必要性が指摘されている。

　このように保育者と小学校教師の間ではさまざまな点で意識の違いがみられるが、これらの違いは園文化と学校文化の違いとも捉えることができる。園文化・学校文化とは、幼稚園等の幼児期の教育施設および学校のメンバーがそれぞれ共有している価値観や態度であり、さらにそれらに基づいてなされる指導のあり方や、指導を達成するために設計された保育室・教室や園庭・校庭などの施設設備なども含む概念である（酒井, 2014）。幼児期の教育施設は比較的組織が小規模で私立が多い。私立は異動が少ないため、それぞれの園には独自の園文化が発達しやすい。これに対して小学校は多くが公立であり、そこにはむしろ地域ごとの学校文化の特色がみられる（表1）。

　また、酒井（2010）によれば、それぞれの園文化・学校文化の中では独自の子ども像があり、いずれの校種においても、その園・学校が目指す子ども

表 1　設置者別に見た幼稚園と小学校の園数・学校数の比較
（「学校基本調査」令和元年度 速報）

区分	国立	公立	私立	計
幼稚園	49 （0.5%）	3,482 （34.6%）	6,538 （64.9%）	10,069 （100.0%）
小学校	69 （0.3%）	19,432 （98.5%）	237 （1.2%）	19,738 （100.0%）

像に向けて、日々の教育活動を行っている。保育者・小学校教師は、各園・学校の中で行われる教育活動を園文化・学校文化の一部として習得していく。さらに、そこで期待されている役割や、保育・教育についての考え方、子どもの捉え方などそれぞれの園・学校で共有されている価値観なども園文化・学校文化として身につけていく。

2-4　意識の違いを生じさせる制度的な背景

　保育者と小学校教師の相互理解を難しくしている制度的な背景の1つとして、教員養成システムが挙げられる。幼稚園と小学校の両方の免許状を取得する者の数はごくわずかである。表2は、2016年度の「学校教員統計調査」において、幼稚園および小学校で職位が「教諭」の者のうち、自分が勤める学校段階以外の校種の免許状を持つ者の割合を示したものである。

　幼稚園教諭については、他校種の免許状を取得する者の割合は合計しても約10%に過ぎず、小学校の教員免許状を取得した者の割合は8.7%であった。これに対して小学校教諭は、中学校免許状を取得した者が60.6%であったの

表 2　幼稚園および小学校「教諭」のうち、その学校段階以外の免許状を持つ者の割合
（2016 年度「学校教員統計調査」）

	取得免許状の校種			
	幼稚園免許	小学校免許	中学校免許	高等学校免許
【幼稚園】教諭	—	8.7%	1.0%	0.8%
【小学校】教諭	25.3%	—	60.6%	46.3%

に対して、幼稚園免許状は 25.3％でしかない。なお、幼稚園教諭が他校種の免許状を取得している割合が低い理由として、幼稚園教諭と保育士の2つの養成課程が設置されている養成機関においては、幼稚園の教員免許状とともに保育士資格を取得するケースが多いことが考えられる。とりわけ幼保連携型認定こども園は、学校および児童福祉施設としての法的位置付けを持つ施設であるため、その職員である保育教諭については、幼稚園の教員免許状と保育士資格の両方を有していることが原則とされている。

　大学において幼稚園や小学校の教員免許状を取得するためには、教育職員免許法で規定された所定の基礎資格を備え、かつ「教科に関する科目」、「教職に関する科目」等の科目区分に従って、所定の単位を修得する必要がある。この規定において修得することが必要な最低の単位数は、免許状の種類ごとに定められている。幼稚園教諭と小学校教諭で修得すべき科目内容の違いが最も顕著に表れているのが、「教職に関する科目」における「教育課程及び指導法に関する科目」である。表3に示す通り幼稚園教諭では、この科目に含めることが必要な事項として、「教育課程の意義及び編成の方法」、「保育内容の指導法」、「教育の方法及び技術（情報機器及び教材の活用を含む。）」が定められているのに対して、小学校教諭では「教育課程の意義及び編成の方法」、「各教科の指導法」、「道徳の指導法」、「特別活動の指導法」、「教育の方法及び技術（情報機器及び教材の活用を含む。）」であり、指導法に関する事項に違いがみられる。

　指導法はそれぞれの校種の教育の特徴を反映するものであるが、幼稚園あるいは小学校のどちらかの教員免許状のみを取得する場合には、取得する校種の指導法に関する科目のみの修得で充足する。つまり、教員養成におけるカリキュラム上、両者の指導法に関する内容の修得は必須とされていないのである。

　また、幼稚園および小学校の両方の教員免許状を取得する場合も、隣接校はいずれかの実習が免除されることが教育職員免許法施行規則第6条の備考

表 3　「教職に関する科目」における「教育課程及び指導法に関する科目」に含めること
　　が必要な事項（教育職員免許法施行規則第 6 条の第 4 欄）

幼稚園教諭	小学校教諭
教育課程の意義及び編成の方法	教育課程の意義及び編成の方法
保育内容の指導法	各教科の指導法
	道徳の指導法
	特別活動の指導法
教育の方法及び技術（情報機器及び教材の活用を含む。）	教育の方法及び技術（情報機器及び教材の活用を含む。）

の 7 において定められている。すなわち、授与を受ける免許状の学校での実
習以外に、幼稚園の教員免許状の取得においては、小学校あるいは幼保連携
型認定こども園で実習を行うことが認められており、小学校の教員免許状取
得では、幼稚園あるいは中学校または幼保連携型認定こども園での実習も認
められている。このため、両方の教育現場における実習を経て教職に就く者
はさらに少ない。

3　相互理解のための取り組み

　保育者と小学校教師は日々の指導を通して両者の教育をつなぐ役目を担っ
ている。しかしながら、これまで見てきたように、幼児期の教育と小学校教
育では、教育内容・方法ならびにそれを担う保育者と小学校教師の意識にさ
まざまな違いがある。このため、両者が対話を積み重ねても、十分な相互理
解を図るうえでは難しさがある。本節では、こうした状況をふまえ、幼児期
の教育と小学校教育の間にある違いを乗り越えて、保育者と小学校教師が両
者の教育をつなぐために実施している交流活動や合同研修の取り組みを紹介
したい。

　最初に紹介するのは東京都江東区の取り組みである。同区では、2012 年
度より「江東区保幼小連携教育プログラム」に基づき、幼児期の教育と小学

校教育の円滑な接続を目指し、区内の保育所・幼稚園・小学校の連携を進めている。このプログラムは、保育所・幼稚園の保育者が幼児は小学校でどのように育っていくのか、小学校教師は幼児がどのように学んできたのかを理解し、それぞれの教育をさらに充実させ幼児期の学びを小学校へつないでいけるように作成されたものである。「江東区連携教育の日」が年2回設定されており、同じ地域の公立・私立の保育所・幼稚園、公立小学校・中学校の保育者および教員が一堂に会し、保育や授業を参観したり協議会を開催して連携に取り組んでいる。

　こうした取り組みは、江東区のすべての保育所・幼稚園・小学校を対象としており、それぞれの所在地の距離的・物理的背景に基づき、連携協力を行う園および学校のグループを作り、初めて連携を試みようとする時や、実践を行う場合の第1パートナーとなる施設を位置付けている。なお、「交流の時間が確保しにくい」ことが一番の問題点として挙げられたことをふまえて、「できることから始めることが大事」であるとの指摘とともに、連携の実践を通して相互理解を図るための配慮点として以下の6点が示されている。

ア　初めての連携は、簡単な交流から始めます

イ　交流活動が難しい場合は、学校公開や行事等への参加から始めます

ウ　互いの保育や授業を実際に参観できるようにします

エ　連携が形式的なものにならないよう教育課程・保育課程等に位置付けます

オ　連携し合う各施設の実情を相互に理解し合い、できることから実践します

カ　連携した取組を学校・園だより等で紹介し、保護者に理解していただくよう努めます

出典：江東区教育委員会（2018）『江東区保幼小連携教育プログラム（別冊）』p. 11

　また、島根県出雲市では、2007年度より保育所・幼稚園における幼児期の教育と小学校教育との連携・接続の取り組みがなされている。2019年3月に策定された「第2期出雲市保幼小連携推進基本計画」では、これまでの取り組みに関する成果および課題が報告されている。この中の「保育士等・

幼稚園の教職員と小学校の教職員の連携に関すること」という箇所では、合同研修の実施率が、2014 年度から 2017 年度にかけて約 4 倍伸びていること、「保育見学や幼児教育体験、授業見学や小学校教育体験」の実施率は 90％前後を保っていることが報告されている。

　この体験の内容は、「小学校教職員による幼児教育体験や生活発表会への参加、保育士等による学習ボランティアへの参加、幼稚園教員による小学校授業公開への参加や小学校教育体験等」さまざまである。こうした取り組みを通して、「保幼小職員の連携が生まれ、話しやすい関係づくりができた」という意見があったが、一方で合同研修会に参加するための時間の確保や日程調整については課題であるとの指摘がなされている。出雲市では、これらの成果や課題をふまえてさらなる連携の充実を図るための方策を示すとともに、「保幼小連携チェックシート」を用いて、取り組みを評価し、改善につなげている。

（様式3）
保 幼 小 連 携 チェックシート

記載日　　年　　月　　日

所・園・校名（　　　　　　　　　）　記載者（　　　　　　　　）

評価：該当する番号を記入
【1.できた 2.ややできた 3.どちらかといえばできなかった 4.できなかった】

		項　目	評　価	できなかった理由（※簡潔に記入）
1	交流	年度当初の担当者連絡会の実施		
2		交流に関する事前・事後の協議・検証の実施		
3		互恵性のある活動の実施		
4	連携	相互理解・連携を図るための保幼小職員合同研修の実施		
5		小学校教職員による、保育見学や幼児教育体験の実施（小学校）		
6		保育士等・幼稚園教職員による、授業見学や小学校教育体験の実施（保育所等・幼稚園）		
7	体制	所・園・校経営案への保幼小連携に関することの明記		
8		所・園・校内組織への「保幼小連携部」の位置づけ		
9		「第2期出雲市保幼小連携推進基本計画」等を用いた保幼小連携に関する所・園・校内研修の実施		
10		保幼小で基本的生活習慣定着のための取組や共通シートの作成、活用		
11	啓発	連携の意義、必要性等について説明する機会の設定		
12		年1回以上、年長児保護者への小学校の授業公開案内（小学校）		
13		親学プログラム等を活用した参加型保護者研修の実施		
14		幼稚園運営協議会、地域学校運営理事会等での周知		
15	教育課程	アプローチカリキュラムの作成・充実（保育所等・幼稚園）		
16		スタートカリキュラムの作成・充実（小学校）		
17	共通有無	年中児の時期からの情報共有の充実		

出典：出雲市立教育研究所（2019）『第 2 期出雲市保幼小連携推進基本計画』p. 20

4　おわりに

　現在、わが国では、5 歳児の約 98％が就学前に幼児教育施設を利用していることから、ほぼ全ての子どもが幼児期の教育から小学校教育への移行を経験する（内閣府, 2019）。子どもにとって両者の違いは大きな段差となりうるものであり、移行後の生活への不適応等さまざまな困難を生じさせるおそれがある（酒井・横井, 2011）。したがって、両者の教育の連携・接続とは、単なる教育制度上の違いをつなげるという取り組みではなく、移行を経験する子ども一人ひとりの発達や学びを保障するうえで不可欠な営みであるといえる。

　今日では多くの園・学校において、幼児期の教育から小学校教育への円滑な接続を図るために 5 歳児クラスでのアプローチカリキュラムや 1 年生でのスタートカリキュラムが実施されている。それらのカリキュラムを意味あるものにするためにも、それを担う保育者・教師の相互理解は欠くことができない。このために保育者と小学校教師には、互いの教育の基本的な考え方、教育内容や方法に違いがあることを十分に理解することが求められる。また、それぞれに必要とされる専門性にも違いがあることに留意しなければならない。

　今後、保育者と小学校教師が相互理解を深めていくうえで、養成段階ならびに職に就いた後に考慮すべきいくつかの課題がある。まず養成段階については 2 節で指摘したように、教員養成課程において幼稚園あるいは小学校のどちらか一方のみの教員免許を取得する者が多い。しかし、職に就けば、保育者は幼児期の教育を修了した子どもたちがどのような教育を受けるのかを理解したうえで、長期的な見通しをもって指導にあたることが求められる。また、小学校教師は幼児期の教育における経験をふまえて子どもの学びをつなげていくことが『小学校学習指導要領』に定められている。こうした現実に鑑みると、保育者や小学校教師はそれぞれが対象とする子どもの年齢を超

えて、さまざまな発達段階にある子どもに応じた指導のあり方を理解する必要がある。そのためには、教員免許を取得するための科目だけにとどまらず、より積極的に他校種の教育に関する学びを深めることが求められる。

　また、すでに職にある保育者や小学校教師には、相互理解は実務上の課題として強く求められており、それを両者の交流活動や合同研修などを通じて努めていく必要がある。連携・接続の取り組みにおいて交流といえば、子ども同士の交流がなされることが多いが、相互理解を深めるには保育者と小学校教師が交流する機会を持つことが重要な課題となっている。

註

1)　「幼児期の終わりまでに育ってほしい姿」とは、2017 年改訂の『幼稚園教育要領』において新たに記された事項である。幼稚園教育において育みたい資質・能力が育まれている幼児の具体的な姿であり、具体的には「健康な心と体」「自立心」「協同性」「道徳性・規範意識の芽生え」「社会生活との関わり」「思考力の芽生え」「自然との関わり・生命尊重」「数量・図形、標識や文字などへの関心・感覚」「言葉による伝え合い」「豊かな感性と表現」の 10 の姿が示されている。

引用文献

濱田祥子・松井剛太・八島美菜子・山崎　晃（2019）幼保小接続カリキュラムの意義と課題―保育者と小学校教諭に対するインタビューから―　比治山大学・比治山大学短期大学部教職課程研究, 5, 24-33.

文部科学省（2018）『幼稚園教育要領解説』フレーベル館

文部科学省（2018）『小学校学習指導要領〈平成 29 年告示〉解説　総則編』東洋館出版社

内閣府（2019）『令和元年版少子化社会対策白書』日経印刷

野口隆子・鈴木正敏・門田理世・芦田　宏・秋田喜代美・小田　豊（2017）教師の語りに用いられる語のイメージに関する研究―幼稚園・小学校比較による分析―　教育心理学研究, 55(4), 457-468.

酒井　朗（2010）移行期の危機と校種間連携の課題に関する教育臨床社会学―「なめらかな接続」再考―　教育学研究, 77(2), 132-143.

酒井　朗・横井紘子（2011）『保幼小連携の原理と実践―移行期の子どもへの支援

　　　─』ミネルヴァ書房

酒井　朗（2014）教育方法からみた幼児教育と小学校教育の連携の課題─発達段階
　　論の批判的検討に基づく考察─　教育学研究, **81**(**4**), 384-395.

白神敬介・周東和好・吉澤千夏・角谷詩織（2017）幼児期に求められる指導内容に
　　ついての保育者と小学校教員の考えの相違　上越教育大学研究紀要, **37**(**1**), 49-
　　55.

　　　　　　　　　　　　　　　　　　　　　　　　　　　　　　　（谷川夏実）

第Ⅱ部

◆

幼児期の遊びから児童期の学びへ

第10章　言葉の遊びから、言葉の学びへ

1　はじめに

　しりとりは楽しい。誰とでも、いつでも、どこでも、遊ぶことができる。相手との直接的なやりとりで進んで行くので、ことばでつながっている感じがうれしい。遊んでいるところをそっとのぞいてみてみよう。ガム……ムカデ……デンシャ（電車）、ときて、次の子どもがシャシン（写真）と答えた。残念ながら、「ン」で終わるから、負け。やり直して、……シャチョウ（社長）、次の子どもが続ける。ところで、デンシャの「おしり」の取り方について、おやと思った人もいるかもしれない。デンシャの「おしり」は「ヤ」じゃないのかな、と。実は、小学校低学年以降の児童であれば、そう思うはず。しりとりは子どもがすでに獲得している言葉のレベルに応じたルールの調節に開かれている。幼児はもちろん、小学校高学年の児童、さらには大人でも楽しめるのは、こうしたルールの調節の可能性によるところが大きい。

　そもそも遊びとは、強いられて始めるものではない。楽しみをめがけて自発的に始められる。楽しみがあるからこそ、子どもはひきつけられる。そうであるために、時として、遊びは「まじめ」ではないものととらえられ、学びを妨害する害悪として排除される。早期教育をあおり立てるメディアからの影響を受けた『教育熱心』な親ほど、そうした認識に陥りがちである。だが、遊びと学びとを対極に位置づけて、一方の学びだけを重視しようとする認識は危険である。私たちは、幼児期の教育における本質的な争点としての遊びについて正しく理解する必要がある。

　本章では、しりとりを事例として、遊びが子どもの言語獲得にとって重要

な機会をもたらしていることを解き明かしたい。幼小連携も視野に入れて、遊びを積極的に位置づけて、そのうえで学びと有機的に関連づける大事さに迫りたい。

2　言葉の獲得過程

　私たち人間にとって、言葉はなくてはならない根源的な存在である。言葉は、周囲の人たちとのコミュニケーションを支えている。何よりも、眼の前の現実世界のなかで生起しているできごとを認識したり、そのできごとについて思考を働かせる場合に、欠くことのできない枠組みや前提、媒体などとして働いている。言葉があるからこそ、私たちは個々のできごとに対して、その意味を理解し、過去を踏まえて、さらには未来をも見据えて、適切な行動をとることができる。ここに他の動物との大きなちがいが指摘できる。

　言葉は、心臓や胃腸の作用のように、誕生直後からただちに働いているわけではない。「オギャー」と産声をあげて以来、子どもは周囲の人との相互作用のなかでそもそもの言葉を獲得していく。周囲の人たちが話している音声を聞き、模倣し、それを言語活動経験のなかで最適化し、精緻化していくことを通して、自分の言葉を獲得する。外側にあった言葉を内化する過程としてとらえられる。

　一方で、親は子どもが言葉を獲得することを心待ちにしている。その過程において、特に注目されているのが「初語」である。子どもは誕生後、「アー」「ウー」といった口や唇を使わずに音声を発する「クーイング」から始まって、「バブバブ」といった口や唇を使って発する「喃語」を経て、いよいよ1歳の誕生日前後になると、初めての言葉を発する。これが初語である。小林（2008）が収集した事例によると、初語として、子どもは次のような言葉を発したという。表1は元の表から一部を抜粋してまとめたものである。

表 1　初語の個人差

	はじめてのことば	2 番目のことば	3 番目のことば
A くん	まんま（11 ヶ月）	ねんね（12 ヶ月）	はーい（12 ヶ月）
B ちゃん	あーあ（14 ヶ月）	ばー（14 ヶ月）	まま（14 ヶ月）
C くん	いや！（14 ヶ月）	いこ！（行こう、14 ヶ月）	ねんね（14 ヶ月）
D ちゃん	どうぞ（12 ヶ月）	ないない（14 ヶ月）	ばんばーん（銃声、14 ヶ月）

（小林, 2008、p. 51）

　表 1 からも明らかなように、話し始めた時期や、話した言葉は、子どもによってさまざまである。その意味に着目すると、親をはじめ、周囲の人物が頻繁に使う単語、子どもの興味のある対象、子どもが話しやすい音声等の要因が重なり合って、これらの初語を発したものと考えられている。初語の段階では、一つの語がそのまま文としての役割も果たしていることから、「一語文」と呼ばれている。一語で意思表示を行っていることから、周囲の人たちは、子どもの状態やその場面や状況をもとにして、子どもが伝えようとしている意味を推測する。そうしたなか、次のような事例もあったという。

　　私の友人のばあい、息子が「パパ」とはじめて彼のことを呼びはじめたと喜んだが、祖母にもよその人が来ても、みんなに「パパ」「パパ」といって近寄っていくといって嘆いていたのを聞いたことがある。この子の「パパ」という意味も、大人たちに対して“遊んでほしい”などの広い動詞的な意味づけだったのではないかと考えられる。（豊永, 2019, pp. 29-30）

　初語の段階での言葉の意味内容は曖昧であり、混沌としている。そもそも名詞も動詞も区別なく使用されている。加えて、表 1 に記された初語について、その音声の側面に着目すると、母音と、両唇音である子音の［m］［b］［p］とが頻出していることが分かる。とりわけこれらの子音は、子どもが

お乳を飲みこむ際の口や唇、舌の動きとの共通点がある。それゆえに、獲得時期が早い音声として知られている。一方、早い時期には、「カメを『タメ』、ブランコを『ブラント』、ウサギを『ウサジ』（小林, 2008, p. 69）」といった音声上の言い間違いも起こりやすいことが指摘されている。もちろん、唇、歯、舌、喉などの調音器官が未成熟な子どもにとって、言い間違いはあたりまえのことである。周囲の人間が正しい言い方を教えたり、気づかせたりすることで、子どもは正しい発音を獲得していく。周囲とのコミュニケーションが、言葉の最適化にとって欠かせない過程となっている。

　1歳半頃になると、いわゆる「語彙爆発」の時期を迎えて、ボキャブラリーが急激に増加し、2歳半頃からは、「パパおんぶ」のような二つの単語から成る「二語文」、さらには「多語文」をも話し始めるようになる。

3　書き言葉との出会い

　子どもは話し言葉によるコミュニケーションを習熟していくなかで、書き言葉とも出会う。絵本を読み聞かせてもらったり、テレビを見ているなかで、文字を〈発見〉し、それらに興味を持つ。ひいては、自分が覚え始めている話し言葉とも関連があることに気づくようになる。大人にとっては、話し言葉も書き言葉も同等の日本語であり、その媒体が音声なのか文字なのかといううちがいでしかない。しかし、初めて、書き言葉に出会った子どもにとって、文字は話し言葉とは、明らかに様相の異なった対象として受けとめられていることはたしかである。

　歴史的にも明らかなように、そもそも日本語は話し言葉のみで成り立っていた。そうであったのが、他国の文字である漢字が導入され、漢字に備わっていた音声と意味に、文字が入ってくる前の日本語が備えていた音声・意味を累加させて使用されるようになっていった。それぞれ音読みと訓読みに相当することは、すでに学んでいるだろう。さらに、漢字の字形を変容させて、

音声を表示するための専用の記号として、ひらがなとカタカナという仮名が作り出され、漢字と仮名とが混じり合った状態で使用されるようになった。こうした過程を経て、日本語の書き言葉は成立したが、書き言葉は、話し言葉をそのまま写したものではない。音声と文字の関係に着目すると、両者のあいだに一致していない点があることに気づかされる。たとえば、「私は」と書き言葉では表記しているのに、発話される場合には、助詞の「は」をそのまま / ha / とは発音しない。その理由として、中世にハ行の音声が変化していった経緯や、戦後の国語政策のなかで、「私わ」といった音声に忠実な仮名表記も検討されたものの実現されず、結局、「現代仮名遣い」として継承された言語政策としての経緯が指摘できる。子どもにとっては、書き言葉を学ぶ際に混乱をきたす要因ともなっている。

4　音節分解と音韻意識

　音声の話題に戻ろう。言語獲得の初期段階では、子どもは周囲の人が話している音声のどこに区切れ目があるのかは分からない状態にある。たとえば「パパおやすみ」であれば、それをひとまとまりとして聞き、意味を推測し、発話している。コミュニケーションとしては十分に成立している。けれども、この状態のままでとどまっていたのでは、文字の学習に入ることはむずかしい。次なる段階として、たとえば、「パパ」は「パ」という音節が二つ続けて成り立っており、音声としては「パン」の「パ」と同じであることに気づくことが不可欠の前提となる。ちなみに、音節とは、「それ自身の中に何らの切れ目が感じられず、その前後に切れ目の感じられる単音または単音連続（服部, 1980, p. 117）」と定義づけられている。子どもにとって、音節に分けること、すなわち「音節分解」を行うためには、音と、音が意味するところの具体物とを切り離して、「一般化」する過程が欠かせない。

　たとえば、園庭で遊んでいた 4 歳児が、次のようなやりとりをしたという。

　4歳児が園庭でアリを捕まえて遊んでいる。Nスケくんが、「アリの『ガンスケ』っていうねん」とアリに名前をつけて紹介してくれる。それを聞いたOスケくんが、「Oスケとガンスケやから？……ぼくといっしょや！　ぼく、ガンスケになってしまうー。Nスケもスケやから、スケ・スケ・スケで、Nスケもガンスケになる！」と喜ぶ。(鍋島, 2018, p. 64)

　耳で聞いていて、名前の最後がみんな「スケ」で揃っていることを発見した喜びが伝わってくる。大好きな友達であれば、なおさらであろう。個人と結びついた固有名は、この瞬間、「一般化」によって同じ音であることが認識されたのである。こうした発見を重ねていくことで「一般化」が精緻化されていくのである。あるいは、同時期には「逆さことば遊び」を始める子どももあらわれる。たとえば、「テブクロの反対をいってみて」などといったいたずらをしかけてくるが、これもまた音節分解ができるからこそ可能になった知的な遊びなのである（丸山, 2008, pp. 168-169）。

　日本語の場合、原則的に仮名一文字が、一音節に対応している。このことは、音節分解のしやすさを支えるとともに、文字の読み書きを容易にしている。ただし、本章冒頭のしりとりの例に戻ると、「デンシャ（電車）」という語は、音節としては、「デ」「ン」「シャ」の三つから成っている。「シャ」には捨て仮名と呼ばれる小さい「ャ」が添えられているが、これはシャ、シュ、ショといった拗音を表すための特別な表記方法であり、音としては、「シャ」でひとまとまりである。「市役所」の語頭の「シヤ」の二つの音節とは異なっている。このような場合に、他の音とのちがいを区別して理解し、認識する際に働いている意識を「音韻意識」と呼ぶ。

　文字習得の先行研究において、音韻意識のトレーニングは、文字の読み書きの教授法として有効であると指摘されてきた。さらに、石本（2015）は、音韻意識の重要性を認めつつ、さらに、子どもが何かを表すために筆記用具で線や図形を書く（描く）行為も重要であるとして、それらを「思考やコミ

ュニケーションの媒体の使用」としてまとめ、文字習得の過程で欠かせない要因であると説いた。一見すると、乱雑に何かを書きなぐっているだけのように見られがちな行為であるが、子どもにとっては、遊びも含めて、欠かすことのできない大事な過程なのである。

5　言葉遊びとしてのしりとり

　心理学者たちは、1960 年代から、遊びを評価し、積極的に位置づけてきた。その学説はいずれも、「自発的に子どもから始められる遊びは、子どもの発達を促進する（Saracho & Spodek, 2003; 白川他共訳, 2007, p. 36）」という主張にまとめることができる。もちろん、言葉遊びについてもあてはまる。言葉遊びには、次の四つの異なるタイプがあるとされる。

　　1　音や声による遊び
　　2　単語の意味や文法的構造を含むような、言語システムでの遊び
　　3　押韻、リズムによることば遊び
　　4　話し言葉の慣用（言い回し）での遊び

（Saracho & Spodek, 2003; 白川他共訳, 2007, pp. 37-38）

　言葉遊びのなかでも、「1　音や声による遊び」に相当するしりとりは、子どもにとってごく身近で、かつ魅力的な遊びである。しりとりは、音韻意識を大いに働かせる機会となるだけに、その効果に関して、「幼児期にしりとりを楽しみながらしっかり遊べる子どもは、文字学習を開始すると、すぐにその意味を理解し、身に付ける（丸山, 2008, p. 168）」ことができるといわれている。

　しりとりを、話し言葉の使用という側面を優先させて遊ぶ場合には、音声上の言い間違いを正し、音節分解を行うことによって音韻意識を喚起するき

っかけとなる。さらに高度化させて、書き言葉の使用を優先させて遊ぶ場合には、/sya/ という一音節の拗音が、文字表記としては「シ」と小さい「ャ」を組み合わせて表記されており、さらにその捨て仮名は「ヤ」を小さく書いたものであることに気づかせ、反復的に遊ぶことによって理解を定着させるきっかけとなる。

　前者は幼児期の教育としての、後者は書き言葉の正書法を学ぶ小学校教育としての遊び／学びに相当しよう。子どもたちはむしろ、自由自在にルールを変えて遊んでおり、結果的には、既習内容に最適化させた高度な言語学習が組み込まれていることが理解できよう。

　一方で、遊びから遠ざけられ、しりとりなどを通して文字学習の基礎となる力を獲得しない状態で、早期教育として機械的に文字の読み書きを教えられた子どもについては、その危険性が指摘されている。「一文字一文字は読むことも書くこともできるのに、文章の意味を読みとることができなかったり、作文を書くことが苦手だったりして、書きことばの世界に入っていけない（丸山, 2008, p. 170）」実態すら指摘されている。先に引いた石本の所説をさらに引けば、文字の獲得にあって、「思考やコミュニケーションの媒体の使用」と「文字の形式的特徴の習得」の二つの道筋が交錯することにより、「共発達」するとされる（石本, 2015, p. 199）。双方の均衡こそが重要であるにもかかわらず、早期教育として後者ばかりを強要するような姿勢は避けたい。自発的／能動的に進んで行く遊びによって築かれていく基本の力こそが欠かせない土台になっているのである。

6　幼児期の教育におけるしりとり

　しりとりを含めた言葉遊びは、幼児期の教育において重要な位置を占めている。現行の平成29年版幼稚園教育要領のうち、「言葉」について、次のような言及が行われている。

　「言葉」について、「1 ねらい」では、「(1) 自分の気持ちを言葉で表現する楽しさを味わう」、「(2) 人の言葉や話などをよく聞き、自分の経験したことや考えたことを話し、伝え合う喜びを味わう」と定められている。このうち、「楽しさ」「喜び」に注目しておきたい。また、「3 内容の取扱い」には、次のような説明がある。

　　(4) 幼児が生活の中で、言葉の響きやリズム、新しい言葉や表現などに触れ、これらを使う楽しさを味わえるようにすること。その際、絵本や物語に親しんだり、言葉遊びなどをしたりすることを通して、言葉が豊かになるようにすること。
　　(5) 幼児が日常生活の中で、文字などを使いながら思ったことや考えたことを伝える喜びや楽しさを味わい、文字に対する興味や関心をもつようにすること。

　このなかで、(4) において、「絵本や物語」と並んで、「言葉遊び」が例示されていることが興味深い。この点に関して、同指導要領の内容を解説した『幼稚園教育要領解説』では、「しりとりや、同じ音から始まる言葉を集める遊びをする中では、自分の知っている言葉を使うことや、友達の発言から新しい言葉に出会う楽しみが経験できる（文部科学省, 2017a, pp. 219-220)」と補説されている。「生活の中」での、「言葉の響きやリズム、新しい言葉や表現」に関わって「言葉遊び」が位置づけられている。さらに、(5) で「文字に対する興味や関心」に言及されている点についても、先述のしりとりの特徴からすれば、結果的に文字理解との相互関係によって遊びが充実することから、文字との出会いという点で関連している。
　『幼稚園教育要領解説』では、他に、言語生活や言語発達に関わった文化的・社会的・教育的環境にあたる「言語環境」に関わって言及されている。すなわち、「遊びの中で、歌や手遊び、絵本や紙芝居の読み聞かせ、しりと

りや同じ音から始まる言葉を集める言葉集め、カルタ作りなどといった活動を意図的に取り入れ、幼児が言葉に親しむ環境を工夫し、言語活動を充実させていくことが大切である（文部科学省, 2017a, p. 104）」とされている。言葉を使うこと、言葉と出会うことにおける重要なきっかけをもたらすこともあって、言語環境は子どもの育ちにとって大きな影響が指摘される要素の一つである。

　しりとりをはじめとして言葉遊びは、それぞれの遊びが単発的に始められているのではない。むしろ、発達に応じた適切な展開がのぞましい。幼児期の教育において、言葉遊びの推進に取り組んできたことで知られる村石昭三は、幼児期の教育における言葉遊びについて、表2にあるような段階を踏まえて説明している。

表2

年齢	0歳　1歳　2歳	3歳　4歳	5歳　6歳
活動・目標	体の動き／ 身体のリズム	生活の遊び／ 遊びからのイメージ	ことばの遊び／ ことばのしくみ
遊びの実践	体遊び・手遊び リズム遊び	まねっこ・ごっこ くらべっこ 表現遊び	ことば遊び・文字遊び ゲーム
ことばへの感覚	体の動きからのことば 動き（リズム感覚）	生活の遊びからのことば イメージ感覚	ことば遊びからのことば ことば感覚
人とのかかわり	親と子（情）	子どもと子ども（思）	わたしとわたし（知）

（村石, 2004, p. 16）

　「ことば遊び」の前段階として「体の動き」や「生活の遊び」が、「ことば感覚」の基盤として、「動き（リズム感覚）」や「イメージ感覚」が位置づけられている。こうした流れを辿ることによって、「情愛」「思い」を育み、ひいては、それが「知的な遊び」としての「ことば遊び」へとつながっていくことが分かる。幼児期の教育の見地から、遊びとして何を大切にしておくと良いのか、その前後の遊びとの関係も含めて位置づけておきたい。

7　小学校教育におけるしりとり

　しりとりを含めた言葉遊びは、小学校教育でも取り入れられている。平成
29 年版小学校学習指導要領には、第 1・2 学年の国語科について、次のよう
な記述がある。「1 目標」として、「(1) 日常生活に必要な国語の知識や技能
を身に付けるとともに、我が国の言語文化に親しんだり理解したりすること
ができるようにする」と記されている。幼稚園では「楽しさ」「喜び」であ
った部分が「親しんだり」となり、むしろ、「身に付ける」「できる」に重点
が置かれている。「2 内容」の〔知識及び技能〕として、「(3) 我が国の言語
文化」に関する事項が掲げられ、そのなかに、「イ　長く親しまれている言
葉遊びを通して、言葉の豊かさに気付くこと」として、「言葉遊び」が例示
されている。「我が国の言語文化」とは、「我が国の歴史の中で創造され、継
承されてきた文化的に価値をもつ言語そのもの、つまり文化としての言語、
またそれらを実際の生活で使用することによって形成されてきた文化的な言
語生活、さらには、古代から現代までの各時代にわたって、表現し、受容さ
れてきた多様な言語芸術や芸能などを幅広く指している（文部科学省, 2017b, p.
25)」とされている。

　しりとりの実際に関わった側面に眼を移すと、「2 内容」の〔知識及び技
能〕のなかの、「(1) 言葉の特徴や使い方に関する事項」の「話し言葉と書
き言葉」にも関わりがある。学習指導要領には、次のように記されている。

　　イ　音節と文字との関係、アクセントによる語の意味の違いなどに気付
　　くとともに、姿勢や口形、発声や発音に注意して話すこと。
　　ウ　長音、拗音、促音、撥音などの表記、助詞の「は」、「へ」及び「を」
　　の使い方、句読点の打ち方、かぎ（「　」）の使い方を理解して文や文
　　章の中で使うこと。

　2019年度に使用されている国語科教科書についてみると、全社（4社）の国語科教科書にしりとりが掲載されている。ただし、これらの教科書は一つ前の平成20年版学習指導要領にもとづいて作成されているため、厳密な対応とはいえないが、基礎的な内容であり、学習指導要領上の記述に変化がないことから、そのまま扱いたい。

　たとえば、東京書籍『新編　あたらしいこくご一上』では、「ことばあそび」として、「しか……かさ……さいころ……ろうそく……（　）……（　）……きもの……（　）……、」といったしりとりが、それぞれの語の挿絵とともに提示されている。（　）の語については、挿絵をもとにして推測できるように配慮されている（小森他, 2015, p. 40）。取り上げられている語はすべて上記の例のように直短音であり、「きゃ」のような拗短音、「かっ」のような促音、「とう」のような長音は使用されていない。他社の教科書も同様であるが、教育出版『ひろがることば　しょうがくこくご1上』が、「かん」を引くことで撥音「ん」を取り上げているのが唯一の例外である。もちろん、しりとりのルールを示したためであり、語の隣には「×」が添えられている（田近他, 2015, p. 20）。

　小学校国語教科書に掲載されたしりとり教材を分析した先行研究である長岡（2009）によると、2005（平成17）年版教科書には、「すいとう……うし」といった長音や「きつね……ねっこ」といった促音も登場していた。だが、現行版では、上述のように後退している。遊びとしての分かりやすさが優先された結果であろう。直短音以外については、別の教材で取り立てて扱うことによって、仮名文字の学習としての焦点化も図られている。

　このように教科書では簡単なしりとりが教材として取り上げられているが、教室ではこれだけにはとどまらないだろう。難易度を上げた遊びも試みられている。そうした際の注意点として、小学校教師中村美和子は、遊びの前にすべきこととして、「『ノー・ト』『キ・シャ』『ラッ・パ』などのように、皆で手を打ちながら発音して、ことばがいくつかのことばの集まりであること

に気づく（中村, 1984, p. 124）」必要性を挙げている。実践経験に根ざした実際的なアドバイスと解せよう。遊びを楽しむにあたっては、あらかじめ音節を確認しておく必要があるようだ。さらに、小学校でのしりとりについて、「同じ音ばかりを続けた『り』攻めなどの必勝法発見やしりとりうたづくり、漢語でのしりとり、辞書の活用へ向かうと、広がりは大きい（中村, 1984, p. 126）」といったルールの発展的工夫の余地も報告されている。

8　まとめ

　以上述べてきたように、しりとりは音節分解を繰り返すことによって、音韻意識を高めることに貢献する遊びであり、さらには、ルールに応じて文字の習熟を支援する機会としても位置づけられる。子どもの言語獲得にとって重要な機会であることはいうまでもない。小学校以降の学びにとっても欠くことのできない基礎となっている。もしこれが、強制的な学習として押し付けられたとしたら、退屈な反復に陥ってしまい、たちどころのうちに形骸化して、子どもの意欲を維持することはむずかしい。しりとりをはじめとした言葉遊びの可能性に私たちは眼を向けるべきである。

　現在では、「しりとりたいそう」もよく知られている。しりとりたいそうで体を動かしてから、しりとりを楽しむといった工夫も考えてみてもいいだろう。

文献

服部四郎（1980）「音節」国語学会（編）『国語学大辞典』東京堂出版　pp. 117-119.

石本啓一郎（2015）幼児の書き言葉の発達に関する心理学的研究の課題　立教大学教育学科研究年報, **58**, 187-200.

小林哲生（2008）『0〜3さい　はじめての「ことば」』小学館

小森　茂他（2015）『新編　あたらしいこくご一上』東京書籍

丸山美和子（2008）『育つ力と育てる力』大月書店

文部科学省（2017a）幼稚園教育要領解説

文部科学省（2017b）小学校学習指導要領解説

村石昭三（2004）『はじめてみよう！　幼児のことば遊び［指導の手引き］』鈴木出版

鍋島惠美（2018）「人が言葉を獲得していくとき」大越和孝・安見克夫・髙梨珪子・野上秀子・齋藤二三子（編著）『保育内容「言葉」　言葉とふれあい，言葉で育つ』東洋館出版社　pp. 46-66.

長岡由記（2009）小学校入門期におけることば遊びに関する一考察　教育学研究紀要（中国四国教育学会）, **55**, 426-431.

中村美和子（1984）「しりとり遊び」田近洵一・ことばと教育の会（編）『しなやかな発想を育てる教室の言葉遊び』教育出版　pp. 124-127.

Saracho, O. N., & Spodek, B. (Eds.) (2003). *Contemporary Perspectives on Play in Early Childhood Education*. Charlotte: Information Age Publishing.（O. N. サラチョ　B. スポデック（共編著）白川蓉子・山根耕平・北野幸子（共訳）『乳幼児教育における遊び』培風館　pp. 35-58.）

田近洵一（1984）「視点　教室にことば遊びを」田近洵一・ことばと教育の会（編）『しなやかな発想を育てる教室の言葉遊び』教育出版　pp. 7-14.

田近洵一他（2015）『ひろがることば　しょうがくこくご１上』教育出版

豊永武盛（2019）『あいうえおの起源　身体からのコトバ発生論』講談社

（中村敦雄）

第11章　幼児期の身近なつながりから 「社会」の学びへ
―生活経験を生かし、社会事象を考察する―

1　はじめに

　本論は、初等社会科で育成が求められる学習者の社会認識とその獲得の在り方について、2017（平成29）年告示の小学校学習指導要領を特徴づける「見方・考え方」論及び「資質・能力」論を踏まえ、生活科および幼児期の学びとの接続から考察するものである。

　2017年版学習指導要領では、これからの時代を予測困難な「厳しい挑戦の時代」と捉え、学習主体である子どもの視点に立ち、自ら課題を解決し新しい社会の在り方を切り開く「資質・能力」の必要性を示している。このような、現在の学校教育が果たすべき役割を実現する一つの方策として、教育課程全体での学びを通じて獲得が求められる「見方・考え方」及び「資質・能力」の在り方が構造的に学習指導要領へと位置づけられた。その中で「資質・能力」は、「知識・技能」「思考力・判断力・表現力等」「学びに向かう力、人間性等」の三つの柱を有し、各教科目及び領域の特質を踏まえた「深い学び」へのプロセスにおいて獲得されるものと示された。そして「見方・考え方」は、「資質・能力」獲得に向かうプロセスにおいて作用し、授業実践の創造と改善のための視点と思考の在り方を示している（文部科学省, 2016）。

　この度の改訂趣旨を特徴づけるこの2つの論は、各教科や領域によってはこれまでも各学校段階における教科目や領域の在り方を示す考え方であり、その内実に関する検討も積み重ねられてきた。しかしながら、これらの論は各教科目や領域の有する内容的な系統性や特徴に基づき構成されてきたため、

各論がどのように関連しているのかという観点からは十分に検討、整理され
てこなかった。特に、幼稚園、保育所、こども園（以下、幼稚園等と表記）と
小学校という学校段階の異なりは、教育制度的な側面から、発達段階を踏ま
えた子ども像に基づいてそれぞれに教育目的を規定する必要を裏付けている。
同時に、幼稚園等の各「領域」と小学校での各「教科」の成り立ちとその対
応、接続についてもまた、子どもが獲得すべき知識や技能、態度をめぐり、
相互の関連とその内実の検討を難しいものにしてきた。そこで本論では、社
会科教育の立場から、幼児期の学びと初等教育がどのように接続し、それぞ
れの目標のもと発展することが期待されるのか、社会科における「見方・考
え方」論及び「資質・能力」論が示す相互の接続の在り方を論じたい。

2　社会科から捉える幼小接続の在り方とその変容

2-1　生活科の誕生と社会科の変化

　社会認識の獲得に関する幼小接続の在り方を捉えるためには、1989（平成
元）年の学習指導要領改訂における「社会科解体」、すなわち生活科の誕生
に着目する必要がある。ここでは、低学年社会科が理科的内容も含みつつ成
立した生活科と社会科との関連に焦点化し、両科目の成立前後の目標の変化
と、そこに読み取れる教科の変容について論を展開する。

　まず、低学年社会科が存在した1977（昭和52）年版と、生活科が成立し社
会科が第3学年から履修されることとなった1989年版との間で、社会科と
生活科の目標の変遷と相違を確認する（表1）。1977年版は小学校6年間で
学ぶ社会科の目標を示しているが、1989年版より社会科は4年間で学ぶ教
科となり、「基礎的」という文言がなくなった。この部分が低学年社会科の
果たしてきた役割を指し、同時に生活科が新たに担う役割を示す。そしてこ
の役割とは、学習方法としての経験主義的な側面を発揮して、学習内容であ
り考察対象としての身近な社会とのかかわりへの関心を保障することである。

同時に、「生活上必要な習慣や技能」「自立への基礎」といった生活科の新しさを特徴づける趣旨も明示された。

　低学年という発達段階にあって、生活科とは、単に社会科と理科を融合した科目ではなく、直接経験を重視した学習活動を通じ、社会認識及び自然認識に加えて、学習者の自己認識の基礎を養う教科であった。同時に、学習者自身を取り巻く社会や自然とかかわる自分はどういう存在なのか、自身の生活の変容や言語活動を通じた振り返りを行うことで自分をより深く理解することにつながり、自己認識の重要性を確認する教科であるといえる。

表 1　小学校社会科及び生活科の目標 (1)（1977 年版及び 1989 年版）

1977 年版 社会	社会生活についての基礎的理解を図り、我が国の国土と歴史に対する理解と愛情を育て、民主的、平和的な国家・社会の形成者として必要な公民的資質の基礎を養う。
1989 年版 社会	社会生活についての理解を図り、我が国の国土と歴史に対する理解と愛情を育て、国際社会に生きる民主的、平和的な国家・社会の形成者として必要な公民的資質の基礎を養う。
1989 年版 生活	具体的な活動や体験を通して、自分と身近な社会や自然とのかかわりに関心をもち、自分自身や自分の生活について考えさせるとともに、その過程において生活上必要な習慣や技能を身に付けさせ、自立への基礎を養う。

（「小学校学習指導要領」より作成、下線は筆者）

　次に、両科目の目標の変化について、1998（平成 10）年版及び 2008（平成 20）年版から捉えてみる（表2）。両科目に大きな変更はないが、生活科ではかかわる対象としての「社会」「自然」に加え、「身近な人々」が文言として明示された。学習内容として新たに加えられたというより、これまでも「社会」「自然」とかかわるにあたって介在し直接、間接にかかわってきた家族や地域の人々とのかかわりを扱う学習の必要が改めて強調された。さらに、「指導計画の作成と各学年にわたる内容の取扱い」にも示されたように、「身近な人々」には幼児や高齢者、障害のある児童生徒なども含まれるとされ、社会を構成する多様な人々との触れ合いが求められるようになった。

表 2　小学校社会科及び生活科の目標（2）（1998 年版及び 2008 年版）

1998 年版 社会	（1989 年版社会に同じ）
1998 年版 生活	具体的な活動や体験を通して、自分と身近な人々、社会及び自然とのかかわりに関心をもち、自分自身や自分の生活について考えさせるとともに、その過程において生活上必要な習慣や技能を身に付けさせ、自立への基礎を養う。
2008 年版 社会	社会生活についての理解を図り、我が国の国土と歴史に対する理解と愛情を育て、国際社会に生きる平和で民主的な国家・社会の形成者として必要な公民的資質の基礎を養う。
2008 年版 生活	（1998 年版生活に同じ）

（「小学校学習指導要領」より作成、下線は筆者）

2-2　幼稚園等各領域と社会科との接続とその変遷

　社会認識にかかわる学びの在り方について、幼小の接続の様子を社会科教育の変遷に位置づけて考察してみよう。具体的には、幼稚園等の内容領域名として「社会」が使用されていた 1950 年代における目標（ねらい）と、生活科を介して接続するようになった 1989 年版を確認する（表 3）。

表 3　幼稚園「社会」（1956 年版）及び「人間関係」（1989 年版）の接続

1958 年版 小学校 社会	〔第 1 学年〕 (1) 学校や家庭の生活をささえるために行われているいろいろな仕事の様子や、自分たちとの関係について理解させ、これらの仕事に伴う苦心やくふうに気づかせる。 (2) 学校や家庭、その他の身近な生活におけるいろいろなきまりや行事、施設などの意味について理解させ、みんなが健康でしあわせな生活ができるように苦心が払われていることに気づかせる。 (3) 身近な地形・事物の位置関係や場所的相違、あるいは家庭の暮しなどにみられる季節的変化、事物の新旧の違いなどを観察、理解させ空間や時間についての意識を育てる。 (4) 学級や家庭における人間関係に目を開かせ、これらの生活も自分たちの協力やくふうによって、いっそう楽しくなることを考えさせ、集団生活に進んで参加しようとする態度を養う。

1956 年版 幼稚園 社会	1. 自分でできることは自分でする。　　2. 仕事をする。 3. きまりを守る。　　　　　　　　　4. 物をたいせつに使う。 5. 友だちと仲よくしたり、協力したりする。 6. 人々のために働く身近な人々を知り、親しみや感謝の気持をもつ。 7. 身近にある道具や機械を見る。 8. 幼稚園や家庭や近隣で行われる行事に、興味や関心をもつ。
1989 年版 小学校 生活	〔第 1 学年及び第 2 学年〕 (1) 自分と学校、家庭、近所などの人々及び公共物とのかかわりに関心をもち、集団や社会の一員として自分の役割や行動の仕方について考え、適切に行動することができるようにする。 (2) 自分と身近な動物や植物などの自然とのかかわりに関心をもち、自然を大切にしたり、自分たちの遊びや生活を工夫したりすることができるようにする。 (3) 身近な社会や自然を観察したり、動植物を育てたり、遊びや生活に使うものを作ったりなどして活動の楽しさを味わい、それを言葉、絵、動作、劇化などにより表現できるようにする。
1989 年版 幼稚園 人間関係	(1) 幼稚園生活を楽しみ、自分の力で行動することの充実感を味わう。 (2) 進んで身近な人とかかわり、愛情や信頼感をもつ。 (3) 社会生活における望ましい習慣や態度を身に付ける。

（「小学校学習指導要領」及び「幼稚園教育要領」より作成、下線は筆者）

　幼稚園の内容領域として「社会」が設定されたのは、1956（昭和 31）年版の幼稚園教育要領である。「望ましい経験」とした教育内容は、「健康」「社会」「自然」「言語」「音楽リズム」「絵画製作」という 6 つの「領域」へと分類整理された。この「領域」の考え方は、学習方法として各領域が示す内容を経験させ、小学校の教科との違いを示す一方、6 領域によって一定の系統性を確保し、小学校との一貫性を持たせる意図もあった（民秋, 2017）。

　しかし、1989 年には「社会」に替わり、人とのかかわりに関する領域として「人間関係」が成立した。同年に設置された生活科の目標と重ねると、社会科が主に担い、領域「社会」の一部も構成していた社会認識の側面は希薄となり、2-1 で示したような社会や自然との間を介在する他者とのかかわりと自己認識の深化をねらいとする性格が明確になった。子どもが、身の回りに見いだされる事物や他者とのかかわりから、学びの主体としての自分自

身の発見と成長を促す点において、学びの内容に関する幼小接続は「社会」から社会科へではなく、「人間関係」から生活科へとする変更を必要とした理由を見出すことができる。

3　社会科「見方・考え方」論の系統性に基づく幼小接続

3-1　「見方・考え方」のこれまでのあらわれ

　2017 年版の改訂の社会的背景にも目を向けると、「知識基盤社会」への対応や「生きる力」の育成といったこれまでの学習指導要領より連なる使命に加え、「コンテンツベース」から「コンピテンシーベース」へと転換する能力観への対応が目指されている。社会科の特性を反映した「見方・考え方」論や「資質・能力」論もまた、学習者が対応を求められる将来的な社会の在り方とキャリア形成を展望し、社会的な課題と向き合い解決する力の獲得を目指して活用が期待されている（文部科学省, 2018c）。

　「見方・考え方」という用語は、2017 年版において特定の定義を有し、教育課程全体を貫いて用いられるようになった。しかし、過去の学習指導要領にも目を向けると、「見方・考え方」は多様な意味を有しつつも使用されることは稀であり、用いられた時期も科目も限定的であった。例えば、1958（昭和 33）年版小学校「算数科」では、学習内容それぞれで「考え方」の修得がうたわれている一方、「見方」は図形のみに用いられている。学習指導要領が法的拘束力を持つようになった 1958（昭和 33）年版以降では、小学校「理科」において、客観性に基づいた科学的な認識を育むという教科の特性を示す根拠の一つとして「見方・考え方」が用いられた。また、「社会科」における「見方・考え方」は、1970（昭和 45）年版高等学校地理「内容の取り扱い」における表記中に確認できる。以上のように、過去の学習指導要領上での表記の蓄積を鑑みると、科目や学習内容のような、学習者が捉え、思考する対象の異なりに合わせて「見方」「考え方」がそれぞれ存在し、用語

としてたびたび現れていた。育成を目指す力の説明もまた、知識や能力、技能、態度、学習意欲といった広い範囲を有しており、獲得する時期としての発達段階への着目も含め、多様な意味を含む語として用いられていた。

現在の「見方・考え方」論は、これまで用いられてきた意味付けや概念を共有しつつ、適用する各教科・領域の有する範囲や枠組みを明確にし、各教科・領域特有の学習内容の構成や学習活動の展開に即して再構築したものである。これがさらに、各教科・領域を横断して関連付けられることで、教育課程全体へと位置づけようとする意図をもって整理されてきた。

3-2　社会科「見方・考え方」の見方や考え方

「見方・考え方」とは、相互にかつ多様な事象を捉え考えるために用いられうる汎用的な概念として新たに定義されたものであり、特定の教科や領域、事象にのみ用いられるような概念ではない。各教科等に固有の事物、事象を捉える視点や方法である「見方・考え方」について、社会科では、「見方」は社会的事象を捉える際の視点や考え方として獲得が期待されるものとして、「考え方」は「問い」の生成と問題解決を通じて獲得される「公民としての資質・能力」の内実を示すものとして設定している（澤井・加藤, 2017）。

社会諸教科全体を貫く「見方・考え方」は「社会的見方・考え方」と総称され、以下のように説明されている（文部科学省, 2018b）。

> 課題を追究したり解決したりする活動において、社会的事象等の意味や意義、特色や相互の関連を考察したり、社会に見られる課題を把握して、その解決に向けて構想したりする際の視点や方法。

初等社会科が担う「見方・考え方」は、「社会的事象の見方・考え方」と称し、以下のよう説明されている（文部科学省, 2018b）。これは、「社会的見方・考え方」獲得に向けた最初の段階を担いつつも、中等教育で複線化する校種や歴史・地理・公民といった各分野・科目の特質を踏まえ、引き続き獲得が求められる社会認識への萌芽を含んでいる。

位置や空間的な広がり、時期や時間の経過、事象や人々の相互関係に着目して、社会的事象を捉え、比較・分類したり総合したり、地域の人々や国民の生活と関連付けたりすること。

　さらに、これらの定義を各学校段階における社会諸教科の「見方・考え方」との接続のイメージとあわせ、社会認識の育成を目指す「社会的な見方・考え方」自体の系統性を踏まえると、その様子は図1のように整理できる。

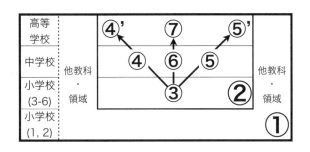

図1　「社会的な見方・考え方」の接続イメージ（筆者作成）

①	各教科等に共通する「見方・考え方」
②	「社会的な見方・考え方」
③	「社会的事象の見方・考え方」：小学校
④	「社会的事象の地理的な見方・考え方」：中学校地理的分野、高等学校地理歴史科
⑤	「社会的事象の歴史的な見方・考え方」：中学校歴史的分野、高等学校地理歴史科
⑥	「現代社会の見方・考え方」：中学校公民的分野
⑦	「人間と社会の在り方についての見方・考え方」：高等学校公民科

　初等社会科の学びは、中等教育での分野・科目固有の目標及び「見方・考え方」の萌芽を獲得する機会として位置づくとともに、社会諸教科の系統性の根幹にも位置づくため、非常に大きな役割を担っている。初等社会科に限らない、社会緒教科相互のつながりを確保する難しさは、中学校での3分野との接続、さらには3分野の専門性を発展させることが求められる高等学校での教科目との接続もまた見通されなければならないという点に由来する。

3-3　社会科「見方・考え方」と生活科の接続

　社会科に先立つ学びとして生活科、さらに幼児期の教育との接続を考慮すると、初等社会科には、子どもの気づきや生活経験を引き出し発展させていく学習が求められる。生活科での「見方・考え方」（「身近な生活に関わる見方・考え方」）と「社会的な見方・考え方」は、どのように接続するのか。

　社会科が有する基本的な学習内容の構成とそれを支える学習方法の在り方の特徴として、次の3点を指摘しうる。第一に、社会的事象としての「もの・こと」の正確な認識から、それらを支える「ひと」へと学習が展開することである。第二に、考察対象とのかかわりに捉えられる「他者」の存在から、考察対象及び他者と「自分」へのかかわりを見出すことである。そして第三に、先の二点を「現在」に見出すだけでなく、原因としての「過去」とのかかわりを考察し、結果を「将来」の自身とのかかわりとして構想し、実践しようとする態度形成へとつなげることである。

　以上のような、社会科の学びを支える力を獲得する場面として生活科、さらには幼児期における学びを考えるとき、各領域や教科の独自性を活かした相互の接続の在り方を構想しなければならない。すなわち、子どもが幼児期に培った気づきの「主体」である自身の経験と知識を活かしつつ、自身の生活圏外に存在する「ひと・もの・こと」とのかかわりの中でも、特に考察の「対象」として「ひと」の存在や役割を多角的に理解し、将来的なかかわりの中に取り込む活動へとつなげることが、社会科の学びでは求められる。

　こうした特徴を生かす実践を実現するためには、まず、子どもが自身を取り巻く「もの・こと」への豊かな気付きを、生活経験における「ひと」とのかかわりに見出すことが必要とされる。この、「ひと」とのかかわりを主体的に重ねる経験の「場」こそ、生活そのものである。同時に、社会科で深めようとする理解とは、子ども自身の経験に見出しうる気付きの先にしか存在しないものである。自身の身体を介して接触したりかかわったりする直接的な経験の中にこそ、子どもは自分自身の変化と蓄積を見出しうる。そして、

理解する「ひと」とは、社会科が主に「他者」であるとすれば、生活科は主に「自分」となる。子ども自身を取り巻く社会事象の認識を可能とする基盤は、あくまでも生活者としての経験に基づく成長なのである。同時に、「自分」が生きる現在の生活とかかわりを捉え考えるために求められた行動や態度の獲得のすべこそ、広く社会を認識する技能につながるものである（表4）。

表4　小学校社会科及び生活科の目標の比較（3）（2017年版）

2017年版 社会	<u>社会的な見方・考え方を働かせ、課題を追究したり解決したりする活動</u>を通して、グローバル化する国際社会に主体的に生きる平和で民主的な国家及び社会の形成者に必要な公民としての資質・能力の基礎を次のとおり育成することを目指す。 （1）<u>地域や我が国の国土の地理的環境、現代社会の仕組みや働き、地域や我が国の歴史や伝統と文化を通して社会生活について理解する</u>とともに、様々な資料や調査活動を通して情報を適切に調べまとめる技能を身に付けるようにする。 （2）<u>社会的事象の特色や相互の関連、意味を多角的に考えたり、社会に見られる課題を把握して、その解決に向けて社会への関わり方を選択・判断し</u>たりする力、考えたことや選択・判断したことを適切に表現する力を養う。 （3）<u>社会的事象について、よりよい社会を考え主体的に問題解決しようとする態度を養う</u>とともに、多角的な思考や理解を通して、地域社会に対する誇りと愛情、地域社会の一員としての自覚、我が国の国土と歴史に対する愛情、我が国の将来を担う国民としての自覚、世界の国々の人々と共に生きていくことの大切さについての自覚などを養う。
2017年版 生活	具体的な活動や体験を通して、身近な生活に関わる見方・考え方を生かし、自立し生活を豊かにしていくための資質・能力を次のとおり育成することを目指す。 （1）活動や体験の過程において、<u>自分自身、身近な人々、社会及び自然の特徴やよさ、それらの関わり等に気付く</u>とともに、生活上必要な習慣や技能を身に付けるようにする。 （2）<u>身近な人々、社会及び自然を自分との関わりで捉え、自分自身や自分の生活について考え、表現することができる</u>ようにする。 （3）<u>身近な人々、社会及び自然に自ら働きかけ、意欲や自信をもって学んだり生活を豊かにしたりしようとする態度を養う</u>。

（「小学校学習指導要領」及び「幼稚園教育要領」より作成、下線は筆者）

4　社会認識の獲得が育む社会科「資質・能力」論と幼小接続

4-1　継続性と系統性が支える「資質・能力」の獲得

　社会科「資質・能力」論においても、「見方・考え方」論同様、社会認識の獲得を担う社会諸教科間の接続の在り方が課題として存在する。教育の場である学校段階の接続と系統性を考える際には、高等教育及びその先にある社会的養成への準備教育としての性質と、就学前教育及び初等教育からの順序性を踏まえた発展的教育としての性質をどのように捉え制度設計を行うか、課題の具体的なあらわれは多様である。初等社会科においては、社会認識の基礎となる生活科や、「スタートカリキュラム」を経て子どもの「資質・能力」の基盤を形成する幼児期の教育との接続をどのように実践し、授業として取り入れればよいのかという課題となる。「幼児期の終わりまでに育ってほしい姿」から「スタートカリキュラム」「生活科」を経て、初等社会科の学びに始まる社会事象の理解と社会認識の拡大、獲得を成立させる「見方・考え方」の系統性とはどのように設定されるのか。

　幼稚園教育要領では、「幼児期の教育における見方・考え方」を「幼児が身近な環境に主体的にかかわり、環境とのかかわり方や意味に気付き、これらを取り込もうとして、試行錯誤したり、考えたりするようになる」ものと説明している。また「資質・能力」については、3つの柱の基本的な性格は一貫しているものの、「知識・技能の基礎」「思考力・判断力・表現力等の基礎」とし、接続や発展を前提に「基礎」を育むところまでをめざしている。この「資質・能力」の三つの柱を踏まえ、幼児期の終わりまでに育ってほしい具体的な姿は10項目（「健康な心と体」「自立心」「協同性」「道徳性・規範意識の芽生え」「社会生活との関わり」「思考力の芽生え」「自然との関わり・生命尊重」「数量・図形、文字等への関心・感覚」「言葉による伝え合い」「豊かな感性と表現」）に整理されている（文部科学省, 2018a）。

　小学校低学年では、以上を受け、10項目を踏まえた「スタートカリキュラム」を経て、各教科・領域で育む「資質・能力」を明確化した上で、教科横断的な視点から教科間相互の目標・内容を構造化して教育課程編成を行うことが求められている。具体的には、生活科における幼小接続の考え方は以下のように示されている（文部科学省, 2018b）。

…低学年においては、低学年の児童の未分化で一体的な学びの特性を生かし、幼児期に育まれた資質・能力を発揮するとともに、体験と言葉を使って学ぶなどの特性を踏まえた生活科の学習の充実が、第3学年以降の社会科や理科などのより系統的な学習や、各教科等の「見方・考え方」を生かして探究的に学ぶ総合的な学習の時間に発展的につながっていくことを意識することが大切である。

　このような、社会認識をめぐる「見方・考え方」「資質・能力」が学校間相互の接続及び発展を明確に意識しつつ、初等社会科での「社会的事象の見方・考え方」に依って立つ実践の創造には、どのような配慮が必要なのか。まず、実践においては各学校段階での育ちや学びの特性を踏まえつつ、子どもの発達段階を踏まえた生活経験とそれに基づく気づきを基盤としなければ

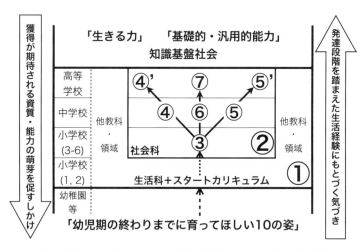

図2　「社会科」とのかかわる「見方・考え方」への視点（筆者作成）

ならない。同時に、そのような子どもの気づきを引き出すためには、学習の過程及び成果として獲得が期待される「資質・能力」の姿を明確にし、それらの獲得を促す適切な仕掛けや働きかけが欠かせない（図2）。

　さらに、各教科等の特性を活かしつつ、相互の関連付けも欠かせない「資質・能力」の育成を教育課程全体ではかることの困難さは、「見方・考え方」の体系的なつながりの確保によって子どもの成長の見通しを得ることでしか解消されない。各教科・領域を貫く要素が「見方・考え方」という視点と考え方でしかない以上、学習内容とその選択配列を含む学習計画および教育実践は、「カリキュラム・マネジメント」の発想のもと、現実的な運用計画に基づくものにならざるをえないのである。

4-2　「問い」の創造と課題解決の過程

　「見方・考え方」に基づく実践がどのようにして「資質・能力」を育むのか、この両論の関係を初等社会科と幼児期の教育及び生活科との接続から考える上で、社会諸教科が有する基本的な性格を無視することはできない。これからの社会科は、社会認識に基づく「問い」の生成と問題解決、新たに認識された社会的課題と向き合い解決を模索し実行する試行錯誤を通じて「公民としての資質・能力の基礎」を育むものとされている（唐木, 2017）。

　このような社会科の学習過程において、「見方・考え方」は「問い」を創造するだけでなく、「問い」に向かって活動を組織し、解決する方向を示す機能を有する。「問い」を創造し、解決に向かうための学びを蓄積し、解決をもって、学習者としての子ども自らの社会とのかかわりを構築してこそ「資質・能力」が獲得される。そして、社会科の学びを成立させるために必要とされる幼児期の学びは、自らの生活とのかかわりの中に見出した気付きを「問い」として、自らの課題だからこそ解決に向けて「問い」と向き合い続けられる力を、子どもの中に育む機会として機能しなければならない。

　それでは、社会科における「問い」がどのように生成されるのか。図3で

は、社会科における学習課題の創造が、3つの「社会的な見方・考え方」の要素が合成される場において行われることを示している。これは、社会科の3領域に対応し、「時期や時間の経過の視点（X）」「位置や空間的な広がりの視点（Y）」「事象や人々の相互関係の視点（Z）」に向けられた興味や関心にもとづいて、社会的な課題とそれに関わる事象が選択される様子を表す。

　この学習課題の解決過程は、大きく5つの段階に整理できる。5つとは、「①学習課題を把握し解決しようとする」「②課題追究の過程で予想と仮説の検討を通して考察、判断を行う」「③課題解決と獲得した成果の振り返りの考察、まとめ」「④「見方・考え方」の活用に基づいた学習問題の多角的展開と社会認識の拡張」そして「⑤学習内容の深まりに合わせて「問い」を構想し解決する力の育成」である（江口監修・編著, 2017）。

　①・②の段階は、学習者の生活経験との接続を基盤に、学習課題の発見と学習過程における多角的な考察を通じて、生活圏よりも拡張された社会的事象に関する認識の獲得の様子を想定している。その際、一つの事象に対する

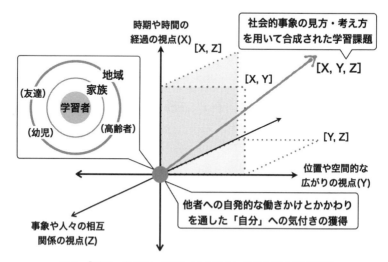

図3　「見方・考え方」を用いて合成される社会科の学習課題

考察や用いる資料が多角的になることで学習課題及び学習過程の方向が広が
り、結果として学習者の経験領域全体に渡るという見通しを確保することに
つながる。③・④の段階は、中等教育以降も見据え、必ずしも学習者の生活
経験や社会経験によらない抽象的な思考や考察が求められる様子を想定して
いる。3つの「社会的な見方・考え方」の要素の特性にあわせ理解を一層深
め、自身の将来的な展望としてのキャリアや社会環境とのかかわりへ直結す
るような社会的課題と向き合うことが求められる。そして⑤の段階では、学
習者の現実社会において直接対峙する社会的課題と向き合う様子を想定して
いる。学習者が獲得した「見方・考え方」を活用し、現在及び将来において
獲得が求められる、自分なりの課題解決策を模索し、実践する段階である。

4-3　「問い」を生み出す「自分」を育む

　このような「問い」の生成から解決に向けた過程において、生活科や幼児
期の教育で育まれる「資質・能力」とのかかわりが特に大きいのは、①・②
の段階である。子ども自身の気づきを自らの問いとして生成し、その解決に
向けた考察を社会の中で行う場面である。

　社会科は、学習過程の出発に位置づく「問い」を学習者自身の経験に見出
しつつも、自身の「問い」の解決に必要な材料や考察の「対象」は、自身を
取り巻く社会に存在している。このような社会科での学びの前提は、幼児期
の教育及び生活科を通して獲得された「自分」自身への豊かな気付きである。
そして、考察し理解すべき「対象」とかかわる主体としての「自分」とはど
ういう存在か、自身の生活経験を振り返り、自分をより深く理解することに
より、認識の重要性を確認することである。そのような振り返りを可能にす
るのは、子ども自身が深く根ざす生活の場の他にはない。

　領域での具体的な学習活動と初等社会科との接続を、領域「環境」（身近
な環境とのかかわりに関する領域）を例に設定してみると、以下のようなつな
がりを想定できるだろう。内容（7）「身近な物を大切にする」を通した自身

の経験と成長は、「集団の生活を通して、公共の物を大切にしようとする気持ちを育む」と示されている（文部科学省, 2018a）。子ども自身の生活の中に見出し、生活へと取り込んできた公共物は、空間の広がりに合わせて共有する「ひと・もの・こと」の範囲やルール、責任と義務が拡大していく。すなわち、自身の気づきから出発し、自分自身の変容や成長に伴い多様な公共物との出会いの中から、それまでの認識とのズレを中心とした「問い」の創造へと発展する。反対に、内容（6）「日常生活の中で、我が国や地域社会における様々な文化や伝統に親しむ」は、自分の生活の中からの「問い」の創造の基盤となる経験である初等社会科との接続も、第3学年の導入における地域探検、第4学年の都道府県単位で探究する伝統や文化等、明確に想定される。すなわち、今後獲得が迫られる知識や理解から学びのしかけを設定し、幼児期の発達と生活環境に見出しうる題材の活用に向けて子どもの活動を出発させることもできるだろう。

5　おわりに

　2017年版学習指導要領では、就学前教育から高等学校まで見通した「見方・考え方」論及び「資質・能力」論のもとで各学校段階、そして各教科の学びが構想されている。その中で、幼児期・児童期における社会認識教育はどのように実践されるべきか、本論では社会科における「問い」の創造とその解決過程としての学習の在り方の構想を通じて論じてきた。

　学習指導要領という教育課程の「規準」において、改めて「見方・考え方」が定義されたことにより、今後は、社会科に求められる教育実践の実現を通してどのように「資質・能力」の育成をはかるのか、内実の確保と充実に向けた検討が一層図られていくだろう。変わり続ける教育環境にあって、「見方・考え方」及び「資質・能力」論による学校教育の改善を目指す取り組みの先には、どのような社会科教育論が存在しうるのか。そして、社会科

教育がその目的や使命を追究するために必要な発想として「見方・考え方」論を捉え、教科の本質をよりよく実現することはできるのだろうか。これらの「問い」への答えは、今後の授業実践の蓄積を通して一層明確にあらわれてくるだろう。

　その際、「見方・考え方」論及び「資質・能力」論の在り方に関する現状を基盤に、二つの観点から「見方・考え方」論とその接続の捉えなおしを通して社会科を学ぶ本質的意義に迫る必要がある。一つは、教育課程を通した学校の教育活動全体の改善・充実に向け、社会科教育がどう資するかという点である。社会科教育固有の目的や手段としての「見方・考え方」論の広がりを、他教科や領域とのかかわりといった教育課程全体を視野に入れ、共有されるべき特徴を整理しなければならない。社会認識の育成を担う教科でもある生活科とのかかわりは、とりわけ重要な検討課題である。もう一つは、社会諸教科及び相互の接続を含む、目標・内容・方法を貫く教科固有の本質がどう変容するのかという点である。各学校段階の教科目、分野毎に設定された「見方・考え方」は、教科目等の有する目的・内容・方法の選択と配列、学年及び学習者個々の発達段階といった条件設定を踏まえつつ、各々固有のカリキュラムを貫く概念としてどのような整合性を有するのか。教育課程全体と社会諸教科、生活科、さらには幼児期の教育との間に見出しうる「見方・考え方」「資質・能力」と相互の関係の検討を通して、これからの社会科教育を考えていかなければならない。

引用文献

江口勇治（監修・編著）（2017）『21 世紀の教育に求められる「社会的な見方・考え方」』帝国書院

唐木清志（編著）（2016）『「公民的資質」とは何か─社会科の過去・現在・未来を探る─』東洋館出版社

国立教育政策研究所「学習指導要領データベース」　https://www.nier.go.jp/guideline/（2019 年 10 月 3 日取得）

文部科学省「『幼稚園，小学校，中学校，高等学校及び特別支援学校の学習指導要領等の改善及び必要な方策等について』（答申）（2016年12月21日）」 http://www.mext.go.jp/b_menu/shingi/chukyo/chukyo0/toushin/1380731.htm（2019年10月3日取得）

文部科学省（2018a）『幼稚園教育要領解説（平成30年3月）』フレーベル社

文部科学省（2018b）『小学校学習指導要領（平成29年告示）解説　生活編』東洋館出版社

文部科学省（2018c）『小学校学習指導要領（平成29年告示）解説　社会編』東洋館出版社

澤井陽介・加藤寿朗（編）（2017）『見方・考え方［社会科編］』東洋館出版社

民秋　言（編）（2017）『幼稚園教育要領・保育所保育指針・幼保連携型認定こども園教育・保育要領の成立と変遷』萌文書林

（佐藤　公）

第12章　幼児期における数量や図形への 関心・感覚から算数の学びへ

1　はじめに

　算数・数学に関わる子どもの現状から、その学びの環境づくりを考える際、「子どもに何を教えるか」ではなく「子どもが、算数・数学に関わるどのような経験を実現することが必要か」を基礎とすることが重要である。そのためには、特に小学校においては従来から取り組まれてきた「問題解決」や「多様な考え方」を見直し、内容の系統性だけではない、「考え方」の系統性に基づく各学校段階のつながりを意識した指導の計画などが求められる。

　また、子どもの発達段階に応じた経験とは何かを踏まえることが必要である。それぞれの発達段階で子どもがどのような経験をしうるか、これが前後の段階とどのようにつながるか、を踏まえ、幼児期から一貫した学びの充実を実現する教育課程の編成と指導方法の工夫が今求められている。中橋他（2018）によれば、幼児期における数や量、図形への関心・感覚や数学的に考える力について、近年、心理学や数学教育学において、Piaget の発達理論などに基づく従来の研究からの進展がみられる。しかし、これらを基礎とし、幼児期の教育から一貫した算数・数学の学びの充実に向けた理論や実践の発展は、喫緊に取り組むべき課題として残されている。

　諸外国においては、上述のような課題にすでに取り組んでいる研究が多数ある。例えば中和（2017）によれば、ドイツでは、1987 年からドルムント大学で学校教育に関する研究プロジェクト「mathe2000」が開始されており、これは早期数学教育のカリキュラム開発と関わっている。また松尾（2011）によれば、アメリカでは就学前教育と小学校低学年教育を併せた数学教育の

必要性が示され、幼児期の教育から小学校への滑らかな接続に寄与する数学指導プログラムが開発されており、その効果も示されている。これらは、幼児期からの数学教育の実施という側面が色濃く、現在の日本の考え方とは一線を画すものであるかもしれない。しかし、諸外国における幼少の接続に関する動向は、これからの教育における幼児期の教育の重要性を強く認識することの必要性を示すものである。また、先にあげた松尾が数学教育の立場からプログラムやカリキュラム開発研究（例えば、松尾, 2014a, b）を進めているとはいえ、日本の取り組みはまだまだ遅れていると言わざるを得ない状況であることがわかる。

　従来、幼児期における遊びや体験は、小学校算数科の学びにつながる重要な意味を持っていると考えられてきている。例えば、伝統的な数え歌や「すうじのうた」（夢虹二作詞、小谷肇作曲）などを歌うことは、「1（いち）の次は2（に）、2（に）の次は3（さん）…」という自然数の順序性や、歌詞をそれに対応される図などから数字を経験的に学ぶことができる。この経験があるからこそ、小学校算数科において数字や数詞をブロックなどの具体物と対応させて、「数える」活動における1対1対応の大切さや整数の役割などを知り、数の基礎的な理解の学習が成立する。幼児期の教育と小学校における児童期の教育との違いは、数や量、図形に対して「数学」という学問特有の見方や考え方、約束の中でアプローチしているかどうかである。このようなつながりと違いを踏まえ、発達段階に応じた数や量、図形に関わる経験をどのように実現していくか、これまで以上に検討・考察していくことが、これから求められる教育の実現には必要である。

　そこで本章では、幼児期の教育を通してはぐくむことが期待される数や量、図形への関心・感覚から小学校における算数の学びへ、そのつながりについて、日本の教育政策の動向を示し、幼小の接続について内容に関する検討を踏まえ、具体的な実践について提案することを目指す。

2　幼稚園教育要領と小学校学習指導要領（算数科）の内容比較

　2017 年 3 月に新しい幼稚園教育要領及び小学校以降の学習指導要領が文部科学省より告示されている。本改訂における重要事項として、「初等中等教育の一貫した学びの充実」がある。これに対し幼稚園教育要領においては「幼児期の終わりまでに育ってほしい姿」の明確化、小学校学習指導要領においては「スタートカリキュラム」の充実などをはじめ、幼小における学校段階間の円滑な接続や教科等横断的な学習を重視することが挙げられている（文部科学省, 2017a）。

　無藤（2018）によれば、今回の幼稚園教育要領などの改訂・改定は、「従来からの幼稚園・保育所・認定こども園のよさを継承し、発展させながら、その根幹を明確にし、良質な保育（幼児教育）を日本のすべての園で受けることを可能にしていこうとするもの」（p. 1）である。そのポイントの一つとして、「幼児教育と小学校以上の教育を貫く柱を確保する」ことが挙げられており、それぞれの学校段階における教育は資質・能力の 3 つの柱（「知識及び技能」「思考力、判断力、表現力等」「学びに向かう力、人間性等」）でつなげられている。幼児期の教育においては、この資質・能力を保育内容の 5 つの領域におけるねらい及び内容に基づく活動全体によってはぐくむことが期待されており、先にあげた「幼児期の終わりまでに育ってほしい姿」は、幼児期の教育において子どもの資質・能力がどのようにはぐくまれているか、それを示すものである。

　幼児期の教育と小学校算数科の接続について、それぞれの教育段階の内容に焦点を当てる時、多くの先行研究では、数や量、図形に関する事項が明示されている領域「環境」に注目し検討されている。本章では、幼稚園教育要領における保育内容・領域の内容およびその「内容の取扱い」などの記述を踏まえ、さらに領域「言葉」や領域「表現」とのかかわりに注目することが、

小学校算数科への滑らかな接続において有意味であると考える。

　以下ではまず、幼児期の教育、特に幼稚園教育要領における保育内容の領域「環境」と小学校算数科、中でも第1学年に焦点を当てて、幼小接続期における内容の数学的なつながりについて検討する。これを踏まえ次に、領域「言葉」および「表現」へ注目することの必要性について、具体例を挙げながら検討・考察する。

（1）領域「環境」と小学校算数科・第1学年の内容における数学的な　つながり

a　領域「環境」のねらいと内容

　文部科学省（2017b）によれば、領域「環境」は身近な環境とのかかわりに関する領域であり、「周囲の様々な環境に好奇心や探究心をもって関わり、それらを生活に取り入れていこうとする力を養う」ことを目指し、下記の3つをねらいとすることが示されている（p. 14）。

> （1）身近な環境に親しみ、自然と触れ合う中で様々な事象に興味や関心をもつ。
> （2）身近な環境に自分から関わり、発見を楽しんだり、考えたりし、それを生活に取り入れようとする。
> （3）身近な事象を見たり、考えたり、扱ったりする中で、物の性質や数量、文字などに対する感覚を豊かにする。

　また、その内容として、次の12項目が示されている（前掲, pp. 14-15）。

> （1）自然に触れて生活し、その大きさ、美しさ、不思議さなどに気付く。
> （2）生活の中で、様々な物に触れ、その性質や仕組みに興味や関心をもつ。

（3）季節により自然や人間の生活に変化のあることに気付く。

（4）自然などの身近な事象に関心をもち、取り入れて遊ぶ。

（5）身近な動植物に親しみをもって接し、生命の尊さに気付き、いたわったり、大切にしたりする。

（6）日常生活の中で、我が国や地域社会における様々な文化や伝統に親しむ。

（7）身近な物を大切にする。

（8）身近な物や遊具に興味をもって関わり、自分なりに比べたり、関連付けたりしながら考えたり、試したりして工夫して遊ぶ。

（9）日常生活の中で数量や図形などに関心をもつ。

(10)　日常生活の中で簡単な標識や文字などに関心をもつ。

(11)　生活に関係の深い情報や施設などに興味や関心をもつ。

(12)　幼稚園内外の行事において国旗に親しむ。

b　小学校算数科の目標と内容：第 1 学年に焦点をあてて

文部科学省（2017c）によれば、小学校算数科の目標は次の通りである。

数学的な見方・考え方を働かせ、数学的活動を通して、数学的に考える資質・能力を次のとおり育成することを目指す．

（1）数量や図形などについての基礎的・基本的な概念や性質などを理解するとともに、日常の事象を数理的に処理する技能を身に付けるようにする。

（2）日常の事象を数理的に捉え見通しをもち筋道を立てて考察する力、基礎的・基本的な数量や図形の性質などを見いだし統合的・発展的に考察する力、数学的な表現を用いて事象を簡潔・明瞭・的確に表したり目的に応じて柔軟に表したりする力を養う。

（3）数学的活動の楽しさや数学のよさに気付き、学習を振り返って

　　　よりよく問題解決しようとする態度、算数で学んだことを生活
　　　や学習に活用しようとする態度を養う。

　またその内容は、目標を踏まえ、内容の系統性と発達段階を考慮し、

・小学校算数科における主要な学習の対象（数・量・図形に関する内容）と
　それらの考察の方法を基本とする領域（「A 数と計算」、「B 図形」、「C 測
　定」）
・事象の変化や数量の関係の把握と問題解決への利用を含む領域（「C 変化
　と関係」）
・不確実な事象の考察とそこで用いられる考え方や手法などを含む領域
　（「D データの活用」）

の５つの領域を設定している。なお各学年で取り上げる領域は、

・第１学年〜第３学年：「A 数と計算」、「B 図形」、「C 測定」、
　　　　　　　　　　　「D データの活用」
・第４学年〜第６学年：「A 数と計算」、「B 図形」、「C 変化と関係」、
　　　　　　　　　　　「D データの活用」

に分けられている。
　さらに、算数科・数学科の学びの過程として、「数学的活動」を充実させ
ることが期待されており、各学年の学習内容や思考の発達との関係を考慮し
取り組むものとして表１のとおり示されている。
　表１をみると、第１学年及び第６学年は独立しており、今回の学習指導要
領等の改訂における初等教育段階から一貫した教育の実現に向けて、各教科
教育のレベルで考えられていることがわかる。

表1　小学校算数科　数学的活動　一覧（文部科学省, 2018b, p. 75）

	数量や図形を見いだし、進んで関わる活動	日常の事象から見いだした問題を解決する活動	算数の学習場面から見いだした問題を解決する活動	数学的に表現し伝え合う活動
第1学年	身の回りの事象を観察したり、具体物を操作したりして、数量や形を見いだす活動	日常生活の問題を具体物などを用いて解決したり結果を確かめたりする活動	算数の問題を具体物などを用いて解決したり結果を確かめたりする活動	問題解決の過程や結果を、具体物や図などを用いて表現する活動
第2・第3学年	身の回りの事象を観察したり、具体物を操作したりして、数量や図形に進んで関わる活動	日常の事象から見いだした算数の問題を、具体物、図、数、式などを用いて解決し、結果を確かめる活動	算数の学習場面から見いだした算数の問題を、具体物、図、数、式などを用いて解決し、結果を確かめる活動	問題解決の過程や結果を、具体物、図、数、式などを用いて表現し伝え合う活動
第4・第5学年		日常の事象から算数の問題を見いだして解決し、結果を確かめたり、日常生活等に生かしたりする活動	算数の学習場面から算数の問題を見いだして解決し、結果を確かめたり、発展的に考察したりする活動	問題解決の過程や結果を、図や式などを用いて数学的に表現し伝え合う活動
第6学年		日常の事象を数理的に捉え問題を見いだして解決し、解決過程を振り返り、結果や方法を改善したり、日常生活等に生かしたりする活動	算数の学習場面から算数の問題を見いだして解決し、解決過程を振り返り統合的・発展的に考察する活動	問題解決の過程や結果を、目的に応じて図や式などを用いて数学的に表現し伝え合う活動

　以上を踏まえた小学校第1学年の目標及び内容は、次の通り（文部科学省, 2017c, pp. 64-67）であり、算数の学習を始めるにあたって必要となる資質・能力の育成を図ることが期待されている。

・目標

（1）数の概念とその表し方及び計算の意味を理解し、量、図形及び数量の関係についての理解の基礎となる経験を重ね、数量や図形についての感覚を豊かにするとともに、加法及び減法の計算をしたり、形を構成したり、身の回りにある量の大きさを比べたり、簡単な絵や図などに表したりすることなどについての技能を身に付けるようにする。

（2）ものの数に着目し、具体物や図などを用いて数の数え方や計算の仕方を考える力、ものの形に着目して特徴を捉えたり、具体的な操作を通して形の構成について考えたりする力、身の回りにあるものの特徴を量に着目して捉え、量の大きさの比べ方を考える力、データの個数に着目して身の回りの事象の特徴を捉える力などを養う。

（3）数量や図形に親しみ、算数で学んだことのよさや楽しさを感じながら学ぶ態度を養う。

・内容

A　数と計算

（1）数の構成と表し方に関わる数学的活動を通して、次の事項を身に付けることができるよう指導する。

　　ア　次のような知識及び技能を身に付けること。

　　　（ア）ものとものとを対応させることによって、ものの個数を比べること。

　　　（イ）個数や順番を正しく数えたり表したりすること。

　　　（ウ）数の大小や順序を考えることによって、数の系列を作った

り、数直線の上に表したりすること。

(エ) 一つの数をほかの数の和や差としてみるなど、ほかの数と関係付けてみること。

(オ) 2 位数の表し方について理解すること。

(カ) 簡単な場合について、3 位数の表し方を知ること。

(キ) 数を、十を単位としてみること。

(ク) 具体物をまとめて数えたり等分したりして整理し、表すこと。

イ　次のような思考力、判断力、表現力等を身に付けること。

(ア) 数のまとまりに着目し、数の大きさの比べ方や数え方を考え、それらを日常生活に生かすこと。

(2) 加法及び減法に関わる数学的活動を通して、次の事項を身に付けることができるよう指導する。

ア　次のような知識及び技能を身に付けること。

(ア) 加法及び減法の意味について理解し、それらが用いられる場合について知ること。

(イ) 加法及び減法が用いられる場面を式に表したり、式を読み取ったりすること。

(ウ) 1 位数と 1 位数との加法及びその逆の減法の計算が確実にできること。

(エ) 簡単な場合について、2 位数などについても加法及び減法ができることを知ること。

イ　次のような思考力、判断力、表現力等を身に付けること。

(ア) 数量の関係に着目し、計算の意味や計算の仕方を考えたり、日常生活に生かしたりすること。

B 図形

(1) 身の回りにあるものの形に関わる数学的活動を通して、次の事項を身に付けることができるよう指導する。

　ア　次のような知識及び技能を身に付けること。

　　(ア) ものの形を認め、形の特徴を知ること。

　　(イ) 具体物を用いて形を作ったり分解したりすること。

　　(ウ) 前後、左右、上下など方向や位置についての言葉を用いて、ものの位置を表すこと。

　イ　次のような思考力、判断力、表現力等を身に付けること。

　　(ア) ものの形に着目し、身の回りにあるものの特徴を捉えたり、具体的な操作を通して形の構成について考えたりすること。

C 測定

(1) 身の回りのものの大きさに関わる数学的活動を通して、次の事項を身に付けることができるよう指導する。

　ア　次のような知識及び技能を身に付けること。

　　(ア) 長さ、広さ、かさなどの量を、具体的な操作によって直接比べたり、他のものを用いて比べたりすること。

　　(イ) 身の回りにあるものの大きさを単位として、その幾つ分かで大きさを比べること。

　イ　次のような思考力、判断力、表現力等を身に付けること。

　　(ア) 身の回りのものの特徴に着目し、量の大きさの比べ方を見いだすこと。

(2) 時刻に関わる数学的活動を通して、次の事項を身に付けることができるよう指導する。

> ア　次のような知識及び技能を身に付けること。
>
> （ア）日常生活の中で時刻を読むこと。
>
> イ　次のような思考力、判断力、表現力等を身に付けること。
>
> （ア）時刻の読み方を用いて、時刻と日常生活を関連付けること。

D　データの活用

> （1）数量の整理に関わる数学的活動を通して、次の事項を身に付けることができるよう指導する。
>
> ア　次のような知識及び技能を身に付けること。
>
> （ア）ものの個数について、簡単な絵や図などに表したり、それらを読み取ったりすること。
>
> イ　次のような思考力、判断力、表現力等を身に付けること。
>
> （ア）データの個数に着目し、身の回りの事象の特徴を捉えること。

c　数学的な側面と接続：領域「環境」と小学校算数科

　領域「環境」は周囲の様々な環境に好奇心や探究心をもって関わることを重視している。ここに、小学校第 1 学年における数学的活動の一つである「身の回りの事象を観察したり、具体物を操作したりして、数量や形を見いだす活動」との算数・数学という点での幼小接続を見ることができ、知識・技能を身に付けることや思考力等を育成することとともに、目標（3）における「数量や図形に親しみ、算数で学んだことのよさや楽しさを感じながら学ぶ態度」を育てることの達成が、幼児期の教育の影響を強く受けると考えることができる。また数や量、図形などの算数科における学習の対象は、領域「環境」の内容項目として「（9）日常生活の中で数量や図形などに関心を

もつ。」に明示されている。さらに同領域に関する「内容の取扱い」(5)においても、幼児期の教育では、数量に関する知識や技能の習熟を目指すのではなく、数量に関わる感覚を豊かにできるようにすることによって小学校の学習の基盤となることが特筆されている。

　文部科学省（2018a）では、幼稚園における領域「環境」に関して、「教師や友達と一緒にグループの人数を確認してからおやつを配る」や「どちらの砂山が高いかを比べたりする」、などの体験が事例として挙げられている（p. 193）。「教師や友達と一緒にグループの人数を確認してからおやつを配る」体験は、「数える」活動が含まれており、グループの人数とおやつを1対1対応させる経験に関係する。「どちらの砂山が高いかを比べたりする」体験は、「高さ」という概念の源となる経験であり、「友達より高い山を作りたい」という幼児期の子どもの素朴な気持ちから生まれる必要感や興味・関心を伴った「量の比較」の活動を含むことが期待できる。

　このように、領域「環境」の特に内容項目（9）に関する遊びや体験は、小学校算数科の学習において期待される活動に類似な内容が含まれている。このことから、幼稚園においては小学校算数科の、小学校算数科においては幼稚園での、それぞれの体験や学習の内容を踏まえ、環境設計や教材研究などをすることは1であげた現状および今後求められる教育の実現に対し重要である。

　例えば、小学校第1学年における「A　数と計算」には、「数の構成と表し方」に関する知識・技能として「ものとものとを対応させることによって、ものの個数を比べること。」がある。ものの個数を比べることは、それぞれの個数を数えなくても可能である。例えば、二種類のおはじきをそろえて並べるなどの工夫をすることで、それぞれのおはじきの個数の大小や相当を判断することができる。上述の「子どもの人数とおやつの数」をはじめ、これは幼児期の教育において、遊びを通して子どもは体験している。椅子取りゲームもその一つである。このゲームにおいて勝敗が決まるのは、「子どもの

人数に対して、椅子の数が少ない」からである。そして、「椅子に座る」ことが1対1の対応付けであり、子どもがゲームに勝つために座ろうとする椅子を定める行為は、椅子の個数と人数の大小関係を踏まえており、対応付けの理解の基礎となる。また椅子取りゲームのような1対1の対応付けとの関与がみられる遊びを、子どもが「する」ことだけでなく、子ども自身がこのような場面を取り入れたゲームを「考えだす」ようになることも期待したい。これは小学校において、1対1対応の例を創造することにつながる経験であり、子どもの算数の学びを支えるものである。さらに、この内容の発展である加法・減法の学習や「D　データの活用」における「ものの個数について、簡単な絵や図などに表したり、それらを読み取ったりする」知識・技能、「データの個数に着目し、身の回りの事象の特徴を捉える」思考力等の育成につながることが期待される。

　また領域「環境」の内容項目（9）は、その他の内容項目との関連を意識し、保育のための環境づくりをすることによって、小学校算数科との接続に関わる幼児期にある子どもの体験を豊かにするものになる。例えば、「(1) 自然に触れて生活し、その大きさ、美しさ、不思議さなどに気付く。」および「(2) 生活の中で、様々な物に触れ、その性質や仕組みに興味や関心をもつ。」などは、特に図形に対する関心を促し、感覚を育てることが期待される内容項目である。

　文部科学省（2018a）にも内容項目（9）の事例として触れられているが、自然の中の美しさや不思議さには、形などの数学的なパターンを含むものが多くある。例えば花の全体的な形の中には対称性を見いだすことができる。例えば異なる花でも、花びらの形が同じようなものだったり、花びらの数が同じだったりすることがある。また生活の中にあるものの性質や仕組みには、数学的に説明することができるものが多くある。例えば自動車や電車などにはタイヤなど「〇（まる）」が同じようについていて、その「〇（まる）」が転がって動いている。でも、お菓子の筒もボールも転がるのに、なぜ自動車

などについているのは「○（まる）」か、という疑問が生まれる。これらは、「数学的な何か」として子どもに意識されることがなくても、「Ｂ　図形」における「(ア) ものの形を認め、形の特徴を知ること。」の素地として重要である。なぜならば、自然や生活の中で観察などを通して何気なく触れるこのような美しさなどを感得する機会が図形への関心を促すからである。そして、算数の学びが自分の将来に対する必要感からのみ生まれるのではなく、身近にある数学そのものの美しさや機能性に対する興味・関心から生まれることで、主体的な学びにつながると考えられるからである。このような環境づくりが幼児期の教育において期待される。

(2) 幼小接続における領域「言葉」および「表現」の重要性

　(1) c にあげた数や量、図形に関する幼児期の教育における遊びや体験と、小学校算数科の学びとが真に接続するためには、幼児期における言葉や描画、制作などによる自分なりの表現が重要である。小学校算数科での学びは、このような幼児期における様々な表現を、数学的に洗練していくことによって充実すると考えられるからである。よって、幼児期の教育を通して、この時期ならではの数や量、図形に関する多様な表現に触れること、子ども自身で表現すること、これらを経験し、豊かな感覚がはぐくまれていること、が求められる。

　このことの重要性は、文部科学省（2018a）における幼稚園のそれぞれの領域の説明からも読み取ることができる。例えば、領域「言葉」について、ねらいとして「(3) 日常生活に必要な言葉が分かるようになるとともに、絵本や物語などに親しみ、言葉に対する感覚を豊かにし、先生や友達と心を通わせる。」ことがある。幼稚園教育要領において意図する「絵本や物語への親しみ」や「言葉に対する感覚」とは異なる側面はあるが、小学校算数科における問題作りの活動や文章題の解決にもみられるように、特に「数、式」の意味理解と「言葉」に対する感覚や文章表現との関係は密接であり、幼児期

の教育からこの点が充実することが必要である。「数」や「式」はそもそも
何らかの事象を表すための方法である。これを幼児期の教育から経験的に取
り入れていきたいものである。

　実際、幼児期から小学校の子どもを対象とした数や量、図形などの絵本や
物語は多く出版されている。例えば安野 (1982) は、「はじめてであうすう
がくの絵本」など 4・5 歳児を対象とする絵本を執筆している。また、数や
量、図形との関係が明確にされていなくても、トルストイによる「おおきな
かぶ」の展開において、大きな「かぶ」を畑から抜くために、またひとり、
またひとりと増えていく物語は、単位「1」に触れる場面であり、小学校に
おいてこれを「1」「1 + 1」「1 + 1 + 1」と置き換え、「1」「2」「3」に対応
させていくことができるようになることは、自然数の基礎を理解するもので
ある。これらの絵本を通して、数学の世界に縛られない幼児期において、数
学に触れ、その面白さに触れることができる機会を提供することが期待でき
る。しかしながら、大澤他 (2019) によると幼児期の数や量、図形の認識の
発達に適切である、あるいは幼小接続の課題に寄与することが期待される絵
本や関連する実践報告などは少なく、これらの課題を解決する絵本の作成の
必要性が述べられている。これを幼小接続における現状の課題の克服の一つ
の方法として考えることは有意味であると考える。

　また領域「表現」について、その内容項目として「(1) 生活の中で様々な
音、形、色、手触り、動きなどに気付いたり、感じたりするなどして楽し
む。」があり、これは小学校算数科における「B　図形」、「C　測定」の内
容にかかわるものである。

　「形」や「動き」への気付きは、身近にある「図形」という数学を発見す
ることである。手触りにもとづいて「形」の特徴を言語によって表現する、
例えば三角形の角を触って「つんつんしている」と表現することは、「頂
点」の理解の基礎を培うものである。幼少期から親しみのある楽器であるト
ライアングルでならば三角形の角に対応する部分は「つんつん」していない

し「つながっていない」部分もある。この表現が、平面図形における頂点が「角をなす二本の直線が交わる点」であること、楽器のトライアングルは数学における「三角形」ではないことの経験的な理解となり、数学的な表現へと洗練されていくことで、算数・数学の理解を深めることが期待される。例えばタングラムパズルで遊んでいると、四角形や三角形のピースから、四角形と三角形の違いだけでなく、三角形の仲間でもそれぞれの三角形に特徴があることへの気づきを期待できる。また正三角形や二等辺三角形、直角三角形が持つ形の面白さや美しさに気づき、この特徴を使って様々な形を自由に表現することは、小学校第1学年においても取りあげられており、「ものの形に着目し、身の回りにあるものの特徴を捉えたり、具体的な操作を通して形の構成について考えたりすること。」の学びにつながる経験である。「ぴったり重なる」形、つまりは合同な二等辺三角形のピースを複数枚使って、魚やヨットなどいろいろな形を作ることは、図形の合成と分解の活動を含む。これらが、その後の平面図形の定義や性質、合同や相似などの図形間にある関係などについての基礎的な知識を理解するための基礎となる。

　また「音」は「量」として置き換えることができる。びんやコップに水を入れて叩くと、水の量によって音は変わる。また、同じ形のコップに同じ量の水を入れると、同じ音が聞こえてくるが、違うコップに、「見た目」同じくらいの量の水を入れても、なかなか同じ音にはならない。このことは、量の認識の基礎になるものであり、小学校での算数の学びの礎になる。さらに、この経験は、変数の考え方の基礎となるものであり、小学校第4学年以降の学習の内容となる、関数につながる経験になることが期待できる。

3　提案：幼児期の教育から一貫した学びの充実に向けて

　ここでは、2での考察を踏まえ、次の2点から幼児期の教育から一貫した算数・数学の学びの充実に向けた具体的な取り組みを提案する。

・就学前算数絵本の作成および活用と小学校算数科における児童による問
　題作り
・幼児期から小学校低学年における STEAM 教育の実現

（1）就学前算数絵本の作成および活用と小学校算数科における児童による
　　問題作り

　大澤他 (2019) は、先行研究の成果を基に、小学校入学前の幼児を対象と
した算数絵本が備えるべき要素や配慮事項についてまとめ、対象年齢に応じ
たページ数並びに 1 ページの文字数などを検討し、絵本を作成している。ま
た二宮他 (2008) は、幼児期の教育を対象としてはいないが、小学校算数科
の学習に対して困難を持つ児童のための、手遊びなどの操作性を備えた絵本
を作成し、その効果について検証している。どちらも小学校算数科の内容を
意識しつつ、立式や数学的な事項によるものではなく、季節に沿って展開さ
れる物語や絵を通して数えていくことを促したり、手遊びで展開される物語
を通して数の構成や合成・分解について考え、発展させたりしていくことが
できる内容となっている。これらは、内容の点から幼稚園教育要領や保育所
保育指針などで定められた領域、特に「言葉」を踏まえ「環境」に含まれる
内容を豊かにしつつ、小学校算数科とのつながりを意識することができる幼
小接続に寄与する学習材となるものである。また幼児期の教育における絵本
などを通してはぐくまれた関心や感覚を活かし、小学校算数科において、児
童による算数の文章題の作成や「おおきなかぶ」のような算数物語を創造す
ることは有意味であると考える。

　この取り組みのための課題として、大澤他が指摘するように、日本におけ
る数学の内容に関連する絵本の整理や幼児期の子どもを対象とする絵本の作
成が必要である。また、作成においては、対象年齢に対し、数学的な側面だ
けでなく言葉などの側面を含む絵本の内容や、ページ数などを含む構成の妥
当性を保証する評価枠組みの開発が必要である。

（2）幼児期から小学校低学年における STEAM 教育の実現：スタートプログラムにおける算数科と生活科・図画工作科・音楽科での横断的学び

　2（2）でも述べたように、領域「環境」におけるねらいは、子どもが多様な表現に触れ、子ども自身でも多様な表現をすることによって、より良く達成され、「幼児期の終わりまでに育ってほしい姿」につながることが期待される。特に1で挙げた諸外国のような早期数学教育の実現に対する取り組みではなく、現在の日本の幼児期における教育を活かした取り組みを考え、実現するにあたっては、小学校第1学年を中心に実施される「スタートプログラム」における教科横断的な学習指導の実現を具体化することが必要である。近年、主に科学教育関連で進められている STEAM 教育の取り組みを取り入れることは、この一つの方策であると考える。

　例えば、立体図形や平面図形の理解に対し、図画工作科や音楽科における創作活動を活かし、算数科における取り組みを指導計画として工夫することがあげられる。これは、小学校がクラス担任制であるからこそできる教育課程の設計であり、幼児期における遊びや体験などを通した教育を踏まえた小学校第1学年の算数の学びを実現することにつながる。より具体的には、幼児期の教育において身の回りにある立体を使って、動物や建物などを表現したり、音を表現したりすることが考えられる。これはすでに小学校算数科にも含まれているが、上述の通り、「数学」という学問にとらわれない、幼児期の子どもにとっての必要感や興味・関心などによって支えられた表現の自由さが、小学校以降の算数・数学の厳密さ、抽象性などのよさや面白さを引き出すことにつながることが期待される。また、生活科において自然とのふれあいなどを通して集められた素材を使って、様々な表現をすることは、算数科においてもその「形」を活かすことであり、そのために、ものの形を認め、その特徴を知り、生かす活動へとつながる。これらを幼児期の教育から取り組み、小学校において徐々に数学へと洗練させていくことは、その先の中等教育段階までの一貫した教育の実現につながるものである。

　この取り組みのための課題として、教科横断的な取り組みの利点を実現しつつ、各教科の特性に基づく見方・考え方を生かす児童の学習活動の計画とその評価の難しさがある。幼児期の教育における評価との関連を踏まえながら、小学校第 1 学年のスタートプログラムならではの指導計画の検討・立案及び実施と評価に取り組むことが必要である。

4　おわりに

　本章では数や量、図形に対する幼児期の関心や感覚の育成から小学校算数科での学びへ、その接続と一貫性に焦点を当てて、検討・考察を行った。また 3 において提案した具体案は、すでに小学校において取り組まれているものもあるが、幼児期の教育との接続を意識するという点から取り組まれているものはほとんどない。これらについて、今後、理論的・実践的に進展することが期待される。

引用・参考文献

A. トルストイ（再話）内田莉莎子（訳）佐藤忠良（画）（1966）『おおきなかぶ』福音館書店

安野光雅（1982）『はじめてであうすうがくの絵本 1』福音館書店

松尾七重（2011）就学前から小学校低学年の子どもの図形指導プログラム構築のための枠組み　千葉大学教育学部研究紀要, **59**, 175-181.

松尾七重（2014a）就学前教育と小学校教育の連続性を考慮した算数教育プログラム案―数と計算, 量と測定領域を中心にして―　千葉大学教育学部研究紀要, **63**, 183-190.

松尾七重（2014b）就学前算数カリキュラム構成のための枠組み―小学校算数科との連携教育を目指して―　数学教育学論究臨時増刊, **96**, 169-176.

文部科学省（2017a）「幼稚園教育要領、小・中学校学習指導要領等の改訂のポイント」　http://www.mext.go.jp/component/a_menu/education/micro_detail/__icsFiles/afieldfile/2019/09/30/1421692_1.pdf（2019 年 8 月取得）

文部科学省（2017b）「幼稚園教育要領」　http://www.mext.go.jp/component/a_menu/

education/micro_detail/__icsFiles/afieldfile/2019/09/19/1384661_3_2.pdf（2019 年 8 月取得）

文部科学省（2017c）「小学校学習指導要領（平成 29 年度告示）」 http://www.mext. go.jp/component/a_menu/education/micro_detail/__icsFiles/afieldfile/2019/09/26/1413522_ 001.pdf（2019 年 8 月取得）

文部科学省（2018a）「幼稚園教育要領解説」 http://www.mext.go.jp/component/a_ menu/education/micro_detail/__icsFiles/afieldfile/2019/09/19/1384661_3_3.pdf（2019 年 8 月取得）

文部科学省（2018b）「小学校学習指導要領（平成 29 年度告示）解説　算数編」 http://www.mext.go.jp/component/a_menu/education/micro_detail/__icsFiles/afieldfi le/2019/03/18/1387017_004.pdf（2019 年 8 月取得）

無藤　隆（編著）（2018）『幼児期の終わりまでに育ってほしい 10 の姿』東洋館出版社

中橋　葵・岡部恭幸（2018）幼児期の数学教育における「遊びを通しての指導」の再検討　数学教育学会誌, **59(1/2)**, 59-66.

中和　渚（2017）日本の就学前教育のあり方の検討　全国数学教育学会誌　数学教育学研究, **23(2)**, 61-72.

二宮真一・辻　宏子・服部健治・佐々木恵（2008）算数に困難を示す子どもの教材及び指導法の開発　釧路論集：北海道教育大学釧路校研究紀要, **40**, 65-69.

大澤菜々子・青山和裕・辻　宏子（2019）小学校入学前の算数教育に効果的な絵本についての研究　日本科学教育学会研究会報告, **34(3)**, 171-174.

（辻　宏子）

第13章　幼児期の遊び（環境）から理科の学びへ

1　はじめに

　社会全体で情報化とグローバル化が進展し、競争と技術革新が求められている今日、幅広い知識の獲得や柔軟な思考による新たな知識の創出がますます重要になってきている。このような知識基盤社会の時代においては、科学技術の推進とそれを支える理数教育の充実が求められている。理数教育の国際的な通用性が一層問われてきたことを踏まえ、2008年の学習指導要領の改訂では、充実すべき重要事項の一つとして理数教育の充実が図られた。こうした方針は、2017年改訂でも継続されている。

　一方、2008年の「幼稚園教育要領」と「保育所保育指針」の改訂以降、幼児期の教育と小学校教育の連携・接続の重要性が指摘されている。

　理科教育の立場から幼児期の教育と小学校教育の連携・接続を考えたとき、直接的にその役割を担うのは生活科である。かつては理科も小学校第1学年から学習されていたが、1987年の学習指導要領改訂時に生活科が新設されたことに伴い、第1学年と第2学年の理科が廃止された。しかしながら、理科で育成が目指される自然の事物・現象に関する知識や観察、実験に関する技能、科学的に探究する能力、科学的に探究しようとする態度などはすべて自然との関わりを基盤として成立しているものである。このように捉えると、幼児期に経験する自然体験は理科にも結びつくものであり、理科教育の視点から幼児期の教育を捉え直すことで、幼児期も含めた総体としての理科教育の充実が可能になるものと思われる。

2　幼児期の教育と理科教育の連携・接続を捉える視点

　幼児期の教育と理科教育の関連を考えると、キーワードとなるのが「自然」である。2017 年改訂の学習指導要領に示された小学校理科の目標は以下の通りである。

第1　目標
　自然に親しみ、理科の見方・考え方を働かせ、見通しをもって観察、実験を行うことなどを通して、自然の事物・現象についての問題を科学的に解決するために必要な資質・能力を次のとおり育成することを目指す。
（1）自然の事物・現象についての理解を図り、観察、実験などに関する基本的な技能を身に付けるようにする。
（2）観察、実験などを行い、問題解決の力を養う。
（3）自然を愛する心情や主体的に問題解決しようとする態度を養う。

　「自然に親しみ」という書き出しから入るように、理科の学習は、児童が自然に親しむことから始まる。ここでいう「自然に親しむ」とは、単に自然に触れたり、慣れ親しんだりすることだけでなく、児童が関心や意欲をもって対象と関わることを通して、自ら問題を見出し、それらを探究していくこと、そのような活動の中で新たな問題を見出し、繰り返し自然の事物・現象に関わっていくことを含意している。
　一方、学校教育法を見ると、第 23 条に示された幼稚園教育の目標の一つとして以下の内容が示されている。

身近な社会生活、生命および自然に対する興味を養い、それらに対する正しい理解と態度及び思考力の芽生えを養うこと

　幼稚園教育の目標の一つとして、ことさらに「科学」や「理科」に言及し

ているわけではないものの、自然を対象としていることや、自然に対する正しい理解と態度及び思考力の芽生えを養うことは、理科教育の目標と関連するであろう。

　また、上記の学校教育法に基づいて定められた教育基準である幼稚園教育要領を見ると、第2章の領域「環境」に、次のような内容が示されている。

環境
周囲の様々な環境に好奇心や探究心をもってかかわり、それらを生活に取り入れていこうとする力を養う。

1　ねらい
（1）身近な環境に親しみ、自然と触れ合う中で様々な事象に興味や関心をもつ。
（2）身近な環境に自分からかかわり、発見を楽しんだり、考えたりし、それを生活に取り入れようとする。
（3）身近な事象を見たり、考えたり、扱ったりする中で、物の性質や数量、文字などに対する感覚を豊かにする。

2　内容
（1）自然に触れて生活し、その大きさ、美しさ、不思議さなどに気付く。
（2）生活の中で、様々な物に触れ、その性質や仕組みに興味や関心をもつ。
（3）季節により自然や人間の生活に変化のあることに気付く。
（4）自然などの身近な事象に関心をもち、取り入れて遊ぶ。
（5）身近な動植物に親しみをもって接し、生命の尊さに気付き、いたわったり、大切にしたりする。
（6）日常生活の中で、我が国や地域社会における様々な文化や伝統に親しむ。
（7）身近な物を大切にする。
（8）身近な物や遊具に興味をもってかかわり、自分なりに比べたり、関連付けたりしながら考えたり、試したりして工夫して遊ぶ。
（9）日常生活の中で数量や図形などに関心をもつ。
（10）日常生活の中で簡単な標識や文字などに関心をもつ。
（11）生活に関係の深い情報や施設などに興味や関心をもつ。
（12）幼稚園内外の行事において国旗に親しむ。

　領域「環境」には、そのねらいとして「身近な環境に親しみ、自然と触れ合う中で様々な事象に興味や関心をもつ」ことや「身近な環境に自分からかかわり、発見を楽しんだり、考えたりし、それを生活に取り入れようとする」ことが掲げられている。幼児期の教育で示される「環境」には、物的環境や人的環境、文化的環境、社会的環境なども含まれるが、当然のことながら自然環境も含まれる。自然と触れ合う中で様々な事象に興味や関心をもったり、自然環境に自分から関わって発見を楽しんだりすることは、小学校理科でいうところの「自然に親しむ」に関連が深いものと言える。また、内容として示されている、「(1) 自然に触れて生活し、その大きさ、美しさ、不思議さなどに気付く」「(3) 季節により自然や人間の生活に変化のあることに気付く」「(4) 自然などの身近な事象に関心をもち、取り入れて遊ぶ」「(5) 身近な動植物に親しみをもって接し、生命の尊さに気付き、いたわったり、大切にしたりする」などは直接的に理科の学習につながるものであると捉えられる。

3　自然との関わりは何をもたらすか

3-1　生命を尊重する態度の育成

　小学校理科も、幼児期の教育における領域「環境」も、自然との関わりを重視している。この背景について見ると、教育基本法に「生命を尊び、自然を大切にし、環境の保全に寄与する態度を養うこと」と記されている。また、義務教育の目標を示した学校教育法第21条に「学校内外における自然体験活動を促進し、生命及び自然を尊重する精神並びに環境の保全に寄与する態度を養うこと」と示されており、生物を愛護し生命を尊重する態度の育成のために自然との関わりが位置付けられていることがわかる。

　動植物との関わりを含めた自然との関わりが、生命尊重の態度の育成に有効であることは学術的にも明らかにされている。例えば岩間ら（2014）は、

大学生を対象として、自然体験や生物に関する体験が、生命とは何かということについての考え方である「生命観」に及ぼす効果とその意義を考察している。そこでは、(1)「自然体験」は生命観育成のための基礎的体験として有効であること、(2) 生物に関する「学習体験」は、動物や植物に対する生命観育成に有効であること、(3)「動物の飼育・接触体験」は、動物に対する生命観育成に有効であること、(4) 自然に恵まれた環境は生命観育成に有効であることが明らかにされている。

　理科の目標として「自然を愛する心情」が明記されていることは、我が国で教科「理科」が出現した当時から脈々と受け継がれてきたものであり、日本の独自性を示す目標とも言える。1891 年の「小学校教則大綱」には、高等小学校の理科の目標として「理科は、通常の天然物・及び現象の観察を精密にし、其の相互・及び人生に対する関係の大要を理解せしめ、兼ねて天然物を愛するの心を養うを以って要旨とす」と示されている。情報化やグローバル化の急速な進展に伴い、学校教育においても国際的な通用性が求められているが、自然との関わりを通した生命尊重の態度の育成は時代を問わない普遍的な目標と言える。

　幼児期における生き物の関わりを通した生命尊重の態度の育成の例として、次のようなエピソードを紹介する。このエピソードは、園で飼育していたウサギの死に直面したときの幼児の姿である。

　ある朝、ウサギの様子を飼育小屋に見に行ってみると、死んでいた。かなり老齢であったウサギだったため、夜の寒さに耐えられなかったのだろうか。なきがらをダンボール箱に入れ、幼児にウサギが死んでしまったことを伝えた。話を聞き終えると、幼児は「シロちゃん、かわいそうだね」、「シロちゃん、天国に行ったの？」、「お墓はどこにつくるの？」と言いながら、ダンボール箱をのぞき込んだ。その後、幼児は、年長児をまねて、園庭からウサギが好きだった葉や花を摘んできてダンボール箱に入れた。

文部科学省, 2013, pp. 118-119

　生き物との関わりは、予期せぬことも起こり得る、まさに現実の機会である。その関わりのすべてが心地よいものばかりではなく、ときにはこのエピソードのように、生き物の死を目の当たりにすることもある。自分たちの関わりの中で生き物の死を感じることは、かけがえのない生命の尊さや大切さに気付く契機にもなるし、それが後の飼育への責任感にもつながる。生命尊重の態度の育成を考えたとき、「生」に触れることと同様に、「死」に触れることも重要な意味をもつ。

3-2　豊かな感性の涵養

　自然との関わりは、豊かな感性を育むことにもつながる。理科教育から捉える感性とは、「自然の事物・現象に潜む価値あるものに直感的に気付く感覚」（太田ら, 2018, p. 3）である。2016 年に示された「幼稚園、小学校、中学校、高等学校及び特別支援学校の学習指導要領等の改善及び必要な方策等について（答申）」では、学校教育を通じて子どもたちに育てたい姿の一つとして、「変化の激しい社会の中でも、感性を豊かに働かせながら、よりよい人生や社会の在り方を考え、試行錯誤しながら問題を発見・解決し、新たな価値を創造していくとともに、新たな問題の発見・解決につなげていくことができること」を挙げている。

　小林ら（1992）は、五官（感）を用いて知覚する体験を原体験と位置付け、理科教育の基盤をなすものと説明している。原体験とは「生物やその他の自然物、あるいはそれらにより醸成される自然現象を触覚・嗅覚・味覚をはじめとする五官（感）を用いて知覚したもので、その後の事物・現象に認識を及ぼす体験のこと」（小林ら, 1992, p. 54）である。原体験の内容は、表 1 に示すように火・石・土・水・木・草・動物の 7 つの類型に分けて考えられており、豊かな原体験はこれらの組み合わせでなされるものとされる。こうした原体験について、「理科学習の基盤となる感性や意欲を育てるとともに、後に学習する知識と結びつき生きた知識や概念形成の基盤となるものである」

（小林ら, 1992, p. 53）として、原体験が感性を育てること、そしてその後の学習の基盤となることを説明している。

表1　原体験の類型と具体的事例（小林ら, 1992）

原体験の類型	具体的事例
火体験	・火をおこす　・物を燃やす　・熱さを感じる ・いろいろな物質の焦げるにおいを嗅ぐ　・煙たさを感じる ・火を消す
石体験	・石を投げる　・石を積む　・きれいな石をさがす　・石で書く ・石器をつくる　・火打ち石で火をおこす
土体験	・素足で土に触れる　・土のぬくもりと冷たさを感じる ・土を掘る　・土をこねる　・土器をつくる
水体験	・雨にぬれる　・自然水を飲む　・水かけ遊び　・浮かべる ・海や川などで泳ぐ　・川を渡る
木体験	・木に触れる　・木のにおいを嗅ぐ　・木の葉や実を集める ・棒を使いこなす　・木・竹・木の実でおもちゃをつくる
草体験	・草むらを歩く　・抜く　・ちぎる　・においを嗅ぐ ・食べる　・草で遊ぶ
動物体験	・捕まえる　・さわる　・においを嗅ぐ　・飼う　・見る ・声を聞く　・食べる

　幼稚園教育要領に目を向けると、前掲の領域「環境」の内容に「（1）自然に触れて生活し、その大きさ、美しさ、不思議さなどに気付く」ことが示されている。また、領域「環境」等のねらい及び内容に基づく活動全体を通して資質・能力が育まれている幼児の幼稚園終了時の具体的な姿である「幼児期の終わりまでに育ってほしい姿」のうち、下記に示すものはとりわけ理科と関係が深いものである。

（7）自然との関わり・生命尊重

　自然に触れて感動する体験を通して、自然の変化などを感じ取り、好奇心や探究心をもって考え言葉などで表現しながら、身近な事象への関心が高まるとともに、自然への愛情や畏敬の念をもつようになる。また、身近な動植物に心を動かされる中で、生命の不思議さや尊さに気付き、身近な動植物への接し方を考え、命あるものとしていたわり、大切にする気持ちをもって関わるようになる。

　かつてレイチェル・カーソン（1991）は、身近な自然と多く関わった子どもは、自然のもつ不思議さや神秘さに目を見張る感性である「センス・オブ・ワンダー」が育まれていくと述べた。領域「環境」の内容や「幼児期の終わりまでに育ってほしい姿」に示された、自然との触れ合いの中でもつ「不思議さ」は、まさにこのセンス・オブ・ワンダーと捉えられるものである。豊かな原体験によってセンス・オブ・ワンダーを育むことが、理科教育への第一歩といえよう。

　幼児期の子どもたちが感性を働かせている事例として、次のようなエピソードを紹介する。このエピソードは、福祉センターの職員にヒマワリの苗をもらい、そのヒマワリを栽培するときの幼児の姿である。

　日々成長するヒマワリに毎日水をかけながら、自分よりもだんだん高くなっている様子に驚き「あれ！こんなに背が高くなってる！」とF児は自分の背と比べる。「すごいね、だってセンターでもらった時は、こんなにちっちゃかったよ。不思議だな…」とG児も両手で小ささを表しながら言った。「ほんとにすごーい！」と茎を触ると「あっ痛い！」と手をひっこめた。「なんかが出てる」と茎をよく見ると「なんかいっぱい毛みたいなのが生えてる！」「ほんとだ」とみんなで茎を見たり、触ったりした。「そっと触れば痛くない！」「ほわほわしてる！」「でもチクチクする感じ！」など、それぞれの感触を言葉にして周りの友達や保育者に嬉しそうに伝えた。その後、はっぱも細かい毛が生えていることに気づき触って遊ぶ姿や、友達に知らせに行く姿が見られた。

公益財団法人ソニー教育財団, 2008, p. 15

　ヒマワリを栽培する過程で、視覚や触覚を通してヒマワリの成長や器官に対する不思議さを感じ取っている。茎や葉の表面の毛状突起への気付きは、ヒマワリの栽培に主体的に関わったからこそ生じたものと考えられる。2017年改訂の学習指導要領においては、問題解決の過程で「理科の見方・考え方」を働かせることが求められている。生物分野を中心に扱う「生命」を柱とする領域では、自然の事物・現象を主として共通性と多様性の視点で捉え

ることが求められる。ヒマワリの栽培を通してそのつくりの不思議さを感じ
取った子どもたちは、小学校以降の学習において「ヒマワリの茎や葉に見ら
れた特徴は他の植物にも見られるのだろうか」であるとか、「茎や葉に見ら
れた毛状突起は根にはあるのだろうか」などの見方を働かせることが期待さ
れる。

4　理科教育は何を目指すのか

4-1　科学的リテラシー

　前節では、幼児期の教育と理科教育の関連について、自然との触れ合いや
関わりという共通項から、特に生命を尊重する態度と感性の観点から論じた。
これらは、情意的な面を中心とした性格をもつものと言える。一方で、幼児
期も含めた総体として理科教育の充実を図ろうとするとき、理科教育がどの
ような能力の育成を目指すのかを明らかにする必要がある。本節では、国際
的な通用性という観点から、科学的リテラシーを取り上げ、幼児期の教育と
理科教育の関連について検討する。

　科学的リテラシーは、1950 年代にアメリカ合衆国で示された概念であり、
今日では科学教育の基本的な枠組みを示す概念として世界的に普及している。
日本においては、1970 年代に導入され、1990 年以降に議論が活発化されて
いった（齊藤・長崎, 2008）。

　世界的に普及している概念である一方で、科学的リテラシーの定義は明確
に定まったものではない。

　例えば、米国科学振興協会（AAAS）のプロジェクト 2061 においては、次
のように示されている（AAAS, 1989, p. 2）。

　科学的リテラシーを備えた人物というものは、科学、数学、技術がそれぞれの長
所と制約を持ち、かつ相互に依存する人間活動であるということを意識した上で、

科学の主要な概念と原理を理解し、自然界に精通してその多様性と統一性の双方を意識し、個人的、社会的目的のために科学的知識と科学的な考え方を用いるような人物である。

また、次のような文言も認められる（AAAS, 1989, p. 3）。

　科学的リテラシーに関係する指導は、科学的探究と科学的価値に内在する精神や特徴と調和する必要がある。このことはすなわち、学習すべき解答からではなくまず現象に関する疑問から始めるようなアプローチを意味し、生徒たちが仮説、証拠の収集と利用、探究や過程に関する構想を積極的に活用できるようにし、生徒たちの好奇心や創造性を重視するアプローチを意味する。

　プロジェクト2061においては、科学の主要な概念の理解、科学的知識と科学的な考え方、さらには探究の過程や好奇心や創造性などの科学的価値に内在する価値などが重要視されていることが読み取れる。

　2015年に実施された国際学習到達度調査（PISA）では、「科学的リテラシーとは、思慮深い市民として、科学的な考えを持ち、科学に関連する諸問題に関与する能力」と定義されている。また、科学的リテラシーを身に付けた人は、科学やテクノロジーに関する筋の通った議論に自ら進んで携わり、①現象を科学的に説明する、②科学的探究を評価して計画する、③データと証拠を科学的に解釈することのできる能力（コンピテンシー）を備えるとされた。

　さらに、1997年にカナダで策定された「幼稚園から第12学年までの科学の学習成果に関する共通フレームワーク」では、「科学的リテラシーとは、生徒が探究、問題解決および意思決定の能力を発達させ、生涯学習者となり、そして自分たちを取り巻く世界に関する不思議さに惹かれる感覚（センス・オブ・ワンダー）を持ち続けるために必要な、科学に関しての態度、スキルおよび知識の結合体であり、またそれは進歩していくものである」と定義されている（小倉, 2006, p. 4）。

　このように、科学的リテラシーの定義は一様ではなく多義的であるが、いずれにせよ、科学的リテラシーは、科学に関する知識のみならず、科学的能力（コンピテンシー）や態度も不可欠であること、そして、科学の領域にとどまるのではなく、日常生活や社会をも射程にとらえた概念であることがわかる。また、カナダで策定されたフレームワークにおいて、前節で取り上げた「センス・オブ・ワンダー」が明示されていることは注目に値する。

　さて、我が国における科学的リテラシーの捉え方を見ると、2008 年の中央教育審議会答申において、「次代を担う科学技術系人材の育成がますます重要な課題になっているとともに、科学技術の成果が社会全体の隅々にまで活用されるようになっている今日、国民一人一人の科学に関する基礎的素養の向上が喫緊の課題となっている」（中央教育審議会, 2008, p. 55）ことが指摘されている。ここで示される「科学に関する基礎的素養」は、アメリカ等やPISA で強調される科学的リテラシーよりもはるかに限定的な内容ではあるものの、科学的リテラシーに重なるものと捉えられる（大髙, 2018）。答申の記述より、我が国においても国民一人一人が科学的リテラシーを身につけることが求められていることがわかる。

4-2　日本の子どもの現状

　科学的リテラシーの育成を理科教育の目標として捉えたとき、我が国の子どもたちの現状はどのようなものなのか。本項では、科学的リテラシーを測る国際的な学力調査である PISA 調査の結果をもとに、日本の子どもの理科の学力を把握する。

　PISA 調査は、OECD（経済協力開発機構）が 2000 年から 3 年ごとに実施している 15 歳児を対象とした国際学力調査である。PISA 調査では、学校で学習される各教科の学習内容の理解度を測ることではなく、知識や技能を実生活の様々な場面で直面する課題にどの程度活用できるかを測ることを目的としており、測定される学力分野は、読解力、数学的リテラシー、科学的リ

表2 PISA2015における科学的リテラシーの枠組みの側面

科学的知識 （Knowledge）	科学的知識の基礎となる主な事実、概念、説明的理論の理解。このような知識は、自然界と技術的人工物の両方に関する知識（内容に関する知識）、内容に関する知識がどのように生み出されるかに関する知識（手続に関する知識）、科学的な手続の根底にある根本原理及びその手続を用いることの正当性に関する知識（認識に関する知識）を含む。
科学的能力 （Competencies）	現象を科学的に説明し、科学的探究を評価して計画し、データと証拠を科学的に解釈する能力。
科学に対する態度 （Attitude）	科学・技術への興味・関心、探究に対する科学的アプローチへの価値付け、環境への意識といった科学に向かう態度。
文脈 （Contexts）	ある程度の科学・技術の理解を必要とする個人的、地域的／国内的、地球的な諸問題であり、今日的で歴史的なもの。

出典：OECD（2016）。ただし、和訳は松原（2017）による。

表3 科学的能力

現象を科学的に説明する	自然やテクノロジーの領域にわたり、現象についての説明を認識し、提案し、評価する。
科学的探究を評価して計画する	科学的な調査を説明し、評価し、科学的に問いに取り組む方法を提案する。
データと証拠を科学的に解釈する	様々な表現の中で、データ、主張、論（アーギュメント）を分析し、評価し、適切な科学的結論を導き出す（注：アーギュメントとは、事実と理由を提示しながら、自らの主張を相手に伝える過程を指す）。

テラシーの 3 つである。2015 年調査では、日本の約 6600 人を含む 72 の国
と地域の約 54 万人が参加した。日本の調査対象は、全国の高等学校、中等
教育学校後期課程、高等専門学校の 1 年生である。

　2015 年調査では、科学的リテラシーについて重点的な調査が行われた。
PISA2015 では、科学的リテラシーの枠組みとして表 2 に示す 4 つの枠組み
が示されている。また、科学的能力（コンピテンシー）の具体として、表 3 に
示す 3 点が示されている。

　表 4 に、科学的リテラシー全体及び科学的能力の平均得点の上位 5 か国を
示す。日本の科学的リテラシー全体の平均得点は 538 点であり、シンガポー
ルに次いで 2 番目に高い。また、3 つの科学的能力のいずれにおいてもシン
ガポールに次いで 2 番目に高く、日本の子どもの科学的リテラシーの水準は
国際的に見て上位であることがわかる。

表 4　PISA2015 における科学的リテラシーの国際比較（上位 5 か国）

	科学的リテラシー全体	平均得点	現象を科学的に説明する	平均得点	科学的探究を評価して計画する	平均得点	データと証拠を科学的に解釈する	平均得点
1	シンガポール	556	シンガポール	553	シンガポール	560	シンガポール	556
2	日本	538	日本	539	日本	536	日本	541
3	エストニア	534	台湾	536	エストニア	535	エストニア	537
4	台湾	532	フィンランド	534	カナダ	530	台湾	533
5	フィンランド	531	エストニア	533	フィンランド	529	マカオ	532

　一方、PISA 調査では、学力調査のほか、生徒質問紙調査を実施している。
PISA2015 では、生徒の科学に対する態度に関する、①「探究に対する科学
的アプローチの価値付け」、②「科学の楽しさ」、③「広範な科学的トピック
への興味・関心」、④「理科学習に対する道具的な動機付け」、⑤「理科学習
者としての自己効力感」、⑥「科学に関連する活動」、⑦「30 歳時に科学関
連の職業へ就く期待」の 7 つの観点について調査が行われた。

　図 1 は、上記②、④、⑤、⑥の四つの指標をレーダーチャートで示したも
のである。2015 年調査の日本の結果のほか、同年の OECD 平均、2006 年の

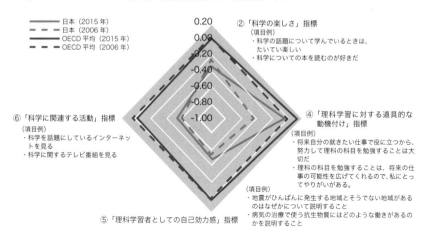

図1　PISA2015 における科学に対する態度

日本の結果、同年の OECD 平均が示されている。

　2006 年調査と 2015 年調査の結果を比較すると、②「科学の楽しさ」については肯定的な回答が減少したが、④「理科学習に対する道具的な動機付け」、⑤「理科学習者としての自己効力感」、⑥「科学に関連する活動」指標の三つの指標においては、肯定的な回答が増加した。しかしながら、OECD平均と比較すると、四つの観点のいずれについても 2006 年調査から依然として低い結果となっている。

　科学に対する興味や関心といった科学に対する態度は、科学的リテラシーにおいて重要な役割を果たす。科学技術が生活の中に深く浸透してきている今日、科学の専門家のみならず、一般市民にも、科学や技術に対する興味・関心をもち、科学や技術が関わる問題に主体的に参加する態度をもつことが求められている。科学に対する態度も含めた科学的リテラシーの育成は、日本の理科教育における喫緊の課題といえる。

4-3　NGSS における幼児を対象とした科学教育

　すべての市民にとっての科学的資質・能力としての科学的リテラシー育成

が目指される中で、国外では、幼児期からの一貫した科学教育が展開されている。本項では、その取り組みの一つとして、米国の『次世代科学スタンダード（Next Generation Science Standards）』（以下、NGSS）を取り上げる。

　米国では、2011 年に、Kindergarten から第 12 学年の学習者が科学教育で学習すべき内容が掲載された『A Framework for K-12 Science Education』が示された。また、2013 年には、このフレームワークに基づき、NGSS が発表され、K-12 における科学教育の展望が示されている。NGSS に示される学年帯は、我が国の幼稚園から小学校第 2 学年に相当する Kindergarten – 第 2 学年、小学校第 3 学年から第 5 学年に相当する第 3–5 学年、小学校第 6 学年から中学校第 2 学年に相当する第 6–8 学年、中学校第 3 学年から高等学校第 3 学年に相当する第 9–12 学年の 4 区分である。なお、米国の Kindergarten と我が国の幼稚園は異なる。混同を避けるため、本項において Kindergarten を指す場合には幼稚園と訳さずに Kindergarten の語を採用する。

　NGSS には、各学年帯の「期待されるパフォーマンス（Performance Expectations）」が示されている。この「期待されるパフォーマンス」は、「学問上中心となる考え（Disciplinary Core Ideas）」「科学と工学の実践（Science and Engineering Practices）」「領域横断概念（Crosscutting Concepts）」の 3 点からなる。

　NGSS で扱われる科学の教育内容のうち、K 学年（Kindergarten の 5 歳段階をさす）で扱われるのは物理科学では「運動と安定：力と相互作用」と「エネルギー」、生命科学では「粒子から有機体へ：構造とプロセス」、地球・宇宙科学では「地球のシステム」と「地球と人類の活動」の 5 つである（村津, 2014）。

　また、「科学と工学の実践」は、以下に示す 8 つの構成要素で成り立っており、NGSS では各学年段階別の子どもの姿や活動が示されている。

1　問いを生成すること、問題を定義すること
　　（Asking questions and defining problems）
2　モデルを開発して利用すること
　　（Developing and using models）

3　探究を計画して遂行すること
　　（Planning and carrying out investigations）

4　データを分析して解釈すること
　　（Analyzing and interpreting data）

5　数学や計算の思考を用いること
　　（Using mathematical and computational thinking）

6　説明を構成すること、解決策をデザインすること
　　（Constructing explanations and designing solutions）

7　証拠に基づくアーギュメントに携わること
　　（Engaging in argument from evidence）

8　情報を得て、評価し、コミュニケーションすること
　　（Obtaining, evaluating, and communicating information）

　また、K学年で扱われる教育内容に関する「科学と工学の実践」の到達目標を表5に示す。

表5　K学年における「科学と工学の実践」の到達目標（石崎, 2013 を一部改変）

領域の中心的概念	科学と工学の実践	
	構成要素	具体的目標
K-物理科学2 運動と安定：力と相互作用	3	教師のガイドを受けながら、仲間と協力して探究を計画し、実行する。
	4	意図した通りに動くかどうかを判断するため、ものや道具を使って試し、得られたデータを分析する。
K-物理化学3 エネルギー	3	比較ができるデータを集めるための（直接、もしくはメディアを使った）観察を行う。
	6	特定の問題を解決するための装置や解決策をデザイン・作成するために、与えられた道具や材料を用いる。
K-生命科学1 粒子から有機体へ：構造とプロセス	4	科学の問いに答えるべく、自然界に存在するパターンを描くために（直接、もしくはメディアを使った）観察を行う。

K-地球科学と宇宙科学2 地球のシステム	4	科学の問いに答えるべく、自然界に存在するパターンを描くために（直接、もしくはメディアを使った）観察を行う。
	7	主張を支えるような証拠をもったアーギュメントを構築する。
K-地球科学と宇宙科学3 地球と人類の活動	1	デザインされた世界に関するより多くの情報を見出すための観察に基づき、問いを生成する。
	2	自然界における関係性を説明するために、モデルを使用する。
	8	自然界におけるパターンを描くための科学的な情報を得るために、学年段階に応じたテキストと（もしくは）、メディアを用いる。
		口頭と（もしくは）、科学的な考えについての詳細を表すモデルと（もしくは）図を使って記述したものを用いて、解決策に関するコミュニケーションをとる。

　石崎（2013）は、NGSSにおけるK学年での科学教育の目標の特質として、「科学と工学の実践」の観点から次の3点を挙げている。第一に、Kindergartenの段階から科学と工学の実践に関する8つの本質的要素のそれぞれに対応した目標が明確に設定されている点である。この8つの要素について、学年段階が進行するとより高次の目標が設定されることになる。第二に、表5に示す具体的目標の中に、「実験」の記述が認められず、「観察」や「情報収集」を中心としている点である。第三に、「証拠に基づくアーギュメントに携わること」がK学年の段階から求められている点である。

　アメリカのKindergartenと我が国の幼稚園は異なるため、NGSSをそのまま適用できるものではない。幼児期の教育は遊びや生活を中心として展開されるものであり、例えばNGSSのような到達目標を設定し、その実現に向けて教育内容を構築することは幼児期の教育として相応しいものとはいえない。

　しかしながら、理科との接続を考えたとき、幼児期の教育を通じて育まれる具体的な姿を科学的な観点から捉えることは必要であろう。幼稚園教育要

領と結び付けて考えると、「思考力の芽生え」が相当すると考えられる。

> (6) 思考力の芽生え
>
> 　身近な事象に積極的に関わる中で、物の性質や仕組みなどを感じ取ったり、気付いたりし、考えたり、予想したり、工夫したりするなど、多様な関わりを楽しむようになる。また、友達の様々な考えに触れる中で、自分と異なる考えがあることに気付き、自ら判断したり、考え直したりするなど、新しい考えを生み出す喜びを味わいながら、自分の考えをよりよいものにするようになる。

　これを理科教育の立場から捉えると、「科学的な思考力の芽生え」として捉えられる。こうした見方は決して高度なものではなく、子どもたちの姿としてすでに見られるものでもある。その例として、次のようなエピソードを紹介する。このエピソードは、しぼんだ風船との出会いから風の力を実感し、おもちゃ作りに挑戦するときの幼児の姿である。

〈日曜参観でのおもちゃ作り〉

　子どもたちが作りたいと考えた『風で動くおもちゃ』の例や『子どもたちが作れそうなおもちゃ』の例を図示して、制作意欲を喚起した。親子で作るものを決めて、いろいろな材料の箱から子どもたちが選び、おもちゃ作りも子どもの活動を主体にしながら親子で作るよう促す。

　「ロケットポンプ」「スポーツカー」など、出来上がるとそれぞれに動かしてみるがうまく動かない。遊んでいるうちに牛乳パックがフニャフニャになり「空気の力が足りなくなった」と気付き、修理したり試行錯誤したりしながら遊ぶ。

　〈翌々日、作ったおもちゃをみんなで動かしてみる〉

　S児が、牛乳パックに車輪を付けた自動車をうちわで扇いで動かそうとしているがなかなか動かない。

　Y児「風が逃げているからだ。風が入るようにしたらいいのじゃない？」(牛乳パックの後ろの部分をはさみで切ってみようと提案する)

　S児、ハサミで切った部分に空気を送りながら動かそうとする。空気がうまく入ったときはビューンと前へ進み、喜んで何度も挑戦する。

　担任「もっと車がうまく進むには、どうしたらいいだろうか」

K児「車に風がいっぱい入るビニール袋を貼り付ける！」

公益財団法人ソニー教育財団, 2009

理科では、自然の事物・現象に影響を与えると考える要因を予想し、どの要因が影響を与えるかを調べる活動が行われる。上記のエピソードのうち、「空気の力が足りなくなった」ことに気付き、修理したり試行錯誤したりする様子や、牛乳パックで作った自動車がなかなか動かないときに空気の入り方に着目して改善を図ろうとする様子は、それぞれ空気の力や空気の入り方という要因がおもちゃの動き方に影響を与えることを考察していることを表している。

5　おわりに

現在の学校教育制度下では、幼児期から小学校低学年期において、理科教育は扱われていない。しかしながら、幼稚園教育要領には、領域「環境」のねらいの中で、「身近な環境に親しみ、自然と触れ合う中で様々な事象に興味や関心をもつ」と示されていたり、内容として「自然に触れて生活し、その大きさ、美しさ、不思議さなどに気付く」ことや「季節により自然や人間の生活に変化のあることに気付く」こと、「自然などの身近な事象に関心をもち、取り入れて遊ぶ」こと、「身近な動植物に親しみをもって接し、生命の尊さに気付き、いたわったり、大切にしたりする」ことが示されていたりと、小学校第3学年以降で扱われる理科につながる記述が認められる。また、幼児期の教育の実際からも、理科の学びにつながる子どもたちの姿が認められる。このことから、幼児期も含めた総体として理科教育の充実を図ることは可能である。

一方で、あくまでも幼児期の教育は遊びを中心とした生活を通して体験を重ねていくものであることに留意すべきである。理科教育の充実のために保

育者に求められるのは、身近な自然環境の中で科学を体験できるように環境
を構成することや、自然との触れ合いの中で生じる喜びや驚きに共感するこ
と、日常を取り巻く様々な場面に科学の側面があることを意識した教育を展
開することである。

引用・参考文献

American Association for the Advancement of Science (1989). *Science for All Americans*.
　　Oxford University Press. 邦訳：日米理数教育比較研究会（編訳）（2005）「すべ
　　てのアメリカ人のための科学」三菱総合研究所　http://www.project2061.org/pub
　　lications/2061Connections/2008/2008-02a.htm（2019 年 11 月 25 日取得）

Carson, R.L.(1965). *The Sense of Wonder*. New York: Joanna Cotler Books.（レイチェル
　　カーソン　上遠恵子（訳）（1991）『センス・オブ・ワンダー』佑学社）

中央教育審議会（2008）幼稚園、小学校、中学校、高等学校及び特別支援学校の学
　　習指導要領の改善について（答申）　文部科学省

中央教育審議会（2016）幼稚園、小学校、中学校、高等学校及び特別支援学校の学
　　習指導要領等の改善及び必要な方策等について（答申）　文部科学省

Council of Ministers of Education, Canada (1997). *Common Framework of Science
　　Learning Outcomes: Pan-Canadian Protocol for Collaboration on School Curriculum*.
　　邦訳：小倉　康（2006）「科学的探究能力の育成を軸としたカリキュラムにお
　　ける評価法の開発」平成 18 年度科学研究費補助金特定領域研究（課題番号
　　17011073）　https://www.nier.go.jp/ogura/ScFrCn97.pdf（2019 年 11 月 25 日取得）

石崎友規（2013）米国の Kindergarten（5 歳段階）における科学教育の目標分析─
　　次世代科学スタンダードの Practices の観点を中心に─　日本科学教育学会研
　　究会研究報告, **28**(5), 82-85.

岩間淳子・松原静朗・鳩貝太郎・稲田結美・小林辰至（2014）理科教育における体
　　験を通した生命理解と生命観育成─大学生の体験と生命観に関する調査結果の
　　分析─　理科教育学研究, **55**(2), 159-168.

小林辰至・雨森良子・山田卓三（1992）理科学習の基盤としての原体験の教育的意
　　義　日本理科教育学会研究紀要, **33**(2), 53-59.

国立教育政策研究所（2016）「OECD 生徒の学習到達度調査─2015 年調査国際結果
　　の要約─」　https://www.nier.go.jp/kokusai/pisa/pdf/2015/03_result.pdf（2019 年 11
　　月 29 日取得）

公益財団法人ソニー教育財団（2008）科学する心を育てる　実践事例集, **5**.　http://

www.sony-ef.or.jp/sef/preschool/practice/pdf/vol5_all.pdf（2019 年 11 月 29 日取得）

公益財団法人ソニー教育財団（2009）幼児教育支援プログラムウェブマガジン, **109**.
　　http://www.sony-ef.or.jp/sef/preschool/pdf/webmag/webmag109-02.pdf（2019 年 11
　　月 29 日取得）

松原憲治（2017）国際的な視点からみる理科の目標の枠組みと資質・能力の特徴
　　国立教育政策研究所紀要, **146**, 67-77.

文部科学省（2013）指導計画の作成と保育の展開（平成 25 年 7 月改訂）

文部科学省（2018）『小学校学習指導要領解説　理科編』東洋館出版社

文部科学省（2018）『幼稚園教育要領解説』フレーベル館

村津啓太（2014）アメリカ次世代科学スタンダードにおける幼稚園の教育内容　日
　　本科学教育学会研究会研究報告, **29(1)**, 93-96.

NGSS Lead States (2013). *Next Generation Science Standards, Vol. 2*. Washington, D. C.:
　　the National Academies Press.

OECD (2016). *PISA 2015 Assessment and Analytical Framework: Science, Reading,
　　Mathematic and Financial Literacy*. PISA 2015 Science Framework, DOI:10.
　　1787/9789264255425-3-en, OECD publishing.

太田雄久・粟生義紀・秋吉博之（2018）子どもの感性を育てる小学校理科授業の実
　　践とその効果の検証—小学校第 5 学年「電流の働き」の実践より—　理科教育
　　学研究, **59(1)**, 1-10.

大髙　泉（2018）グローバル化と科学教育—現状・課題・展望—　科学教育研究,
　　42(2), 55-64.

齊藤萌木・長崎栄三（2008）日本の科学教育における科学的リテラシーとその研究
　　の動向　国立教育政策研究所紀要, **137**, 9-26.

（杉山雅俊）

第14章　幼児期における遊びから小学校「生活」科の学びへ
―領域「人間関係」からの考察―

1　はじめに

　平成29年告示の幼稚園教育要領（2018）および小学校学習指導要領（2018）の改訂では、各学校段階を超えて将来の社会を切り開くための資質・能力が設定され、教育の連続性が重視されている。また、「主体的・対話的で深い学び」の実現に向けた授業改善の必要性が強調されている。

　小学校教科として「生活科」が設けられたのは平成元年の学習指導要領の改訂からで、その背景として幼児期の教育と小学校教育との段差が子どもたちにとって大きな課題となっていることがあげられた。その意味で、生活科は、幼児期の教育と小学校教育をつなぐ重要な教科である。

　また、今回の改定で重視されている「主体的・対話的で深い学び」について考えると、「主体的」とは自己のありようであり、「対話的」とは他者との関わりであり、自己の発達と他者との関わりという社会・情動的発達が基盤となり、幼児期の教育の領域「人間関係」が深く関連していると考えられる。

　本章では、生涯発達にとって必要な「資質・能力」の育成の前提となる幼児期の教育における領域「人間関係」と幼児期の教育との連続性の要となる小学校教科「生活科」を取り上げ、両者がどのように連続しているのか、そして、その連続性を確かにするための保育者と小学校教員双方の役割について考えていく。

2　人間関係形成の発達

　領域「人間関係」および「生活科」について考察する前に、両者に関連の深い、人間関係形成に関する乳幼児期の発達について概観する。

2-1　大人との関わり─アタッチメントの形成─

　他者との関わりは誕生時から、大抵は親を中心とする養育者との関わりから始まる。赤ちゃんの無意図的な発声に対して、養育者は「うれしいの？」「おなかすいたの？」と意味づけをして、応答的に関わる。やがて、子ども側も意図をもって養育者と関わるようになり、互いの意図の共有がなされ、共同注意が成立する。そして、このようなやりとりを通して、子どもと養育者の間に心の絆であるアタッチメント（第1章参照）が形成される。子どもは、アタッチメント対象を安全の基地として他者との関わりを広げていく。また、家庭だけでなく、保育所等においては、保育者がアタッチメント対象となり、他の大人や子ども同士の関係へと関わりが広がっていく。

2-2　子ども同士の関わり

　子どもは、子どもに対して大人とは異なった興味を持ち、生後7か月頃から見つめ合いや単純な模倣ではあるが子ども同士の関わりが開始される。そして、1歳過ぎには物の受け渡しや奪い合いなどのやりとりがみられ、2歳過ぎには大人が介在すればごっこ遊びもできるようになる。また、3歳頃には、一人で遊びながらも、傍で他者の存在を感じ、やがて、子ども同士の関わりが生まれてくる。子どもたちは、場を共有し一緒に遊びながらも各自のイメージで遊び、そこにいざこざが生じる。4歳頃になると、遊びの開始時にはイメージの共有を図ろうとする試みも見られてくる。しかし、イメージの共有には互いの思いを伝え合うコミュニケーション力や自分の思いを抑え

たりする情動調整が必要であり、そう簡単にうまくいくわけではない。また、遊びの開始時にイメージの共有がなされても、この時期はお家ごっこがレストランごっこに変化するなど遊びの進行とともに遊びが変化していき、イメージのずれによるいざこざが生じることも多々ある。子どもたちはこのような経験を繰り返しながら、友達と一緒に遊ぶ楽しさを感じ、同時に、他者との葛藤を通して、コミュニケーション力や情動調整、他者の思いや気持ちを理解する力、数名で遊ぶためのルールの必要性など、他者と関わる上での大切な社会・情動的発達を自ら培っていく。さらに、5歳頃になると、友達と一緒に、「お化け屋敷をつくろう」などと遊びの始めに目的を共有し、それに向けて協同して遊べるようになる。その過程では葛藤も生じるが、それを解決しながら、目的を達成していく。そして、このような経験により、他者とともに作り上げていくことの楽しさと達成感を味わえるようになる。

　大人の指示によって動くのではなく、自らの思いによって遊びを展開し、他者とぶつかりながら、他者と関わるために必要な他者の内面を理解する力やスキルを獲得し、他者と関わることの楽しさや、共に成し遂げることの達成感など、児童期以降の「主体的・対話的な深い学び」が可能となるための心情と基盤が形成されていく。

2-3　人間関係を支える他者理解の発達

　人との関わりにおいて、他者の内面的世界の理解が重要な要素となる。内面的世界には、心の理解（第1章参照）や他者の意図や感情の理解、他者の内的特性の理解などが含まれる。以下では、人との関わりにおいて特に重要であろうと思われる他者感情の理解の発達に焦点をあてる。

　人間の乳児は生まれながらに「人」刺激への敏感性をもっており、新生児は他児の泣き声につられて泣きだしてしまう（情動伝染）など無意識に他者の感情状態に反応するようである（久保, 2017）。そして、2歳頃になると他者の表情を理解し、3～4歳頃になると状況から他者の感情を推論できるよ

うになる。さらに、5歳頃になると自分の特性とは異なる特性を持つ他者の感情も推論できるようになる（松永, 2005）。また、人は他者とのかかわりの中で、相手に対して何らかの感情を抱く。このような他者とのやりとりの中で生じる感情の理解では、4歳頃になると、「優しいお友達が来たからうれしい」などと、感情を生起させる相手の内的特性を踏まえて、他者がその人に抱く感情を理解するようになる（麻生・丸野, 2007）。

　4歳頃は、他者感情の理解においても心の理論の発達においても質的な転換がみられ、同時に、この頃から数人の友達との連合遊びが見られるようになる。幼児の他者理解の発達と向社会的行動などの他児との関わりとの関連性も見出されている（伊藤, 1997）。

3　領域「人間関係」と幼児期の終わりまでに育ってほしい姿

　平成29年度の幼稚園教育要領の改訂において、幼児期の終わりまでに育ってほしい10の姿が設定された。ここでは、領域「人間関係」のねらいについて、幼児期の終わりまでに育ってほしい10の姿のうち領域「人間関係」と特に関係が深いと考えられる項目について取りあげながら概観する。

　領域「人間関係」のねらい及び領域「人間関係」と特に関連の深い幼児期の終わりまでに育ってほしい姿は、表1の通りである。

　領域「人間関係」のねらいは、「他の人々と親しみ、支え合って生活するために、自立心を育て、人と関わる力を養う。」ことである。他者と支え合って生活できるようになることは、人が社会の一員としてよりよい生活を送っていく上で非常に重要な要素である。他者に一方的に頼る存在ではなく、一人一人が自立心を持つことにより支え合うことができる。そして、実際に支え合えるための他者と関わる力が必要となる。他者と関わる力には、他者の気持ちや意図などの心を理解する力、他者を思いやったり他者と協力しようとしたりする心、他者と関わるためのコミュニケーション力、集団生活で

表 1　領域「人間関係」のねらいと「生活科」の教科目標・学年目標

領域「人間関係」のねらい	生活科の教科目標
他の人々と親しみ、支え合って生活するために、自立心を育て、人と関わる力を養う。	具体的な活動や体験を通して、身近な生活に関わる見方・考え方を生かし、自立し生活を豊かにしていくための資質・能力を次の通り育成することを目指す。
（1）幼稚園生活を楽しみ、自分の力で行動することの充実感を味わう。 （2）身近な人と親しみ、関わりを深め、工夫したり、協力したりして一緒に活動する楽しさを味わい、愛情や信頼感を持つ。 （3）社会生活における望ましい習慣や態度を身に付ける。	生活科で育成を目指す資質・能力 （1）活動や体験の過程において、自分自身、身近な人々、社会及び自然の特徴やよさ、それらの関わり等に気付くとともに、生活上必要な習慣や技能を身に付けるようにする。（知識及び技能の基礎） （2）身近な人々、社会及び自然を自分との関わりで捉え、自分自身や自分自身の生活について考え、表現することができるようにする。（思考力、判断力、表現力等の基礎） （3）身近な人々、社会及び自然に自ら働きかけ、意欲や自信をもって学んだり生活を豊かにしたりしようとする態度を養う。（学びに向かう力、人間性等）
幼児期の終わりまでに育ってほしい姿 （2）「自立心」 　身近な環境に主体的に関わり様々な活動を楽しむ中で、しなければならないことを目指し、自分の力で行うために考えたり、工夫したりしながら、諦めずにやり遂げることで達成感を味わい、自信をもって行動するようになる。 （3）「協同性」 　友達と関わる中で、互いの思いや考えなどを共有し、共通の目的の実現に向けて、考えたり、工夫したり、協力したりし、充実感をもってやり遂げるようになる。 （4）「道徳性・規範意識の芽生え」 　友達と様々な体験を重ねる中で、してよいことや悪いことが分かり、自分の行動を振り返ったり、友だちの気持ちに共感したり、相手の立場に立って行動するようになる。また、きまりを守る必要性が分かり、自分の気持ちを調整し、友達と折り合いを付けながら、きまりをつくったり、守ったりするようになる。	学年の目標 （1）学校、家庭及び地域の生活に関わることを通して、自分と身近な人々、社会及び自然との関わりについて考えることができ、それらのよさやすばらしさ、自分との関わりに気付き、地域に愛着をもち自然を大切にしたり、集団や社会の一員として安全で適切な行動をしたりするようにする。 （2）身近な人々、社会及び自然と触れ合ったり関わったりすることを通して、それらを工夫したり楽しんだりすることができ、活動のよさや大切さに気付き、自分たちの遊びや生活をよりよくするようにする。 （3）自分自身を見つめることを通して、自分の生活や成長、身近な人々の支えについて考えることができ、自分のよさや可能性に気付き、意欲と自信をもって生活するようにする。
幼稚園境域要領解説平成 30 年 3 月　文部科学省　フレーベル館　より抜粋	小学校学習指導要領（平成 29 年告示）解説生活編　文部科学省　東洋館出版社　より抜粋

必要な社会的規範の理解やそれをつくったり守ったりしようとする気持ちなど、様々な社会的認知能力と具体的なスキルなどが含まれる。そして、このような力を培っていくためには、愛着関係を基盤として、大人や子ども同士の関わりを通して人と関わることの心地よさや楽しさを十分味わい、親しみが持てるようになることが必要である。

　次に、具体的なねらいについて、考えていく。

　表1（1）は自分の力で行動することの充実感を味わうである。そして、このねらいと関連の深い幼児期の終わりまで育ってほしい10の姿が（2）「自立心」である。幼稚園生活を楽しいと感じ、自分の力で何かができたという達成感を味わえる経験の積み重ねによって、「自分でやれた」から「自分でできる」という自信を持つことができ、自立心へとつながっていく。このような経験は、日常の遊び、例えば、3歳頃では、砂場場面を例にすると、砂を少しずつ積んで、時には崩したりしながら、それでもまた積んで、子どもがイメージする山が完成し、「できたー」と子ども自身が思えるような、大人からみればごく些細なことの達成である。そして、このような経験を大人や友達から「できたね」と、ともに喜んでもらえることにより、自立心が一層確かなものとなり、同時に、他者との関わりの心地よさを感じる経験となり、他者との関わりを広げていく。4歳以降になると、遊びのイメージも発展し、それに伴って、子どもが作りたい制作物もより複雑になり、その達成に向けて考えたり工夫したり、諦めそうになったりしながら成し遂げいく経験が重要となる。保育者は、あくまで子どもが「自分でできた」という達成感を持てるように支えていくことが必要である。そして、このような経験の積み重ねが幼児期の終わりまでに育ってほしい自立心へと繋がっていく。

　ねらいの（2）は、他者へ愛情と信頼感を持つことである。そして、このねらいの達成は、幼児期の終わりまでに育ってほしい10の姿の中の（3）「協同性」と相互に関連し合っている。幼稚園等の集団生活の場に初めて入ることは、子どもたちにとって大きな不安がともなう。不安を抱えながらも、

保育者を心の安全基地として幼稚園生活は楽しいと感じられる生活を送りながら、共に過ごす友達の存在を心地よく感じ、一緒に遊ぶ友達ができ、関わりを深めていく。関わりの深まりは、一緒に遊んだりして楽しいという気持ちが前提であるが、時にはけんかをしたり、自分の思い通りにならない気持ちなどネガティヴな情動を経験することも重要である。嫌な気持ちになったけど、でも、やっぱり一緒に遊びたいという気持ちを繰り返しながら関わりが深まっていく。そして、5歳頃になると、1つの目的を共有し、その目的の達成に向けて活動できるようになる。互いにイメージやアイディアを出し合って工夫したりして、遊びを展開していく。例えば、水道から離れた砂場に温泉をつくろうという目的を共有し、水道から温泉である水を引いてくるにはどうしたらよいかとアイディアを出し合う。樋をつなごうと意見が一致する。しかし、樋のつなぎ目から水がこぼれたり、逆流したりしてしまい水がおもうように流れない。子どもたちはどうしたら良いかを考え、樋のつなぎ方や高さなどを工夫したり協力したりする。温泉ができあがる過程は、スムーズではなく、互いに意見がぶつかりあったり、時には諦めそうになったり、葛藤や試行錯誤を繰り返す。葛藤する心を経験しながらも共に活動することの心地よさや楽しさを感じ、そして、完成できたという達成感を感じる。この経験の積み重ねにより互いの思いが強まり、愛情と信頼感へとつながっていく。さらにこの愛情と信頼感のもとに、協同的なやりとりは、より高次へ発展していく。

　ねらいの（3）は、社会生活における望ましい習慣や態度を身に付けることであり、これは幼児期の終わりまでに育ってほしい10の姿の（4）「道徳性・規範意識の芽生え」と深く関連している。幼児にとっての社会生活における望ましい習慣や態度とは、どのようなものであろうか。他者と生活する上で、まずは、してよいこととしてはいけないことの理解が必要となる。よいこと悪いことの感覚は、生後6ヶ月ですでに見られることが示されているが（Hamlin et al., 2007）、このような感覚を基盤として、それをよいこと悪い

こととして意識的に判断し、行動できることが求められる。よいこと悪いことはどのような経験を経て、意識的に気付けるようになるのだろうか。例えば、友達数人で遊んでいるところに、別の友達が「仲間に入れて」と来たとする。その際に「駄目よ」ということは多々目にする光景である。言われた方は悲しい経験をするが、言った方も相手の悲しそうな表情を目にして、悪かったかなという思いを持つであろう。しかし、それでも、今はこの友達だけで遊びたい気持ちが強いのであり、この思いも愛情や信頼感を強めていく上で大切な経験である。さらに、この友達だけで遊びたいと強く思いながらも、意見が食い違って「○○ちゃんと、もう遊ばない」と言ってしまい、遊びが終わってしまうこともある。そして、互いに不快な思いを経験する。けれども一緒に遊びたい気持ちが勝り、時には保育者の力を借りながら、再び一緒に遊ぶ。このような葛藤経験と楽しい経験の繰り返しの中で、自分の気持ちを調整したり、友達の気持ちを察したりしながら、やってよいことと悪いことを意識できるようになり、行動がともなっていく。また、数人での遊びでは、ルールが必要になる。忍者の修行ごっこを例にすると、初めは各自が勝手に修行をしているが、やがて、いざこざが生じ、修行の仕方にルールがあるとよいことに気付き、ルールを作ろうとする。ルールがなかったら遊びが楽しくない、だから、ルールを作ろうとなり、ルールの必要性を実感する。そして、どのようなルールを作ればよいか子どもたち自身で考えていく。初めは、恣意的なルールであるが、やがて、平等なルールができるようになる。また、ルールを守らないことにより、喧嘩が生じ、遊びが終わったり、つまらなくなったりする。この経験により、決まりを守ることの大切さを実感する。

　道徳判断や社会的規範意識などは、大人からの指導によって培われる部分もあるが、大人から指示されたルールを単に守るのではなく、子ども自らが遊びの中で、ルールの必要性を感じ、試行錯誤しながらルールを作り、作ったルールを守らないと遊びが楽しくないと感じ、自らルールを守ろうとする

といった子ども自らの心情の伴った経験が大切である。そのためには、子どもが主体となって活動し、楽しさを味わう経験をたくさんしながらも、葛藤や試行錯誤を繰り返し、子どもたち同士では解決できないときには、保育者がそれを支えながら、友達と関わる経験が重要となる。他者と関わることの楽しさ、心地よさを感じるとともに、してよいことと悪いことに対する幼児自身の心情が伴うことが必要であり、幼児期の教育における人との関わりにとっての基盤である情動を培うことが最も重要である。

4　小学校教科「生活科」の特性と教科の目標

4-1　教科としての特性

　「生活科」の教科としての特性として、幼児期の教育との網渡しという要素を挙げることができる。「生活科」は、1987 年の教育課程審議会の答申において低学年児童の心身の発達状況に即して学習指導が展開できるようにする視点から設定され、1989 年の小学校学習指導要領に新教科として登場した。小学校 1 年生の発達特性は、幼児期の発達的特性と大きな違いはなく（高木, 2000）、具体的な経験を通して物事を理解していく時期である。幼児期の教育は、幼児の主体的な遊びを中心とした総合的な指導が中心であり、子どもの内なる課題からの学びとなる。一方、小学校以降の教育は、主に教師主導により外からの課題による学びとなる。また、幼児期の教育は幼児一人ひとりの発達特性や興味・関心に応じた環境を通しての指導であり間接的教育が中心であるが、小学校以降の教育は一斉授業による直接的教育が中心となる。このような教育方法の違いは、子どもたちにとって大きなギャップとなる。生活科は、児童が身近な人々や社会及び自然と直接関わる活動や体験を通しての学習である。また、教師から提出される外からの課題に児童の興味を生かした内からの課題を取り入れる。そして、児童の気付きを大切にする間接的教育を中心としながらも、学びを自覚的にするために直接的教育も含まれ

る。このように「生活科」は、幼児期の教育と小学校以降の教育の両側面をもつ教科である。

4-2　「生活科」の目標と内容（資質・能力の三つの柱）

　「生活科」の教科目標及び生活科を通して育成を目指す資質・能力は、表1の通りである。以下、小学校学習指導要領（平成29年告示）解説を参考に「生活科」の目標等を概説する。「生活科」は低学年の児童の発達特性を踏まえ、具体的な活動や体験を通しての学習である。身近な人々や社会及び自然と直接関わる活動や体験が重要であり、児童の思いや願いを生かして主体的に活動できるようにし、このような活動の楽しさや満足感、成就感を実感できるようにすること、さらに、このような活動を通して、自分自身や自分の生活について何らかの気付きがもてるようにすることが重要視されている。

　育成を目指す資質・能力のうち、(1)「知識及び技能の基礎」とは、何かを感じたり気付いたり、分ったりできるようになったりすることであり、児童の心の動きをともなうことが重要である。(2)「思考力、判断力、表現力等の基礎」とは、自分自身や自分の生活について、気付いたり分ったりできるようになったりしたことを使って、考えたり試したり、工夫したり表現したりすることである。この (1) (2) の末尾には、「基礎」とある。これは、「生活科」は幼児期の学びの特性を踏まえており、幼児期の教育と小学校教育とを円滑に接続するという機能をもつことの明示である。

　(3)「学びに向かう力、人間性等」とは、身近な環境に働きかけ、意欲や自信をもって学んだり生活を豊かにしようとしたりする態度を養うことであり、ここで重要なことは、児童の自らの思いや願いに基づくことであり、そのことにより、やり遂げたいという気持ちが一層強くなり、その後の満足感や達成感を強く味わうことができるようになる。そして、それが意欲や自信へとつながっていく。

5　領域「人間関係」と「生活科」の連続性

　人の発達は連続性をもち、3 月に幼稚園や保育所、こども園を卒園（所）して、4 月に小学校に入学したからといって、急に変化することはできない。このギャップを埋めるために、幼小間での滑らかな接続と連続性が必要となる。幼児期の教育においても 5 歳児クラス後半からは小学校教育を念頭においた指導が心がけられているが、小学校教育においては、生活科が幼児期の教育と小学校での教育とをつなぐ重要な教科となる。幼児期の教育としての領域「人間関係」と小学校教育の「生活科」の関連性について、高橋・鎌野（2000）は自分の成長を主題にした絵本という題材を通して、伊勢（2014）は保育内容と教育内容の視点から、さらに、高橋（2017）は道徳性の育成という視点から検討している。本節では領域「人間関係」のねらいと「生活科」の目標のつながりを検討し、さらに、具体的な事例を通して、両者の連続性について考察していく。

5-1　領域「人間関係」のねらいと「生活科」の目標の連続性

　幼稚園教育要領の領域「人間関係」のねらいと小学校学習指導要領の「生活科」の教科目標および学年の目標をまとめたものが前掲の表 1 である。

　生涯発達という視点から考えると、どのような社会人として成長してほしいのかという観点から遡って子どもの成長を見ていくことが重要となる。幼児期の教育と小学校教育を考えた場合、小学校教育が有益になるためには、幼児期の教育でどのようなことが重要なのかを遡って考えたい。そこで、「生活科」の目標から、その基盤となる幼児期にどのようなことが織り込まれているのかという視点から小学校学習指導要領と幼稚園教育要領を分析していく。

　「生活科」の最終的目標として、「自立し生活を豊かにしていく」ことが重

要となっている。そのためには、まず、「自立心」が基盤として考えられ、領域「人間関係」のねらいには、「自立心を育て」となっており、両者の最も根本的なねらい・目標に強いつながりがあると考えられる。

　領域「人間関係」の3つのねらいは、生活科で育成を目指す3つの資質・能力及び3つの学年の目標と1対1として関連するものではなく、3つのねらいが総合して「生活科」の目標が達成されるための基盤となっていると考えられる。

　「生活科」で育成を目指す「知識及び技能の基礎」には生活上必要な習慣や技能を身に付けるとされ、学年の目標の（1）には集団や社会の一員として安全で適切な行動をしたりしようとするとある。領域「人間関係」のねらい（3）には社会生活における望ましい習慣や態度を身に付けるとあり、幼児期において、望ましい習慣や態度を身に付けることが基盤として位置付けられていると考えられる。

　「生活科」で育成を目指す資質・能力及び学年の目標全ておいて、身近な人々との関わりが重視され、その関わりを通して、自分自身の生活を見つめ、自分のよさや可能性に気付き、それが生活を豊かにしていくことにつながっていくことが掲げられている。身近な人々との関わりは、小学生になったからといって急にできるものではない。幼児期において、領域「人間関係」のねらいにあるように、身近な人々と一緒に活動して、その活動の中で様々な情動経験を繰り返し、他者と関わることの楽しさを感じ、他者に対して愛情や信頼感を持てるようになっていることが基盤となるであろう。

　さらに「生活科」の最も特徴的な目標が、自分のよさや可能性に気付き、意欲と自信をもって生活できるようにするということであり、生活科は自分の成長を直接扱っている。自分の成長は、他者との関わりの中で成し遂げられ、他者との関わりを通して自分のよさや可能性に気づき、身近な人々の支えによって自分が存在することを認識し、意欲と自信を持って生活できるようになる。そして、その基盤は、領域「人間関係」のねらい（1）及び（2）

にあるように幼稚園等においてその生活を楽しいと感じることから始まり、他者と一緒に工夫したり、協力したりしながら、関わりを深め親しみが持てるようになり、このような人間関係の中で、自分の力で行動できたことの充実感や達成感を味わうことができ、これが「生活科」の目標である意欲と自信を持って生活することへとつながっていくと考えられる。

　以上のように、領域「人間関係」のねらいは「生活科」の目標へとつながっていると考えられる。つぎに、この点について具体的な幼児期の遊び場面を取り上げながら、「生活科」への連続性について考えていく。

5-2　幼児期の遊びにおける人との関わりと生活科への連続性

　事例1は、5歳児クラスの7月の事例である。5歳を過ぎると、友達同士で一つの共通の目的を設定して、その目的に向かって協力して遊べるようになってくる。生活科においても、グループである目的を決めてそれに向かって活動することが含まれ、生活科の内容（6）自然や物を使った遊び等では、グループで制作物を考え、協力して遊びや遊びに使うものを工夫してつくるという活動が展開されることがある。幼児期においては、子どもたちが自らその目的を設定していく。つまり、内からの課題の達成となる。「生活科」では、大枠は外からの課題の設定であり、具体的なところで内からの課題となる。また、5歳児クラスの終わりには、ほとんどの幼稚園や保育所、こども園で、生活発表会が設定され、そこでの活動は「生活科」と同様に、生活発表会をするという外からの課題が設定され、何をするかは子どもたちの内からの課題となり、この経験が小学校の「生活科」へとつながっていく。

　事例1の具体的な子どもたちの行動は、どのように生活科につながっているのだろうか。

　A男、H男、S男の3人は「ダンゴムシのサーカスを作る」という目的を共有し、遊びを開始する。まず、糸の太さはどうかを考え、糸を二本の竹の間につなぐという作業でも試行錯誤し、「よし！」「完成！」「できましたあ

事例1　ダンゴムシのサーカス　〈協力して遊びを創る〉

　5歳児クラスの夏、9時半頃。3人の男児が絵本を見ながら、ダンゴムシのサーカステントを作ろうとしています。子どもからの要請で、保育者が3本の竹を組んで布をかけ、テントらしいものを用意しました。A男が本をじっと見て、「Hくん、Sくん、わかった！」と絵本を指さしながら、二人に何か説明します。S男が「そうだ、糸」と言って、糸を探します。A男が凧糸を見つけます。S男が、「こんな細いんじゃ、できねーよ」と言うと、A男が「できるよ」、H男も「だんご虫は小さいから、大丈夫」と言います。

　S男が糸を伸ばし、H男がはさみで切ります。けれども、短すぎて2本の棒につなげません。再度、A男が糸を伸ばし、S男が切り、二人で糸の両端をもって、セロテープでテントの2本の竹に糸を渡しました。A男「よし！」、S男「完成！」、H男「できましたあー」と言います。

　A男がダンゴムシをかごから出して、糸の上に乗せようとしますが、落ちてしまいます。A男が「のんないよ、こいつ」と言うと、後ろで見ていたK男が「ダンゴムシって、のらないよ」と言います。すると、S男が絵本を持って、ダンゴムシが綱渡りの糸に乗っているところを「ほら」と言って見せます。3人は糸の張りを少し緩め、ダンゴムシが乗るようにしました。

　それを見て、K男が「じゃ、ブランコとかやってみてごらん」と言います。S男が「そうだ、ブランコ、ブランコ忘れてた」というと、A男も「そうだった」と言い、S男が「どうやって作る？」と言います。三人でどう作るか相談し始めますが、なかなか考えが浮かばず、H男はその場から離れてどこかに行ってしまいました。S男は困って保育者に何か言いにいきますが、少しするとH男が戻ってきて、また3人で話合います。保育者はさりげなく教室に入ってきてその様子をみて、去って行きます。

　約20分後、3人は、別サイドの2本の棒に糸をピンと張って渡し、その糸に別の糸を結び下に垂らし、その糸に使用済みのセロテープの円形の芯を繋ぎました。A男が「できました！」と言い、セロテープの芯にダンゴムシを乗せ、ゆらゆらさせます。セロテープの芯の下には、ダンゴムシが落ちたら入るように容器を置きました。

　H男が「空中ブランコだよ」と観察者にビデオカメラで撮影するように言います。

さらに、3人は保育者や友だちを呼んできて「できたよ！」と見せ、保育者も友達も「すごいね」と言います。3人はとてもうれしそうに誇らしげな表情をうかべます。H男は「そうだA先生にみせにいこう」と言います。A先生は4歳児クラスの時の担任です。すると、S男が「運べないよー」といい、H男は「そうだね、呼んでこよう」と言います。その後、他児も加わり、切符をつくって、サーカスごっこに発展します。観客を集めに他のクラスの子どもたちに声をかけ、ダンゴムシのサーカスをみに何人かやってきて、切符をもらい順番に並んでみていました。3人だけでなく、クラスの他の子どもたちもとても満足そうでした。11時頃、片付けの時間になり、苦労して作ったテントをとっておくこともできましたが、3人はあっさりダンゴムシをかごに入れ、テントを畳みました。

ー」と最初の達成感を持つ。しかし、ダンゴムシを糸の上に乗せるが落ちてしまい、糸の張り具合を工夫し、ダンゴムシが乗れるようにする。さらに、ブランコを作ることになるが、この課題は3人にとって大きな課題となり、途中、H男は諦めそうになる。しかし、3人は諦めずに、知恵を絞り、セロハンテープの芯を使うことを思いつき、完成させる。子どもたちが感じた達成感・成就感の強さは、観察者に撮影するように言ってきたり、4歳児クラスの時の担任にみせようと言ったりなどの発言から十分察することが出来る。さらに、このダンゴムシのサーカスは同じクラスの他の子どもたちも参加し、切符を作り他のクラスの子どもたちにもみせるというサーカスごっこに発展していった。3人のダンゴムシのサーカスの完成がクラスの他の友達に広がり、共に喜び、さらなる遊びへ発展し、一層の達成感・成就感へとつながっていったのではないだろうか。片付けの際に、あっさりテントを畳んだのは、3人のこの遊びに対する満足感の表れではないかと考えられる。

　事例1には、ダンゴムシのサーカスを作るという友達と共通の目的を持って、その実現のために、ダンゴムシが乗るようにするための張り方やブランコの作り方など、考えたり、工夫したり、協力したりして、充実感をもってやり遂げようとする姿がみられ、最終的にはより遊びが発展し、子どもたち

は達成感・成就感を味わっている姿が見られた。つまり、この事例には、特に幼児期の終わりまでに育ってほしい10の姿の（3）協同性の達成の姿が反映されていると考えられる。さらに、ブランコを作る際に諦めかけるが諦めずにやり遂げ達成感を味わい、この経験は自信へとつながっていくものと考えられ、（1）自立心の姿でもある。また、遊びを途中で黙って抜けてはいけないという子ども同士の暗黙のルールがあり、Ｈ男はそれを破りそうになるが再度戻ってきたり、サーカスごっこに発展した後には切符を持って並んで順番にみるというルールが作られ、そのルールを守ってダンゴムシのサーカスをみる姿がみられたりした。これは（4）道徳性・規範意識の芽生えの姿であると考えられる。

　以上のように、事例１には、領域「人間関係」という視点から捉えると、「自立心」「協同性」「道徳性・規範意識の芽生え」が含まれ、これらの姿は、身近な人々である友達と関わり工夫したり楽しんだりして、自分たちの遊びをよりよくしようとする姿であり、「生活科」の目標である生活を豊かにしていこうとする姿の基盤であると考えられる。そして、このような幼児期の経験が、小学生以降の自信と意欲をもって生活しようとする姿につながっていくものと考えられる。

6　領域「人間関係」と「生活科」をつなぐ保育者・教師の役割

　事例１での保育者は、３人の子どもたちが協力して創作できるような長さと重さの竹を用意している。どのような材料（環境）を提供するかによって子どもたちの行動は異なってくる。また、その後、保育者は子どもたちの様子を時々確認しながらも、子どもたちに任せ、完成された時には子どもの思いに共感し、達成できたことを認めている。おそらく、共感と承認が子どもの次への活動の意欲と自信につながっていくのではないだろうか。この保育者の関わりは、幼児期の教育の基本である環境を通して、間接的な教育を実

践していると同時に、身近な友達との協力を促し、その体験を通しての学び
が意図されており、小学校「生活科」へとつながるものと考えられる。幼稚
園等の保育者は、小学校以降の教育内容や方法の理解に努め意識しながらも、
それを先取りするのではなく、幼児期の教育にふさわしい教育内容と方法に
よって、幼児期の終わりまでに育ってほしい 10 の姿に近づけるような支援
をすることが重要であろう。

　一方、小学校「生活科」における教師は、「ゼロからのスタート」ではな
く、1 年生として迎える子どもたちの発達特性が異なるゆえに、児童一人ひ
とりの特性を理解しようとする姿勢から出発し、1 年生は小学生になってい
く時期として捉え、幼児期の教育の基本を理解すると共に、「生活科」の教
科としての特性を生かし、幼児期の教育と小学校教育の段差に子どもたちが
躓かないように心がけて授業を創造していくことが必要であろう。

引用文献

麻生良太・丸野俊一（2007）幼児における時間的広がりを持った感情理解の発達―
　　感情を抱く主体の差異と感情生起の原因となる対象の差異の観点から―　発達
　　心理学研究，**18**, 163-173.

Hamlin, J., Wynn, K., & Bloom, P. (2007). Social evaluation by preverbal infants. *Nature*,
　　450, 557-559.

伊勢正明（2014）保育内容「人間関係」と小学校教育の内容の関連に関する一考察
　　帯広大谷短期大学紀要，**50**, 87-97.

伊藤順子（1997）幼児の向社会的行動における他者の感情解釈の役割　発達心理学
　　研究，**8**, 111-120.

久保ゆかり（2017）「第 4 章　社会性の発達」　近藤清美・尾崎康子（編著）『社会・
　　情動発達とその支援』ミネルヴァ書房　pp. 60-75.

松永あけみ（2005）『幼児期における他者の内的特性理解の発達』風間書房

文部科学省（2018）『小学校学習指導要領（平成 29 年告示）解説生活編』東洋館出
　　版社

文部科学省（2018）『幼稚園教育要領解説』フレーベル館

高木和子（2000）『小学一年生の心理　幼児から児童へ』大日本図書

高橋敏之・鎌野智里（2000）小学校生活科学習の先行体験に適する「自分の成長」

を主題にした絵本　日本教科教育学会誌, **23**(**1**), 39-48.

高橋洋行（2017）幼児教育課程から小学校課程へと繋がる道徳性の育成について—保育内容「人間関係」と生活科カリキュラムとの関連性を中心に—　松山東雲短期大学研究論集, **47**, 79-87.

（松永あけみ）

第15章　音楽表現から音楽の学びへ
―幼小の円滑な接続を目指して―

1　はじめに

　子どもの発達は連続的なものであり、ある特定の時期を境にその発達を支援していく方策が劇的に転換されることは少ない。もちろん、発達段階に即して保育や教育の方針や方法は変わっていくが、幼児期から児童期においておこなわれる保育や教育は一貫性をもち、しかも連続的なものでなければならない。すでに6章で詳しく述べられているように、日本における幼児期の教育と初等教育は、制度上、幼稚園、保育所、認定こども園（以下、幼稚園等）と小学校の2つの教育機関でおこなわれている。もちろん、幼児期から小学校にかけての教育がこのように異なる校種でおこなわれることの根拠は存在するが、校種が変わることによって子どもの保育や教育に連続性が損なわれてはならないことは自明のことである。しかし、小1プロブレムに代表されるように、この連続性が十分担保されているとはいえない場合も多く、幼小の連携はすべての領域に通じる重要な課題であるといえる。

　音楽教育においても、幼稚園等から小学校にかけての一貫した教育は幼児期の教育と初等教育の重要な課題の一つである。特に、子どもの音楽的発達は、感性や情操といった心の発達と深く関連しており、こうした能力の発達は幼児期からの長期的な視野にたった教育によって初めて充実していくと考えられる。また、音楽の知識・技能の発達も、他教科と異なり段階化された到達目標をたてることは難しく、校種の壁を超えた計画的な教育課程の構築が必要である。

　子ども達は、生まれたすぐ後から（生まれる前からも）音楽に触れ、様々な

音楽体験に基づいて感性を磨き、情操を豊かにしていく。さらに、こうした心の発達と平行して、様々な音楽的知識・技能も早い段階から獲得しはじめる。そして、このような幼児期の音楽的発達を正しい方向に導いていくための幼稚園等と小学校の音楽教育の役割はきわめて大きいのである。本章では、幼稚園等と小学校の音楽教育を幼小連携の視点から考えていく。まず、幼稚園教育要領で示されている領域「表現」の「ねらい」と、小学校学習指導要領（音楽）に示されている「目標」を比較し、幼稚園等と小学校の音楽教育の共通性と方向性の違いについて検討する。次に、幼稚園等から小学校において発展させていくべき学習を「感性の育成から情操教育へ」と「活動から知識・技能の獲得へ」という2点に焦点化し、その上で、こうした音楽学習の発展が、心理学や教育学の知見にてらして、どのように幼小の連続性をもち得るのかを検討する。最終節においては、幼稚園等から小学校低学年へと繋がっていく実践の具体的あり方について提案する。

2 幼稚園教育要領と小学校学習指導要領（音楽）に示された音楽教育の方針と目標

　まずは、幼稚園等と小学校において、どのような音楽教育が目指されているのかについて、幼稚園教育要領と小学校学習指導要領を比較してみたい。平成29年告示の保育所保育指針、幼稚園教育要領、認定こども園教育・保育要領では、3歳児以上の「領域」、「内容」、「内容の取り扱い」等が共通化されているため、本項では幼稚園教育要領からの引用で論を進める。表1には、音楽的活動が含まれている幼稚園教育要領の領域「表現」の「ねらい」と、小学校学習指導要領（音楽）の「教科の目標」が示されている。
　まず、幼稚園と小学校における音楽教育の大きな違いとしては、幼稚園の場合、音楽は独立した領域として教育要領には示されてはおらず、領域「表現」の中に音楽に関わる活動が示されている。これに対して、小学校では、

表1　幼稚園教育要領「表現」領域の「ねらい」と小学校学習指導要領（音楽）の「教科
　　　の目標」

幼稚園教育要領	小学校学習指導要領
表現 〔感じたことや考えたことを自分なりに表現することを通して、豊かな感性や表現する力を養い、創造性を豊かにする。〕 １ねらい (1) いろいろなものの美しさなどに対する豊かな感性をもつ。 (2) 感じたことや考えたことを自分なりに表現して楽しむ。 (3) 生活の中でイメージを豊かにし、様々な表現を楽しむ。	第1　目　標 表現及び鑑賞の活動を通して、音楽的な見方・考え方を働かせ、生活や社会の中の音や音楽と豊かに関わる資質・能力を次のとおり育成することを目指す。 (1) 曲想と音楽の構造などとの関わりについて理解するとともに、表したい音楽表現をするために必要な技能を身に付けるようにする。 (2) 音楽表現を工夫することや、音楽を味わって聴くことができるようにする。 (3) 音楽活動の楽しさを体験することを通して、音楽を愛好する心情と音楽に対する感性を育むとともに、音楽に親しむ態度を養い、豊かな情操を培う。

（文部科学省, 2017, 2018）

音楽は独立した教科として扱われている。こうした違いは、単に領域や教科の構造上の問題だけでなく、音楽のどういった側面を学習するのか、また音楽を通してどのような能力を身に付けるのかといったことに関して、幼稚園と小学校での考え方の違いを反映したものでもある。幼稚園では、音楽の表現活動は他の表現活動と融合した中で経験されることが目指され、その後、小学校においてより音楽に特化した活動や知識・技能の獲得へと進んでいくのである。

　次に具体的に幼稚園の「表現」領域の「ねらい」と小学校の音楽科の「目標」の相違を見てみたい。まず、幼稚園教育要領では、豊かな感性、表現する力、豊かな創造性の３つのねらいが前文に示され、それぞれの具体的活動が (1) から (3) に示されている（表1）。一方、小学校の目標は、(1)「知識及び技能」の習得 (2)「思考力、判断力、表現力等」の育成 (3)「学びに向かう力、人間性等」の涵養の３つの資質・能力から構成されており、その

具体的内容が「教科の目標」の (1) から (3) に示されている (表1)。幼稚園教育要領の領域「表現」の「ねらい」と小学校学習指導要領 (音楽) の「教科の目標」は、もともと対応関係を視野に入れて記述されたものではないので、両者の共通性と違いを単純に比較することは難しい。しかし、「ねらい」と「教科の目標」の中から2つの校種の共通点と、幼稚園から小学校に向かう重要な学びの発展を読み取ることができる。

　まず、第1の共通点として、両者とも音楽活動が楽しむべきものであるとしている点を挙げることができる。幼稚園では「ねらい」の中の (2) に「感じたことや考えたことを自分なりに表現して楽しむ」、(3) に「生活の中でイメージを豊かにし、様々な表現を楽しむ」が示され、表現活動を楽しむことが具体的に示されている。また、小学校では「教科の目標」の (3) において、「音楽活動の楽しさを体験することを通して」として、やはり、音楽を楽しむことを主眼に置いている。この共通点は、学校教育において音楽学習に向かう重要な姿勢を示したものであり、「楽しむ」ことが、幼稚園だけでなく小学校にまで引き継いで目標に明記されている点に注目しなくてはならない。

　次の共通点は、幼稚園と小学校の双方とも感性の育成を重要な目標としている点である。幼稚園の「ねらい」の (1) では、「いろいろなものの美しさなどに対する豊かな感性をもつ」として、感性の育成を明確に示している。また、小学校においても、「教科の目標」の (3) において、「音楽を愛好する心情と音楽に対する感性を育むとともに」とし、感性を身に付けることの重要性を説いている。

　このように、幼稚園と小学校においては、音楽を楽しむことと、感性を育むことが、「ねらい」と「教科の目標」の双方に述べられており、表現と音楽科に共通する土台となるものであると考えることができる。では、幼稚園から小学校に向けての音楽教育では、こうした共通性を土台として、どのような学習の発展を見通しているのであろうか。幼稚園から小学校に向けて目

指すべき学習には様々な側面が考えられるが、本節においては、美しいものを感じることから美しいものを求めていくことと、楽しむことから身に付けることへの発展、の 2 つの側面に焦点化して論じていきたい。こうした発展は、小学校の学習指導要領に基づくと、「感性の育成から情操教育へ」と「活動から知識・技能の獲得へ」と説明することができる。次節においては、これらの 2 つの視点からの音楽学習の発展について、幼稚園教育要領と小学校学習指導要領の内容にそって検討する。

3　幼稚園から小学校への発展

　本節においては、幼稚園から小学校へ向けて目指すべき音楽学習の発展を、「感性の育成から情操教育へ」と「活動から知識・技能の獲得へ」という 2 つの視点から詳しく説明していく。

3-1　感性の育成から情操教育へ

　前節において、幼稚園と小学校においては、感性の育成を共通に目指していることを説明した。そして、幼稚園から小学校への音楽的発達の重要な側面の一つとして、感性を情操へと発展していくことが学習指導要領から読み取れることを説明した。本項では、まず、幼稚園と小学校において、感性とはどのようなものとして捉えられているのかを整理し、さらに、小学校における情操教育では、具体的にどのような能力の育成を目指しているのかを考察していく。

3-1-1　感性とは

　感性や情操という能力は、計算能力や読み書き能力などのように、その発達の道筋を明確な行動によって評価することが難しい。また、論理的な思考力や理解力のように、到達目標を段階的且つ具体的に示すことも簡単ではな

い。しかし、幼稚園教育要領と小学校学習指導要領の解説には、感性と情操についてかなり具体的な説明が記述されており、これに基づいて感性と情操がどのような能力であるのかを共通理解することが可能である。幼稚園については、教育要領の「幼児期の終わりまでに育ってほしい姿」「ねらい」「内容の取り扱い」などにおいて、感性の育成方法が具体的に説明されており、そこから感性がどのように捉えられているのかを伺うことができる。幼稚園教育要領の「5 感性と表現に関する領域「表現」」の解説には、感性について以下のような記述が見られる。

> 幼児は、毎日の生活の中で、身近な周囲の環境と関わりながら、そこに限りない不思議さや面白さなどを見付け、美しさや優しさなどを感じ、心を動かしている。そのような心の動きを自分の声や体の動き、あるいは素材となるものなどを仲立ちにして表現する。幼児は、これらを通して、感じること、考えること、イメージを広げることなどの経験を重ね、感性と表現する力を養い、創造性を豊かにしていく。（文部科学省, 2018, p. 223）

　上記の記述に従うと、幼稚園教育要領において感性とは「気付き感じること」と捉えられていることがわかる。さらに、どのような事象に気付き感じることができるようになるのかという点に関しても「内容の取り扱い」の解説において以下のような例が挙げられている。

> 幼児は、風の音や雨の音、身近にある草や花の形や色など、自然の中にある音、形、色などに気付き、それにじっと聞き入ったり、しばらく眺めたりすることがある。そのとき、幼児はその対象に心を動かされていたり、様々にイメージを広げたりしていることが多い。（文部科学省, 2018, p. 234）

　ここでは、幼児が気付き感受する対象として、具体的に草花、自然の音などが挙げられている。そして、幼稚園における感性は、その中に「美しさ」や「優しさ」などを感じとれる能力であることが読み取れる。

　一方、小学校においては、感性とはどのように捉えられているのであろう。小学校において感性は、「音楽に対する感性」として、「教科の目標」の解説において「音楽に対する感性は、音や音楽の美しさなどを感じ取るときの心の働きでもある」（文部科学省, 2017, p. 14）と明確に定義されている。さらに、こうした心の働きを「音楽的感受性」と呼び、感受性とは具体的に「リズム感、旋律感、和音感、強弱感、速度感、音色感などであり、表現及び鑑賞の活動の根底に関わるものである」（文部科学省, 2017, p. 14）としている。このように、小学校は感性を幼稚園よりも音楽に特化して具体的に説明しているが、両者ともに美しさなどを感じ取れる心の働きと捉えている点において一致しているといえる。

3-1-2　感性から情操への発展

　次に、小学校における教科の目標で重要な位置をしめる情操が、どのように感性を発展させたものであるのかを検討する。感性と情操という言葉は、しばしば同義語として捉えられることも多いが、幼稚園教育要領では、「情操」という言葉は領域「表現」の中には一度も使われていない。一方、小学校では、「教科の目標」の中に「豊かな情操を培う」という文言が入り、情操教育の重要性を説いている。このようなことから、幼稚園から小学校への心の発達の一様相を、感性から情操への発展という視点から捉えていくことは妥当であろう。

　感性から情操への発達を検討していくために、まず、情操という能力が学習指導要領でどのように捉えられているのかを見てみたい。この情操という能力も感性と同じく心の働きであるため、明確な行動をもとにその発達の過程を見取ることは難しい。しかし、学習指導要領の解説では情操がどのよう

な心の働きであるのかを具体的に示している。少々長い引用になってしまうが、下記に示す。

　　豊かな情操を培うとは、一人一人の豊かな心を育てるという重要な意味
　　をもっている。情操とは、美しいものや優れたものに接して感動する、
　　情感豊かな心をいい、情緒などに比べて更に複雑な感情を指すものとさ
　　れている。音楽によって培われる情操は、直接的には美的情操が最も深
　　く関わっている。美的情操とは、例えば、音楽を聴いてこれを美しいと
　　感じ、更に美しさを求めようとする柔らかな感性によって育てられる豊
　　かな心のことである。このような美しさを受容し求める心は、美だけに
　　限らず、より善なるものや崇高なるものに対する心、すなわち、他の価
　　値に対しても通じるものである。したがって、音楽科では美的情操を培
　　うことを中心にはするものの、「学びに向かう力、人間性等」の涵養を
　　目指すことを踏まえ、ここでは、豊かな情操を培うことを示している。
　（文部科学省, 2017, p. 15）

　ここに示された情操の説明を詳しく読み解くと、情操も感性と同じく音や音楽に対する心の動きを示しており、情操の説明の一部は、幼稚園教育要領解説の感性の説明とほぼ一致していることがわかる。小学校学習指導要領解説では、「情操とは、美しいものや優れたものに接して感動する、情感豊かな心をいい」（文部科学省, 2017, p. 15）としているが、幼稚園教育要領解説の感性の説明もほぼ同じであり、「豊かな感性は、身近な環境と十分に関わる中で美しいもの、優れたもの、心を動かす出来事などに出会い、そこから得た感動を他の幼児や教師と共有し」（文部科学省, 2018, p. 234）と説明している。幼稚園、小学校ともに、感性と情操は感覚器官を通して様々なものを感じとる「感受性」だけを問題としているのではなく、感じることによって呼び起こされる心の動き、つまり感動することまでを問題としている。

　情操とはかなりの部分感性と重複する概念として説明されていることがわかったが、小学校学習指導要領解説では、情操を「音楽を聴いてこれを美しいと感じ、更に美しさを求めようとする柔らかな感性によって育てられる豊かな心のことである」（文部科学省, 2017, p. 15）とし、感性からさらに一歩踏み込んだ心の働きとして位置づけている。つまり、情操とは、美しいものを感じ、それによって心が動かされるだけでなく、より美しいものを求めていく行動までを含めて考えているのである。このようなことから、感性から情操への発展は、より美しいものを求めていく自主的且つ能動的な態度とまとめることができるであろう。

3-2　活動から知識・技能の獲得へ

　幼稚園から小学校へのもう一つの重要な学習の発展の側面は、活動中心の学習から知識・技能の獲得に焦点化することができる。まず、幼稚園の「表現」の「内容」の中から特に音楽に関係する項目を見てみると、「(4) 感じたこと、考えたことなどを音や動きなどで表現したり、自由にかいたり、つくったりなどする。」「(6) 音楽に親しみ、歌を歌ったり、簡単なリズム楽器を使ったりなどする楽しさを味わう。」（表2）といった目標がたてられているように、音楽に関わる様々な「活動」を重視していることが読み取れる。これらの内容は、何かを身に付けるというよりも、どのような活動をおこなうか、または音楽活動を通していかに音楽の楽しさを味わうのかということが大切にされており、活動自体が重要な学習内容となっているといえる。

　一方、小学校では、学習内容は「知識・技能」、「学びに向かう姿勢」、「思考力・判断力」に整理され、これらの3つの資質・能力に沿って、「表現を工夫する」「思いを持つ」「音楽の諸要素の関わりに気づく」「歌唱 / 器楽等の技能を身につける」といった具体的な内容が示されている。そして、これらを「身に付けること」が内容の中に明記されているのである（表2）。「活動すること」に重きを置き、自由に動くことや楽しむことが重要視される幼

表2　幼稚園教育要領の「表現」の学習内容と小学校学習指導要領（音楽）

幼稚園教育要領　（内容）	小学校学習指導要領（内容）〔第1学年及び第2学年〕（低学年）
（1）生活の中で様々な音、形、色、手触り、動きなどに気付いたり、感じたりするなどして楽しむ。 （2）生活の中で美しいものや心を動かす出来事に触れ、イメージを豊かにする。 （3）様々な出来事の中で、感動したことを伝え合う楽しさを味わう。 （4）感じたこと、考えたことなどを音や動きなどで表現したり、自由にかいたり、つくったりなどする。 （5）いろいろな素材に親しみ、工夫して遊ぶ。 （6）音楽に親しみ、歌を歌ったり、簡単なリズム楽器を使ったりなどする楽しさを味わう。 （7）かいたり、つくったりすることを楽しみ、遊びに使ったり、飾ったりなどする。 （8）自分のイメージを動きや言葉などで表現したり、演じて遊んだりするなどの楽しさを味わう。	A　表　現 （1）歌唱の活動を通して、次の事項を身に付けることができるよう指導する。 ア　歌唱表現についての知識や技能を得たり生かしたりしながら、曲想を感じ取って表現を工夫し、どのように歌うかについて思いをもつこと。 イ　曲想と音楽の構造との関わり、曲想と歌詞の表す情景や気持ちとの関わりについて気付くこと。 ウ　思いに合った表現をするために必要な次の（ア）から（ウ）までの技能を身に付けること。 （ア）範唱を聴いて歌ったり、階名で模唱したり暗唱したりする技能 （イ）自分の歌声及び発音に気を付けて歌う技能 （ウ）互いの歌声や伴奏を聴いて、声を合わせて歌う技能 （2）器楽の活動を通して、次の事項を身に付けることができるよう指導する。 ア　器楽表現についての知識や技能を得たり生かしたりしながら、曲想を感じ取って表現を工夫し、どのように演奏するかについて思いをもつこと。 イ　次の（ア）及び（イ）について気付くこと。 （ア）曲想と音楽の構造との関わり （イ）楽器の音色と演奏の仕方との関わり ウ　思いに合った表現をするために必要な次の（ア）から（ウ）までの技能を身に付けること。 （ア）範奏を聴いたり、リズム譜などを見たりして演奏する技能 （イ）音色に気を付けて、旋律楽器及び打楽器を演奏する技能 （ウ）互いの楽器の音や伴奏を聴いて、音を

合わせて演奏する技能

(3) 音楽づくりの活動を通して、次の事項を身に付けることができるよう指導する。

ア　音楽づくりについての知識や技能を得たり生かしたりしながら、次の (ア) 及び (イ) をできるようにすること。

(ア) 音遊びを通して、音楽づくりの発想を得ること。

(イ) どのように音を音楽にしていくかについて思いをもつこと。

イ　次の (ア) 及び (イ) について、それらが生み出す面白さなどと関わらせて気付くこと。

(ア) 声や身の回りの様々な音の特徴

(イ) 音やフレーズのつなげ方の特徴

ウ　発想を生かした表現や、思いに合った表現をするために必要な次の (ア) 及び (イ) の技能を身に付けること。

(ア) 設定した条件に基づいて、即興的に音を選んだりつなげたりして表現する技能

(イ) 音楽の仕組みを用いて、簡単な音楽をつくる技能

B　鑑　賞

(1) 鑑賞の活動を通して、次の事項を身に付けることができるよう指導する。

ア　鑑賞についての知識を得たり生かしたりしながら、曲や演奏の楽しさを見いだし、曲全体を味わって聴くこと。

イ　曲想と音楽の構造との関わりについて気付くこと。

（文部科学省, 2017, 2018）

稚園に対し、小学校は、様々な能力の育成、特に知識・技能の獲得に明確に
一歩踏み込んでいるのである。

4　心理学や教育学から見た感性・情操と知識・技能

　ここまで、幼稚園から小学校への学習の発展を、「感性の育成から情操教
育へ」と「活動から知識・技能の獲得へ」の2点に焦点化して説明してきた。
本節においては、まず、感性や知識・技能が心理学および教育学の分野でど
のように捉えられているのかを説明し、その育成や獲得をどういった側面か
ら支えていくべきであるのかを検討する。

4-1　感性と情操に関する心理学的考え方
　心理学では、感性に関して理論的、実証的研究が数多くおこなわれてきて
いる。しかし、感性の定義に関しては、それが感覚、感情、そして知性まで
も含む概念であることから、統一的な解釈には至っていないのが実情である。
たとえば、三浦（2010）は、感性心理学の研究者たちの様々な定義を紹介し
ているが、それらを一望すると研究者によって感性がいかに多様に捉えられ
ているかがわかる。しかし、感性という心の働きの根本的な側面は研究者の
間でかなりの程度統一的に捉えられている。多くの研究者は、感性による心
の働きを感受に基づく直感的反応と捉え、さらに、直感的反応に能動的な価
値判断も含めて考えている。こうした心理学における感性の捉え方は、前節
で検討した幼稚園教育要領と小学校学習指導要領の説明と極めて一致してい
る。教育要領と指導要領においても、感性とは気づき感じるといった直感的
な反応が基本となることを示している。また、感性を働かせる対象として
「美しいもの」「優れたもの」を大切にしている。つまり、感性には音楽の諸
側面を感じるだけでなく、そこに含まれている美的な価値までも感じること
を含めており、価値判断が感性の重要な側面であることを示している。

　このように感性を美的な価値判断を含めて考えた場合、音楽教育にとって大きな課題となるのは、感性を果たして直観的な感覚に基づいた心の動きのみで考えて良いかという点である。というのも、音楽教育における美的なものの典型は芸術作品であり、その仕組みが決して単純ではない芸術作品の評価に、論理的な思考が全く関わらないとも考えられないのである。こういった点に関して心理学の分野では、感性を直観的なものと捉えると同時に、知的な側面も含めて検討している場合もある。三浦（2010）は、感性とは基本的に無自覚的で無意識的な過程であるとする定義を紹介する一方で、「知性、知識、理性と対立するものではない」（三浦, 2010, p. 16）という解釈も紹介している。また、原田（1999）は、様々な研究者がおこなった感性の定義を 5 つの項目にまとめ、その中に、「直感と知的活動の相互作用」を含めて説明している。感性とは人間の認知システムの中から論理的な部分を除いたものであるとする考え方の一方で、経験等に基づく論理的な思考システムが関わっているとする解釈も存在するのである。

　感性に知性を含めて考えるかどうかという点は、その育成方法にもかかわる重要な問題である。斎藤ら（2018）は、カーネマンの二重過程理論に基づいて、感性の育成を 2 つの異なる認知システムから検討している。カーネマンは、人間の認知システムを無意識的、直感的、自動的認知システムと、意識的、論理的、制御的認知システムの 2 つに分け、人間は通常、無意識的、直感的、自動的認知システムを基本としながら情報処理をおこなっているが、必要に応じて意識的、論理的、制御的認知システムを使っていることを説明している。斎藤らは、この 2 つのモデルにしたがっておこなわれた工業製品の評価に関する心理実験を紹介しているが、この実験によると工業製品の評価には、上記の 2 つの認知システムの両方が関わり、作品評価の側面の違いによってこの 2 つの認知システムの関わり方のバランスが変わるとしている。そして、この結果に基づいて、芸術作品の評価には、無意識的、直感的、自動的認知システムのみならず、意識的、論理的、制御的認知システムも関わ

っていることを説明し、感性の育成には、論理的思考の育成も必要であることを提案している。感性の育成に関するこうした理論的考察は、その方法を具体的に示すことが難しい感性や情操の育成方法を考える上で、今後明確な方向性を与えるものであると考えられる。

4-2　音楽の知識技能の獲得に関する心理学・教育学的考察

次に、音楽における知識・技能の獲得のプロセスについて、心理学と教育学の見地から考えてみたい。音楽における技能獲得というと、歌が歌えたり楽器の演奏ができるようになるといった演奏技術の獲得、つまり、身体的技能の熟達過程を思い浮かべることが多い。しかし、音楽の表現には、身体的な動きをつかさどる認知的な技能も大変重要な役割をもち、音楽的技能とは認知的技能と身体的技能の両輪で成り立っているといえる。さらに、音楽の聴取のように主体的な表現をおこなわない聴取活動においても、楽曲の理解などにおいて認知的な能力が必要であり、音楽心理学の分野ではこれを認知的技能と捉えることも多い。

こうした音楽的技能の獲得は、無意識的な学習と意識的な学習の2つの側面から考えていくことができる。無意識的な学習とは、技能獲得という意識が少なく、繰り返し同じことをおこなっていくことによって、何かができるようになっていくことを指し、認知的技能と身体的技能の両方の獲得で起こり得る学習方法である。たとえば、認知的な学習に関しては、旋律などを繰り返し聴いているうちに、それをそっくりそのまま覚えてしまうことなどを指し、身体的な学習に関していえば、楽器の演奏方法などを熟達者の模倣を通して身に付けていくことなどが考えられる。一方、意識的な学習は、認知的な側面に関しては、楽曲のしくみを理解しながら曲を覚えたりするようなことを指し、身体的な学習に関しては、身体の使い方を自ら意識的に制御しながら、段階的に身体的技能を身に付けていくことがこれにあたる。

こうした学習方法の違いに関連して、心理学では知識の種類を、手続き的

知識と宣言的知識の2つに分けて考えることが多い。この2つの知識を簡単に説明すると、手続き的知識は、自分がもっている知識を言葉で説明することはできず、主に行為に関する知識のことを指す。たとえば、自転車に乗ることができるということは、自転車を運転するための知識をもっているから可能なことである。しかし、自転車に乗れるからといって、乗り方を言葉で説明することは難しい。また、母語の会話能力に関しても、母語を正確に操ることができるということは、その言語構造に関する知識をもっているためであるが、その言語構造を説明することはできないのである。一方、宣言的知識は、自分がどのようなことを知っているのか、またはできるのかを言葉で説明することができるような知識である。たとえば、「富士山は日本一高い山である」とか、「太陽は東から昇り西にしずむ」といった知識がこれにあたる。

　教育の分野では、無意識的学習と意識的学習の違いや、2つの知識の種類と関連して、学習をインフォーマルな学習とフォーマルな学習に分けて考えている。そして、音楽教育では、これらの2種類の学習を、異なるジャンルの音楽の学習方法の違いに対応させて説明することが多い（Green, 2001）。たとえば、民族音楽やポピュラー音楽の学習は、インフォーマルな学習方法の典型的な要素が多く含まれている。これらのジャンルの音楽の学習は、熟達者と一緒に演奏をしたり、熟達者の演奏を模倣するという無意識的な学習が主体となる。学習の際に楽譜などのテキストは介在せず、熟達者といっしょに音楽を演奏することを通して楽曲を丸ごと覚えたり、演奏技能を獲得したりするのである。したがって、この学習方法では、楽曲の構造を意識的に分析したり、演奏方法について身体の使い方などを合理的に学習することも少ないのである。段階的、合理的な指導計画などはほとんどなく、熟達者や仲間と協働的に音楽活動をおこなっていく中で様々な技能を獲得するのである。

　一方、大学・音楽院などでおこなわれる西洋クラシック音楽の学習方法は、フォーマルな学習の典型的な例として説明されることが多く、意識的といえ

る学習方法が主なものとなる。西洋クラシック音楽の学習方法では、楽曲（教材）は、楽譜を通して学習されることが多い。楽曲が楽譜に示されることによって、曲の音高情報やリズム情報を意識的に符号化して読み取ったり、楽曲の仕組みや構造についても、意識的に理解しながら曲を覚えたりすることができる。また、演奏方法についても、身体的な動きを様々な技能に分解し、容易なものから難しいものまでを難易度別に配列し、段階的に習得していくことも一般的である。

　この２つの学習方法の違いは、音楽のジャンルによって全ての側面が明確に二分されるとは限らない。フォーマルな学習においても無意識的な学習の側面は存在するし、インフォーマルな学習でも意識的な学習の側面は含まれる。しかし、ここで説明したジャンルの音楽の学習方法の根本的な部分は、インフォーマルとフォーマルな学習の特徴によって説明することができ、また、こうした異なる学習方法によって獲得されている知識も、前項で説明したような違いを備えているのである。特に、インフォーマルな学習においては、フォーマルな学習に比べると、手続き的な知識が主体となることが多い。

　もう一つ付け加えておかなくてはならない点は、ここまで説明した２つの学習方法と獲得される知識の違いについては、どちらかが優れた方法や知識であるというものではない。２つの学習方法は、学習がおこなわれる状況や目的によって確立されてきた学習方法であり、それぞれの学習方法が必然性と利点をもっているといえる。そして、幼稚園等と小学校での学習の在り方を、その目的と状況に沿ってインフォーマルとフォーマルな学習の特徴から検討していくこともできるのである。

5　連携を視野にいれた実践の提案

　本節においては、幼稚園等から小学校への連携を視野に入れた学習の発展について、幼稚園教育要領と小学校学習指導要領の比較に基づき検討した。

その結果、幼稚園等から小学校への重要な学習の発展として「感性の育成から情操教育へ」と「活動から知識・技能の獲得へ」という 2 つの側面を焦点化することができた。さらに、こうした幼稚園等から小学校への学習の発展が、心理学や教育学の研究成果に基づいて、どのように説明できるのかも検討した。本節においては、「感性の育成から情操教育へ」と「活動から知識・技能の獲得へ」という 2 つの学習の側面を、幼小の連携という視点からどのように実践において展開していくことができるのかについて、具体的な提案をおこないたい。

　まず、感性から情操への学習の発展に関しては、小学校における音楽教育の目的を美的情操の育成と捉え、「美しいものを求めていく行為」の育成が重要な目的となることを説明してきた。このような視点から幼小連携の実践を検討する場合、教材選択の基準をどこに置いたらよいかを考えていく必要があるであろう。まず、美的教育を音楽教育の重要な目的として掲げた場合、核となる教材選択の基準は当然教材の芸術性に置くべきであり、いかに芸術性の高い教材を幼稚園等や小学校で選択していくのかという視点が重要となってくる。一方で、幼児期の音楽教育という立場から考えた場合、子どもにとって興味関心を引く音楽を教材選択の一つの基準とすることも重要である。音楽を愛好する態度をまずは確立させるために、どのような教材が子どもの興味関心を引くのかを考えることも、教材の芸術性と同じく看過することができない問題である。本節では、この 2 つの教材選択の視点を検討してみたい。

　幼稚園等と小学校低学年においては、音楽教育の教材の主体は歌唱曲となるが、子どもの歌にも芸術性を備える必要があるという考え方は、これまで作曲家、音楽教育家などによって、様々な角度から議論されてきた。大正時代には、唱歌教育批判から起こった「赤い鳥運動」において、子どもの歌の芸術性が、当時の一流の文学者と作曲家の間で議論された。そして、成田為三、山田耕筰、中山晋平といった一流の作曲家たちが、日本語の歌詞と音楽

の融合をはじめとして、様々な側面において芸術的に意味のある子どもの歌
の必要性を説き、同時に数々の名曲を提供していった。また、昭和、平成に
入っても、子どもの歌における芸術性の追求は忘れられることはなかった。
例えば、1997年に編纂された「日本童謡唱歌体系（全6巻）」では、中田喜直、
湯山昭、藤田圭雄、阪田寛夫といった当代屈指の作曲家と文学者が編集に関
わり、芸術性を一つの柱として、精選された子どもの歌を編集した。文学者
や作曲家のこうした活動は、子どもの歌の質的な側面を芸術性という側面か
ら支えていった。しかし、子どもの歌において芸術性を追求した場合、歌の
内容や形式が子どもにとって難しすぎたりし、芸術性を備えた子どもの歌が
必ずしも子どもに寄り添った教材として根付かなかった場合も見られ、課題
を残している（石田, 2008）。

　子どもの歌において、芸術性を追求する動きの一方で、幼小の現場で用い
られている歌唱教材のジャンルは多様化していき、その種類は唱歌、外国曲、
わらべ歌などに加えて、最近ではアニメソング、ディズニーソング、J-pop
などのポピュラー音楽へと広がりをみせている。これらのポピュラー音楽は、
リズムもアンティシンコペーションが多用されたり、旋律の音域も広がった
りしており、決して歌いやすい歌ばかりではないが、子どもの興味関心を強
く引きつける可能性があるとして、積極的に歌唱教材として用いている幼稚
園等も多い。また、子どもの歌として新しく作られる曲がこうしたポピュラ
ー音楽の様式で作曲されるようにもなってきており、ポピュラー音楽の様式
は子どもの歌に大きな影響を与えているといえる（村尾・丹波, 2014）。ただ、
ポピュラー音楽を幼児期の教育や小学校の教材に取り入れることについては、
広い音域やリズム構造の複雑さなどから、無理な歌い方等が身に付いてしま
うといった課題なども指摘されている。

　このように、幼児期と初等教育での教材選択の視点は、芸術性による教材
の精選と、子どもの興味関心による歌のジャンルの広がりという2つの側面
から考えていかなくてはならない。ここまで述べたように、この双方の視点

は、それぞれにおいて実践的な課題が指摘されているが、教材選択をこの 2 つの視点から考えるときの根本的な課題は、子どもの興味関心を引く音楽が必ずしも優れた音楽、美的な要素を含んだ音楽ばかりであるとは限らず、この 2 つの視点は相反する基準となってしまう場合もあるのである。幼稚園等での音楽教育では楽しさや生活に密着した活動に重きが置かれるべきであることを考えると、教材選択の視点として興味関心を引く教材は大変重要な視点である。一方、小学校での情操教育を見据えた場合、幼稚園等においても教材の芸術性の担保が重要な視点となってくる。連携を視野に入れて教材選択の視点を考えた場合、この 2 つの視点は、幼稚園等と小学校の双方において見過ごすことのできないものなのである。しかし、現在の幼稚園での教材選択の実態を見てみると、教材選択の視点において芸術性が検討されることが少なく、安易に幼児の興味関心を引く音楽を選択してしまう場合もあることに警鐘を鳴らさざるを得ない。もちろん、ここで検討する芸術性とは、音楽の専門教育を前提としたような高度なものを指しているのではない。しかし、美的なものへの感性の萌芽が見られる幼児期に、「良いものを聴き歌う」という視点は決して見過ごしてはならないのである。

　次に、音楽的知識・技能の獲得に関して、幼小の連携を視野に入れた実践を検討したい。前節において、無意識的な学習と意識的な学習に関連して、フォーマルとインフォーマルな学習の違いについて説明した。これらの 2 つの異なる学習方法は、幼小の連携を考える上で、いくつかの重要な示唆をもたらしてくれる。まず、幼稚園等での学習については、基本的に様々な音楽活動が中心となることから、インフォーマルな学習が主体となると考えて良いであろう。ここで押さえておかなくてはならない点は、幼稚園等での学習は活動することが優先されるが、子どもは学習として意識していない音楽活動から、様々な技能を獲得することができているということである。例えば、Marsh（1995）は、幼児の音楽遊びを分析し、幼児が音に合わせた複雑な動きなど、高度な音楽的技能を獲得していることを明らかにしている。また、

実験的な研究においても、幼児の高い認知的技能が明らかにされている。例えば、歌の記憶などにおいて、4、5歳の幼稚園児は、音楽的訓練を受けていなくても、複雑なリズムパターンをもった歌の記憶に高い技能を示す場合があることが報告されている（水戸・岩口・内山, 2006）。

　幼稚園等での活動は、活動の楽しさや遊びの側面が注目されがちであるが、活動の中で模倣をしたり、長い時間多くの音楽を聴いたりすることによって、身体的技能や認知的技能を身に付けているのである。こうしたことから、小学校においては、幼稚園等での活動の技能獲得に与える影響を正しく把握して学習計画を練っていく必要があるであろう。つまり、小学校に入学した途端に、系統的、意識的な学習が主体となり、インフォーマルな学習の利点を数多く含んだ幼稚園等での学習をフォーマルな学習方法へとすべて転換してしまわないことも必要なのである。

　一方、幼稚園等での学習においては、小学校でのフォーマルな学習でおこなわれる意識的な学習に向けた準備も必要である。幼稚園等でのインフォーマルな学習から得られる知識・技能は、手続き的な知識が基盤となっている。幼児は音楽活動を通して様々なことができるようにはなるが、こうして獲得された知識・技能は、明示的に説明することができるようなものではない。例えば、明確な音楽構造をもった曲を完璧に記憶できていたとしても、その構造を意識して記憶できている訳ではない。しかし、小学校で獲得を目標とする知識・技能は、例えば、低学年においてさえ「曲想と音楽の構造との関わり」といった音楽構造に気付くことを求めており、宣言的な知識獲得に指向し始めているのである。また、小学校では、器楽の学習も盛んにおこなわれるようになるが、楽器の演奏方法についても、「楽器の音色と演奏の仕方との関わり」に気付くことを求めており、身体的技能においても手続き的な知識だけでなく宣言的知識の獲得を目指しているといえる。

　このようなことから、音楽構造の理解や、意識的な楽器の奏法などに繋がっていく音楽の宣言的知識の獲得を視野に入れた実践を、幼稚園等において

も徐々におこなっていくことが、幼小の連携では必要ではないだろうか。事実、幼小連携の実践研究では、わらべうたの呼びかけと答えなどの活動を、小学校学習指導要領の［共通事項］に示された「問いと答え」などの音楽構造の学習と関連させたり、音楽に合わせた身体活動を、音楽の諸要素の理解に繋げたりすることが可能であることが報告されている（松永, 2019）。歌遊びや楽しく身体を動かす幼稚園での実践も、幼小連携の意識をもつことによって、小学校での学びの準備に繋げていくことができる可能性をもっているのである。

6　おわりに

　本章では、幼小の連携を、「感性の育成から情操教育へ」と「活動から知識・技能の獲得へ」という2つの点から考察してきた。これらの学習の側面は、2つの対極的な音楽教育の目的と関連する問題であると考えられる。音楽教育の目的は、それが学校などの公的機関でおこなわれるようになって以来、「音楽の教育」と、「音楽を通した教育」の2つの側面から議論されてきた（例えば、山松, 1981）。前者は、音楽そのものが上達することを主な目的としているのに対して、後者は音楽を通していかに人間的成長を目指すかという点に主眼をおいている。したがって、「音楽の教育」では、芸術性ということが深く関わり、音楽の美的側面の学習が主な目的となる。また、音楽の美的側面の表現と鑑賞をより高いレベルで達成するために、音楽的知識・技能の獲得に重きがおかれる。この考え方のもっとも典型的な例は音楽大学等の専門家養成となるが、本章で説明してきた小学校の情操教育の目的もこの考え方に志向した側面をもっている。一方、「音楽を通した教育」では、活動の主体性、動機付け、楽しさが重要視され、芸術性を高めることや、それに向けての知識・技能の獲得は一義的な目標とはならない。したがって、この考え方は、より幼稚園等に近い教育目的であるといっても良いであろう。

　この2つの考え方は、一見、両極に対峙する考え方に見える。しかし、全ての音楽教育がこの2つの考え方のどちらかに分類されるというものではなく、二項対立的に捉えるべきものではない。これらの2つの考え方は、音楽教育の目的や文脈によって、どちらが強調されるのかのバランスを考えていくことが重要なのである。我々の周りには、様々な人を対象とした、多様な文脈の音楽教育が存在する。それによって、音楽教育をおこなう目的もまた多様である。こうした様々な対象、文脈、目的によって、「音楽の教育」と「音楽を通した教育」のどちらがどの程度強調されていくのかが決まってくるのである。たとえば、幼稚園等では、活動の楽しさが「ねらい」となっており、より「音楽を通した教育」に重きがおかれるべきであろう。しかし、幼稚園等の教育においても「音楽の教育」を看過して良いものでは決してなく、芸術性の理解や音楽的知識・技能の獲得が音楽教育の目的から全く除外されるということはない。同じように、小学校の音楽教育においては、これまで説明したように、音楽の知識技能の獲得をはじめとして、「音楽の教育」を目指すことが始まっていく。しかし、常に「音楽を通した教育」の視点は忘れてはならないのである。

引用文献

Green, L. (2001). *How popular musicians learn: A way ahead for music education.* Aldershot: Ashgate.

原田　昭（1999）「感性の定義」　岡崎　章（編著）『感性評価2』筑波大学感性評価構造モデル構築特別プロジェクト研究組織研究報告集　pp. 41-47.

石田陽子（2008）童謡は唱歌に代わりえたか？―小学校音楽科教材としての童謡についての一考察―　四天王寺国際仏教大学紀要, **45**, 273-287.

Marsh, K. (1995). Children's singing games: Composition in the playground? *Research Studies in Music Education*, **4**, 2-11.

松永洋介（2019）幼小連携教育において求められる学力についての一考察―音楽科の指導内容に着目して―　岐阜大学教育学部研究報告　人文科学, **67**(**2**), 81-90.

水戸博道・岩口摂子・内山恵子（2006）幼児の歌の記憶　宮城教育大学紀要, **41**,

　　　 65-71.

三浦佳世（2010）『知覚と感性』北大路書房

文部科学省（2018）幼稚園教育要領解説

文部科学省（2017）小学校学習指導要領解説

村尾忠廣・丹波亜希子（2014）幼稚園・保育園の歌唱教材におけるポップス系リズ
　　　ムパターンの導入について　帝塚山大学現代生活学部紀要, **10**, 95-108.

齊藤忠彦・島田英昭・小林比出代・蛭田　直・白井　学（2018）芸術教育における
　　　子供たちの感性の育成に関わる一考察　信州大学教育学部論集, **12**, 123-135.

山松質文（1981）『音楽的才能』大日本図書

　　　　　　　　　　　　　　　　　　　　　　　　　　　　（水戸博道）

第16章　幼児期の遊び（表現）から図画工作の学びへ

1　はじめに

　美術教育は、対象の発達段階によってその名称が変わる。幼児期の教育では領域「表現」内に位置付けられた造形的活動、小学校では図画工作科、中学校では美術科、それ以降はアートのジャンルに基づく名称で示されている。学校種や発達段階において美術教育の名称は変わるが「モノを媒介とした表現を通した学び」であるという本質は変わらない。本章では、領域「表現」における造形的活動と図画工作科の連続した学びについて取り上げる。特に、乳児期における表現のめばえから、幼児期のメディアを媒介とした遊びから生まれる「表現」、さらに系統的な学習活動として設定される図画工作科へ接続する視点について、具体例を交えながら概説していく。

2　「表現」とはなにか

　美術教育を、表現を通したモノを媒介して成立する学びであると捉えた場合、その学びはいつから始まっているのだろうか。第2節では、乳幼児期の表出から表現への道のりと、モノを媒介とした思考についてまとめていく。併せて、領域「表現」に包括される幼児期の造形表現・活動の特色もまとめていく。

2-1　「表出」から「表現」へ
　誤解を恐れずに言うならば、コンピテンス・ベースで説明する領域「表

現」の目的は、私たち人間が他者と共に生きる上で不可欠なコミュニケーション能力の獲得を目指すことであると言えるだろう。「表現」は意図的な行為であるが、それは特別な活動ではなく私たちが他者に考えや感情を伝えたりする手段であり、他者から発信される広義のメッセージを受信したり、解釈したりするための態度でもある。すなわち、「表現」とは双方向的なやりとりで成立する相互作用である。乳幼児は遊び等の日常生活の場面で自分の感情や考えを友だちや養育者・保育者に理解してもらうといった「伝わる」経験を積み重ねることで「表現」を獲得していく。

　生まれたばかりの赤ちゃんは、泣くことで意思表示をしているが、それは「表現」とは区別される。実際には、この場合の泣きは、何らかの不快感を反射的に示した「表出」とみなされる。一方で、赤ちゃんが力いっぱい泣き声を上げたとき、周囲の大人たちは多くの場合、その状況から赤ちゃんが何を求めているかを判断しようとする。つまり、大人達は赤ちゃんが泣く理由を「何かを伝えようとしている」ためと解釈し、泣き声をひとつの意図的な「表現」として受け止めようとするのである。

　赤ちゃんは、反射的に「表出」していたシグナル―泣く、笑う、手足をばたつかせる、声を出すなどに対し、周囲の大人たちが抱っこしてあやす、話しかける、おむつを替える、授乳するなどの何らかのリアクションが返ってくる「受信された経験」を積み重ねることで、伝達を目的とした意図的な「表現」の方法を獲得していくのである。この事例から、「表現」としての「泣き」は、はじめから獲得されていたわけではないことや、「表現」は一方的な発信ではなく、受信者がいて初めて成立する社会的相互作用であることが分かる。表出をきっかけに始まった表現行為は、やがてコミュニケーションの基盤を成すことばによる「対話」の形成に向かい、さらには色や形、イメージといったビジュアル・コミュニケーションへと拡張していくのである。

2-2　モノ＝メディアとしての身体との出会い

　私たちは、自分の身体を当然のように自分のものとして使いこなすことができているが、はじめからそうなっていたわけではない。生まれたての乳児にとっての世界とは眼球を動かして見える範囲であり、自分自身の手足やからだはまだ見ぬ未知の存在である。やがて、全身を動かしている最中に、自分自身の手や足に触れたり口に入れたりして「自分」を「発見」し、自分自身という存在を自覚するのである。このように、人的・物的環境とのかかわりを通して徐々に身体の扱い方を理解し、表情や身体で考えや感情を「表

図1　全身でポジティブな感情を表現する乳児（生後7ヶ月）

現」する方法を獲得していくのである。すなわち身体は、自身の考えを「表現」するためのひとつのメディアとして機能していくのである。

　また、身体は外界のあらゆる刺激を内界に伝達するメディア（媒体）としても機能する。いわゆる「感覚」は、外界の様子を知るための手段で、身体はあらゆるセンサーとして機能する。五感（視覚・聴覚・嗅覚・触覚・味覚）を働かせることを通して、私たちは自分が存在する世界を理解していると同時に、「わたし」自身も認識するのである。特に、乳幼児期は感覚器が大きく発達する時期であるため、さまざまな感覚を働かせることがその発達を促すと考えられている。

2-3　表現における「表し」と「現れ」

　大場（1996）は、子どもの「表現」を氷山に例えて「表し」と「現れ」の2つの概念で説明している（図2参照）。表現の氷山モデルとは、いわゆる「作品」は表現行為を重ねた結果であり、「表現」全体でみると可視化された

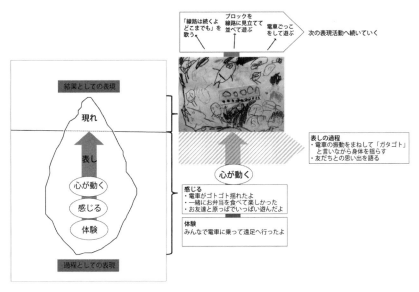

図2　表現の氷山モデル（槇, 2008より、筆者作成）と「表し」と「現れ」の例

　氷山の一角に過ぎないという考え方である。表現は体験を起点として感じた
り心が動いたりしたことから起こる「表し」の行為である「過程としての表
現」と、その延長上にある「結果としての表現」を一体的にとらえることで
ひとつの「表現」として成立するという考え方である（槇, 2008, p. 9）。

　「過程としての表現」を詳しく見てみると、そこには幼児の特徴的な表現
の姿を観察することができる。1つ目の特徴は、表現は複数のメディアや様
式でつくられているということである。図2で示した作品は、4歳児が電車
に乗って遠足へ出かけた時の思い出を造形的に表現したものである。幼児は、
体験したことを思い出しながら描画する中で、電車の振動をまねして「ガタ
ゴト」と言いながら体を揺らしたり、保育者に思い出を語ったり、「次は赤
を使おう」などとつぶやいたりしている。このように「表しの過程」は、身
体、ことば、リズムなどの複数のメディアを連動させることで形成されるの
である。2つ目は、表現はアウトプットされた時点で完結するわけではない

ということである。子どもが生きる日常を連続的な時間軸でとらえると、「現れ」として可視化されるものは、長いストーリーのほんの一場面であると捉えることができる。さらにそのストーリーには表現する活動そのものも含まれていくことから、表現するという「体験」が、次の表現活動を生み出し、活動が続いていくと説明することができる。図2の場合、「描く」という造形行為と、「表しの過程」で経験された身体的・言語的な表現の体験が、「『線路は続くよどこまでも』を歌う」、「ブロックを線路に見立てて並べて遊ぶ」、「電車ごっこをして遊ぶ」などの次の「現し」に継続されていったことがわかる。

2-4　幼児の表現様式の特徴

　先述した通り、幼児が自分の思いや考え、イメージを表現する方法には、ことば、身体、リズムなど複数ある。水島（1993）は、子どもの表現様式を「インターメディア」的であるとする。インターメディアとは、複数の芸術メディアを融合してつくりだされる表現で、例えば、美術の様式と音楽の様式の境界にある表現活動がどちらにも属さない（分類できない）という特徴をもつ表現様式である。「表現」を「過程としての表現」と「結果としての表現」の二つの側面から捉えると、図2で示したように、表し・現れの両方の過程で発揮される表現行為は、複数の様式を横断しながら成立するといえる。それらは、音楽や図画工作といった領域ごとに分断することが困難な様式であると解釈することができる。以上のことが、造形的表現活動を含むあらゆるメディアによる「表現」が領域「表現」として包括的に位置付けられている所以である。

　また、道具や用具を使用する造形表現の場合、対象児の手や腕などの身体的発達や、目と手の協調、空間認知力等の思考と言語の発達を含む認知的発達の実態に即した方法を選択する必要がある。例えば、意図的な「描く」行為は、自分が描いたスクリブル（なぐりがき）に命名する「意味づけ期」（3

〜4歳）以降に成立するであるとされる（ローウェンフェルド, 1963）。それ以前のスクリブルは、描くという運動感覚の心地よさや面白さに基づくことから、意図的な「表現」とは区別される。そのため、この時期以前の子どもに「楽しかった思い出を描こう」という主題を投げかけても、大人が意図する「表現」は生成されない。この場合、擦りつける、絵の具のベタベタを楽しむことができるといったフィンガーペイントなどを設定した方が、発達段階に即していると言える。

　意図された表現が可能となる発達段階について、ローウェンフェルドは、以下のように説明している。

　　　「この『なぐり描きに注釈のつくこと』は、子供の思考が全く変化したことを示しており、子供の今後の発達にとって最も重要である。今まで子供は、自分の動作に完全に満足していたが、それ以後は、動作と想像的経験とを結びつけるようになる。動作を介しての〈運動感覚的思考〉から、絵画を介しての〈想像的思考〉へと変化したのである。（ローウェンフェルド, 1963, p. 137)」

これらは、ピアジェの「発生的認識論」で示された4つに区分された心理発達の段階とも重なる。槇（2008）は、ピアジェの発達段階説に基づき、第Ⅱ期の前操作期（2歳〜7歳）の前半にあたる表象的思考期（2〜3歳頃）に表象（イメージ）が出現するようになり、象徴的思考期（3〜4歳頃）になると、不可視化なイメージを言葉で表現できるようになってくることから見立て遊びやごっこ遊びが可能になると説明している。ピアジェの提唱した象徴的思考期と、ブリテンやローウェンフェルドの言うスクリブルに意味が付帯される「意味づけ期」が重なることからも、造形表現活動で働く「イメージする」という思考は、言葉の発達と密接に関連しており、身体的な発達、認知的発達の両方が揃うことで成立するということがわかる。

3　幼稚園教育要領・保育所保育指針・幼保連携型認定こども園教育・保育要領における領域「表現」と学習指導要領「図画工作科」の特徴

　本節では、領域「表現」及び図画工作科がどのようなねらいのもとで展開される教育活動であるかを制度的視点からまとめていく。

3-1　領域「表現」の背景

　平成 29 年の幼稚園教育要領（以下、教育要領）、保育所保育指針（以下、保育指針）、幼保連携型認定こども園教育・保育要領（以下、教育・保育要領）の改定では、3 者を日本の「幼児教育施設」として位置付けた。さらに共通の目的と目標として「幼児教育で育みたい資質・能力の 3 本柱」を保育内容の「ねらい」に、「幼児期の終わりまでに育ってほしい 10 の姿」を「指導を行う際に考慮するもの」としてそれぞれ設定している。特に、3 本柱で説明される資質・能力「知識、技能の基礎」、「思考力、判断力、表現力等の基礎」、「学びに向かう力、人間性等」のコンセプトは小・中学校の学習指導要領にも発展的に継続されており、日本における教育は、幼児期から児童期・青年期にかけての発達段階の特性と学びの連続性が考慮されたものとして示されている。それらは、「心身の調和のとれた発達の基礎を培う重要な学習であることを考慮して、遊びを通しての指導」の中で達成できることが求められる。それは、「小学校教育の先取りをすることではなく、就学前までの幼児期にふさわしい教育」という視点で達成されるものである。

3-2　領域「表現」の特色

　領域「表現」は、音楽、造形、身体やことばなどの複数の表現様式や方法を総合的に扱う領域である。それは、乳幼児がつくりだす「表現」が、大人

が様式ごとに分類したそれとは異なる独自の世界観を形成していることに関係する。小学校以降に始まる教科教育において領域「表現」は、音楽・図画工作・体育・国語と細分化され、それぞれの分野は「教科」として位置付けられる。しかし、そもそも乳幼児による「表現」とは、複数の表現様式を横断する形で成立する未分化な活動であるという定義に立ち戻ると、造形による表現は 1 つの表現様式に過ぎず、表現する幼児の姿からは造形表現のみを取り出して「表現」を論じることは困難である。「幼児教育は、小学校教育の先取りではない」という前提からも、幼児期の発達段階に合わせた遊び≒学びの環境を設定することが肝心である。

3-3　領域「表現」のねらいと内容

3-3-1　領域「表現」において育みたい資質・能力について

　領域「表現」のねらい及び内容は、就学前施設において育みたい資質・能力である「知識・技能の基礎」「思考力・判断力・表現力等の基礎」「学びに向かう力、人間性等」を、遊びを通した総合的な指導の中で一体的に育むことをめざして各領域で示されたものである。小学校以降は、各教科の目標や内容を資質・能力の観点から整理し、各教科でいかに資質・能力を育成するかを明確化しているが、幼児期の教育の場合は、幼児期の諸能力は、遊びの経験を通して相互に関連し合いながら総合的に発達するという特質から、それぞれの資質・能力は、それぞれの領域で示されたねらいや内容の全体に関連していくものとして示されている。領域「表現」で育みたい資質・能力はそれぞれ次のようにとらえることができる。

　幼稚園教育要領解説書における「知識・技能の基礎」とは、「豊かな体験を通じて、幼児が自ら感じたり気付いたり、分かったり、できるようになったりすること」である。例えば、幼児が降り注ぐ雨によって園庭につくられた水たまりを眺める中で、雨粒がつくりだす波紋に気付き、その様子をことばで説明したり、絵に表したり、そこからイメージされる音やリズムを奏で

たりすることが考えられる。また、粘土を触る際の力の加減や、手の動かし方によってできる形に違いが生じることに気づき、それを生かして造形活動に取り組むことができるなど、幼児ひとり一人が自らの感覚や行為を以て気づき、理解したことを「知識」として扱うことになる。なお、この「知識」観は図画工作科学習指導要領で述べられている「対象や事象を捉える造形的な視点について自分の感覚や行為を通して理解する」に引き継がれている。これらの「知識」は、幼児・児童が主体的に対象に働きかけることで獲得可能であり、そこでは能動的な学びが実現されていることから「学びに向かう力、人間性等」とも深く関連してくる。

　幼稚園教育要領解説書における「思考力・判断力・表現力等の基礎」とは、「気付いたことやできるようになったことなどを使い、考えたり、試したり、工夫したり、表現したりすること」である。具体的な姿として、砂場に水の通り道をつくりたいとき、水たまりの淵の砂を掻いた筋に水が流れることに気づき、試行錯誤する中で、掘る深さが高低差をつくりだし、流れを再現できることがわかり、砂場全体に水路をめぐらすことができるなどが考えられる。また、色水遊びの中で、色と色を混ぜると違った色をつくりだせることや、そこから色水屋さんごっこを展開する際に、必要な道具（例えば、お店の看板や、模擬コインなど）を工夫してつくるといったことも含まれてくる。「表現」領域特有の「正解がない」という特性は、自らの感覚や行為を通して試そうとしたり、自分なりに良さを見出そうとしたりする態度そのものを育む土壌を提供している。

　「学びに向かう力、人間性等」とは、「心情、意欲、態度が育つ中で、よりよい生活を営もうとすること」である。具体的には、その場に参加する子どもたちにとってよりよい遊びが展開されるように、子ども自身の創造性が発揮されることが考えられる。

3-3-2　領域「表現」のねらいと内容の構造

　保育指針および教育・保育要領では、対象児を「乳児期」「1歳以上3歳未満児」「3歳以上児」の3つに区分し、それぞれの発達段階で育成したい資質・能力をねらい及び内容として設定している。このうち、「3歳以上児」で示された教育及び保育に関するねらい及び内容は、幼稚園教育要領で示される5領域「表現」と共通する内容となっている。

　教育要領及び保育指針、教育・保育要領で示された領域「表現」では、「身近な環境と関わり、感じ取り、イメージを形成する力が、表現する力や創造性の発達の基礎となる」という考えのもと、発達段階に応じて内容が構成されている。例えば、乳児期の「見る・触れる・探索する」というねらいは、「生活や遊びの中で様々なものに触れ、音、形、色、手触りなどに気付き、感覚の働きを豊かにする」といった乳児の外界に働きかける行為によって達成される。このねらいは、幼児期の「身体の諸感覚の経験を豊かにし、様々な感覚を味わう」に引き継がれ、「生活の中で、様々な音、形、色、手触り、味、香りなどに気付いたり、感じたりして楽しむ」といった、五感を能動的に働かせる活動へと発展的に展開されている。同様に、イメージを豊かにすることを目的とした内容や、心が動いたことを様々な表現様式でアウトプットする活動も発達段階ごとに深められるようになっている。

表1　領域「表現」のねらい及び内容

	1歳以上3歳未満児	3歳以上児
	感じたことや考えたことを自分なりに表現することを通して、豊かな感性や表現する力を養い、創造性を豊かにする。	
(1)	身体の諸感覚の経験を豊かにし、様々な感覚を味わう。	いろいろなものの美しさなどに対する豊かな感性をもつ。
(2)	感じたことや考えたことなどを自分なりに表現しようとする。	感じたことや考えたことを自分なりに表現して楽しむ。
(3)	生活や遊びの様々な体験を通して、イメージや感性が豊かになる。	生活の中でイメージを豊かにし、様々な表現を楽しむ。

3-4　領域「表現」における造形的要素の特徴

3-4-1　特徴①「モノ」から広がる遊び

　造形活動は、モノ＝メディアを媒介にした思考のもとに成立する活動である。子どもはモノや環境に働きかけることを通して感覚を得て、自らの「からだ」を知覚し、「わたし」とモノとの関係性を通して世界を捉えようとしている。このときのモノとは、すなわち素材である。アフォーダンス理論（ギブソン, 1979）に基づくと、素材の材質や色、形、大きさなどの違いは、私たちの造形行為を規定すると考えられる。つまり、子どもたちが様々な素材を経験することとは、多様な身体性を引き出し、モノを媒介とした世界の理解にもつながるのである。

図3　自然素材による色水遊び
オシロイバナやヤマブドウで複数色の色水づくりをした後、ジュース屋さんごっこの遊びへ展開していく

　保育指針および保育・教育要領に示された、1歳以上3歳未満児　内容（1）「水、砂、土、紙、粘土など様々な素材に触れて楽しむ」、3歳以上児　内容（5）「いろいろな素材に親しみ、工夫して遊ぶ」では、（1）で示したような構造性が低く可塑性の高い素材から、次第に紙箱やプラスチックの容器などの加工時に抵抗がある素材が用いられるようになっている。教材とされる素材の系統性に基づく発展は、例えば、木切れ（低学年）から板段ボール（中学年）、板材（高学年）のように教科教育以降も継続している。人工物と自然物の両方の素材で遊ぶ中で、色や形、材質（テクスチャー）の特徴に気付き、その素材の活かし方を発見する中で、新たな遊びが生み出されるといえる。

3-4-2　特徴② イメージを豊かにする遊び

　はじめての現象やものと出会った時、私たちはこれまでの経験をふりかえり、自分自身の知識を参照しながら理解しようと試みる。この認知活動は、子どもの想像力を育てるとともに、創造性の発達において大きく貢献する。こういった、知らないことに既に知っていることを「見立て＝イメージする」活動と、それを具現化する「仕立て＝イメージしたことを可視化する」ことは、子どもの遊びのあらゆる場面で確認することができる。例えば、空に浮かんだ雲の形を見て「ねずみみたい」とつぶやいてみたり、砂場でのおままごとで葉っぱと花を具材に見立てて器に入れて、スープに仕立てたり、砂を型抜きで型取り、ケーキに仕立てたり、色紙や段ボールの切れ端を動物や剣に見立て、ごっこ遊びをしたりするなどが挙げられる。

図4　砂場でレストランごっこ
つくりたいものに合わせて型抜きを使い分ける。ケーキもつくれるレストランのシェフと食べに来たお客さん。（港区立高輪幼稚園）

　保育指針および保育・教育要領に示された、1歳以上3歳未満児　内容（5）「保育教諭等からの話や生活や遊びの中での出来事を通してイメージを豊かにする。」、保育指針および保育・教育要領、教育要領　3歳以上児　内容（2）「生活の中で美しいものや心を動かす出来事に触れ、イメージを豊かにする。」、内容（7）「かいたり、つくったりすることを楽しみ、遊びに使ったり、飾ったりなどする」、(8)「自分のイメージを動きや言葉などで表現したり、演じて遊んだりするなどの楽しさを味わう。」では、ごっこ遊びで役を演じたり、仕立ての方法を造形、音や動き、身体、ことばで表したりするなどして、イメージすることをきっかけとした遊びが想定されている。

以下の事例をみてみよう。

> 　保育室内にあった広告紙を保育者が細く巻いて棒状のものをつくり、幼児に渡したところ、それを振り回して魔法使いごっこ遊びが始まった。紙を棒状にしたこの1本が、幼児にイメージの世界で遊ぶきっかけを提供したのである。さらに幼児は、棒の先に帯状のスズランテープを付けて、細かく裂きだした。振るとシャラシャラと音がする棒を振り回し、イメージの世界と現実世界をシームレスに行き来しながら、遊びに没頭する。やがて、同じような棒を持った幼児が2名集まり、3人での魔法使いごっこが展開されていった。

　この事例からは、広告を丸めた棒が、現実とイメージを媒介するメディアとなり、さらにことばを介すことで、イメージの共有を図りながら、3人での集団遊びが実現できているということがわかる。

3-5　図画工作科の目標及び内容

　これまでに述べてきた領域「表現」における造形的特徴は、図画工作科の内容及び共通事項に発展的に引き継がれている（表2参照）。図画工作科は、A表現とB鑑賞の二つの領域と〔共通事項〕で構成される。

表2　図画工作科の目標及び内容

目標	表現及び鑑賞の活動を通して、造形的な見方・考え方を働かせ、生活や社会の中の形や色などと豊かに関わる資質・能力を次の通り育成することを目指す。
知識、技能	(1) 対象や事象を捉える造形的な視点について自分の感覚や行為を通して理解するとともに、材料や用具を使い、表し方などを工夫して、創造的につくったり表したりすることができるようにする。
思考力、判断力、表現力等	(2) 造形的なよさや美しさ、表したいこと、表し方などについて考え、創造的に発想や構想をしたり、作品などに対する自分の見方や感じ方を深めたりすることができるようにする。
学びに向かう力、人間性	(3) つくりだす喜びを味わうとともに、感性を育み、楽しく豊かな生活を創造しようとする態度を養い、豊かな情操を培う。

　A表現では、造形活動を1）材料やその形や色などに働きかけることから始まる側面と、2）自分の表したいことを基に、それを実現していこうとする側面から捉えて、それぞれの特徴を生かした内容を（1）ア及び（2）ア「造形遊びをする（以下、造形遊び）」と、（1）イ及び（2）イ「絵や立体、工作に表す」として設定している。

　B鑑賞では、A表現の活動の中で、素材の特徴を視覚だけではなく触覚や嗅覚、聴覚で捉えたり、自分や友達の作品やその過程について振り返り、共有したり、身近な美術作品を鑑賞する活動である。本来、表現と鑑賞は循環して起きるものであることから、一体的に扱うことが示されている。

　A表現とB鑑賞の両方に関係する〔共通事項〕では、「つくる」と「みる」の活動で共通して育成したい資質・能力として、ア「知識」とイ「思考力、判断力、表現力等」が示されている。「知識」とは、「自分の感覚や行為を通して、形や色などの造形的な特徴を理解する」ことで獲得されるもので、形式知のように一般化された知識観とは異なるパラダイムで捉えられるものである。また、「思考力、判断力、表現力」とは、「様々な対象や事象について自分なりのイメージをもつ」ことで、先述した「知識」とともに、造形表現活動において働くものである。図画工作科の目標に示されている「造形的な見方・考え方」ができるようになるとは、「感性や想像力を働かせ、対象や事象を、形や色などの造形的な視点で捉え、自分のイメージをもちながら意味や価値をつくりだすこと」、すなわち、〔共通事項〕で示した資質・能力が発揮されている状態である。そのため、〔共通事項〕は、図画工作科の目標に掲げられた3つの目標を達成するための基盤と説明することができる。

4　領域「表現」から図画工作科への接続と展開—事例をもとに

　これまでに、幼児の造形表現の特徴と領域「表現」における造形表現の要素について、さらに図画工作科の教科構造などの特色についてまとめてきた。

遊びの中から紡ぎ出される幼児期の造形表現の特色は、素材や状況に触発されて自発的で能動的である点にある。そのため、保育者による環境構成が豊かな表現活動を支える上で不可欠である。図画工作科では、造形の二つの側面として1）素材に働きかけることで始まる活動と、2）目的やイメージがある程度明確である活動として、それぞれ「造形遊び」をする活動と、「絵や立体、工作にあらわす」活動を内容としている。前者は、「遊び」の性格を引き継ぐもので、幼児期からの造形表現活動と親和性が高い。一方で、主題やイメージ先行型の造形活動も、幼児期後半になると遊びの中で成立してくるとされる。では、それぞれどのような姿で生じてくるのか。

　本節では、香川大学教育学部附属坂出幼稚園の事例を示しながら、子どもたちの遊びの場面から図画工作科につながる要素や姿について概説していく。

4-1　事例 1：モノから広がる遊びと造形表現活動

> 　これまでの子どもたちの姿から、より遊びを引き出したいという保育者の願いのもとに設置された素材ワゴンには、数日前から型抜きされた色画用紙が準備されている。この型抜きされた色画用紙は、新聞紙を丸めた棒に貼って魔法のステッキになったり、重ねて貼り合わせてロゼットになったり、ホールで展開されている忍者の衣装の装飾作りの装飾になったりと複数の活動で生かされている。女児 A と女児 C は、折り紙を束ねてステープラーで留めたものを絵本に見立て、型抜きされた色画用紙や折り紙を貼り付けて絵本を作っている。

　これは、「素材ワゴン」という環境が、園児らの主体的な造形活動を誘発した事例である。「型抜きされた色画用紙」は、子どもの興味関心を喚起し「やってみたい」、「色や形を生かして何かできるのではないか」といった造形表現活動への動機付けとなり様々な活動を生み出している。この、素材への働きかけから始まる活動は、図画工作科「造形遊び」と「絵や立体、工作にあらわす」へと展開されるものである。既に準備された素材を使用したあらわす活動の経験が、自分自身で素材や色・形を選択することができるよう

になるための基盤を成すといえる。

① 　魔法のステッキ　　　　　▲素材ワゴン　　　　③　衣装の装飾

② 　ロゼット　　　　　　　　　　　　　　④　絵本づくり

図5　型抜きされた色画用紙から広がった活動

4-2　事例2：共有されたテーマから広がるイメージと多様な造形活動の展開

　　今年の秋の運動会のテーマは「忍者」。保育者たちは子どもたち一人ひとりに忍
者に対するイメージが広がることを願い、園での日常生活の随所にさまざまな仕
掛けをしていた。夏休み明けの始業式のお話の中に忍者を登場させたり、保育室
には忍者のイメージが膨らむような素材を置いたり、クラスの本棚に忍者に関す
る絵本や図鑑を並べたりしながら、保育者自らも忍者になりきって遊びに加わっ
たりもした。やがて、全ての年齢のクラスで忍者に「なりきる」表現活動が主

体的に展開されていった。

　始業式から 5 日目、5 歳の男児が忍者になりきってごっこ遊びを始めた。その様子を見た保育者が黒色の不織布を準備して、男児の忍者の衣装づくりが始まった。それをきっかけに、他の男児も衣装をつくり始め、さらには複数の女児たちもピンク色の不織布で取り組み始めた。

　事例 2 で示した通り、幼児の遊びを引き出すことを目指して保育者が設定したさまざまな「環境」は、各発達段階や個人の興味に応じた多様な活動を生み出している（図 6）。この事例からは、子どもたちの遊びを通じた素材経験の蓄積が幼児の主体性の基盤を形成し、豊かなイメージの交流によって個人と集団のゆるやかなつながりを保ちながら、集団での遊びへと発展していることがわかる。次に、保育者の環境設定によって支えられている幼児たちの姿から、図画工作科への接続点を考察していく。

各年齢のクラスで展開された活動例と特徴

○3 歳児：なりたいものになる中で素材そのものに触れることを楽しむ
左：「これをつけるとみんなが黄色に見える…」なりきる中で素材にふれていく。
右：4 歳児クラスのお兄ちゃんたちに口にまく忍者のアイテムをもらって忍者気分。

○4 歳児：これまで親しんだ素材を活用して自分なりになりたいものになることを楽しんだり、友達とイメージの世界を楽しむ
左・中：親しんだ素材をもとにそれぞれのイメージで忍者になる。
右：「隠れ身の術だ！」と友達と忍者のイメージの世界を楽しむ。

○5 歳児：より忍者らしくなるために経験を活かして素材を選択し、なりきる中で仲間と共に新たに遊びを展開していくことを楽しむ
左：巧技台で忍者の修行コースをつくり、友達と楽しむ。
右：「ステージで忍者ショーをしたい」とお客さんを呼んで即興的にショーを実施。

図 6　事例各年齢のクラスで展開された活動例と特徴
（同幼稚園　谷口美奈教諭より提供された資料より作成）

4-2-1　考察1：衣装づくりから「絵や立体、工作に表す」活動へ

　「絵や立体、工作に表す」活動は、感じたこと、想像したこと、見たことなどから表したいことを絵や立体、工作に表すもので、およそのテーマや目的を基に、表現を積み重ねていく性質をもつ。表したいイメージや思いから始まる幼児の造形活動では、例えば遠足に行った時に感じた楽しさを描く、友だちに「また遊ぼうね」「お誕生日おめでとう」などのメッセージを伝えるために絵手紙を描く、ごっこ遊びの過程で必要となった釣竿を新聞紙と凧糸でつくる、七夕かざりをつくり笹の葉に飾るなどが挙げられる。また、図鑑などを見ながら好きな恐竜をつくる活動なども該当する。

　この事例で園児は、忍者の特徴をことばで説明しながら、時に忍者になりきり、演じながら自分自身がもつ「忍者」のイメージを再現しようとしていた。忍者になりきるために必要な道具や衣装の制作は、イメージの表現や目的や用途に合わせた造形表現活動である「絵や立体、工作に表す」へ弾力的につながっていく。幼児期より子どもたちが行っている「実現したいメージに合わせた素材や道具の選択」は、児童期の身体的発達と共に使いこなせる道具や素材が増えることで広がる選択肢に対し、「自分ならでは」の視点をもちながら選択することを可能とする「造形的な見方・考え方」の資質・能力形成につながっていく。

4-2-2　考察2：与えられたテーマに基づく造形遊びから自ら主題を見つけだす「造形遊びをする」活動へ

　「造形遊びをする」活動とは、対象となる自然物や人工物の形や色などの特徴から思いついた造形活動を行うもので、児童は主体的に材料に働きかけ、そこから得た感覚や行為などを通して自分なりのイメージを広げながら、自由に発想・構想をくり返す。この活動では、素材に働きかけることで得られる感覚やそこから受ける「感じ」を味わいながら「つくり、つくりかえ、つくる」造形行為に学びの意義を見出すことから、必ずしも作品の完成を目的

としない。

　素材に働きかけることから始まる幼児の造形活動では、身の回りにある素材、例えばお菓子の空き箱などを何らかの生き物やロボットなどに見立て、仕立てていく活動や、秋の公園で色とりどりの落ち葉や様々な形の木の実を拾い集め、その場で即興的に何かをつくったりして遊ぶ姿などが当てはまる。幼児の造形の多くが、素材に働きかけることで始まるパターンであり、手を動かす中で新たなイメージが生まれるため、常につくり・つくりかえられるという特徴を持つ。また、「つくる」行為のみならず、素材を、にぎる、ちぎる、ひねるなどつくることを前提としない感覚的な操作も造形行為の一環として解釈することができる。領域「表現」において目標とされた、五感を通して素材に働きかけることで気づきを得たり、そこから広がるイメージを自分なりに表したりと、気づくことや表現すること自体を楽しむことは、図画工作科において「感覚や気持ちを生かしながら（低学年）」も、「材料に働きかけて捉えた形や色、自分のイメージを基に造形的な活動を発想（低学年）」するというように、素材の造形的な特徴である色・形を自分なりにとらえ、自分なりのイメージを働かせることで活動そのものを創り出すものとして発展的に継続されている。

　図 6 でも示したように、この事例では新聞紙や色画用紙の端紙を丸めたりつないだりすることで忍者になりきる遊びが展開されていた。これらは保育者がこれまでの園児の姿や遊びの姿を踏まえて設定した環境やその時々の関わりから実現された活動である。一方、「造形遊びをする活動」では、与えられた素材や場所、空間の特徴から「何ができるか」を自ら考え、実行していくことで成立する活動である。つまり、「何をするのか」といった主題そのものを児童自身で見出し、実行していくことが学習活動として求められることになる。幼児期の豊かな素材体験は、「造形遊びをする活動」での即興的な創造活動や探究を支える基盤となっていると言える。

5　まとめ　幼児期の基盤づくりと幼小接続期の課題

　図画工作科では、教科の目標（1）対象や事象を捉える造形的な視点について自分の感覚や行為を通して理解するとともに、材料や用具を使い、表し方などを工夫して、創造的につくったり表したりすることができるようにする、（2）造形的なよさや美しさ、表したいこと、表し方などについて考え、創造的に発想や構想をしたり、作品などに対する自分の見方や感じ方を深めたりすることができるようにする（下線は筆者によるもの）とあるように、「自分なりの」感じ方、考え方、深め方を見つけ出し、表現することを通して個々のアイデンティティを構築することが目標とされている。この「自分なりの」感覚を持ち働かせることを実現するには、幼児期の、環境を通して出会う様々な出来事やモノとの関わりを通して達成される 領域「表現」ねらい（2）感じたことや考えたことを自分なりに表現して楽しむ、（3）生活の中でイメージを豊かにし、様々な表現を楽しむ といった経験の積み重ねが欠かせないのである。

　そのためにも、幼児期の造形体験はプレ図画工作科として取り組まれるのではなく、その時々の発達段階だからこそできる表現を生かした活動として展開されることが望ましいといえる。

謝辞
　本章執筆にあたり、東京都港区立高輪幼稚園、香川大学教育学部附属坂出幼稚園の皆さまに多大なるご協力を賜りました。心より感謝申し上げます。

参考文献

Gibson, J. J. (1966). *The Senses Considered as Perceptual Systems*. Boston: Houghton Mifflin.（J. J. ギブソン　佐々木正人・古山宣洋・三嶋博之（監訳）（2011）『生

態学的知覚システム―感性をとらえなおす―』東京大学出版会）

東山　明・東山直美（2000）『子どもの絵は何を語るか　発達科学の視点から』NHK ブックス

磯部錦司（2019）『子どもが絵を描くとき』一藝社

Lowenfeld, V. (1951). *The Nature of Creative Activity*. London: Forgotten Books.（V. ローウェンフェルト　水沢孝策（訳）(1960)『児童美術と創造性 第二版』美術出版社）

Lowenfeld, V. (1957). *Creative and Mental Growth*. 3rd Edition. New York: Macmilan Company, EN.（V. ローウェンフェルド　竹内　清・堀内　敏・武井勝雄（共訳）(1963)『美術による人間形成』黎明書房）

槙　英子（2018）『保育をひらく造形表現』萌文書林

文部科学省（2018）『幼稚園教育要領解説』フレーベル館

大場牧夫（2009）『表現言論　幼児の「あらわし」と領域「表現」』萌文書林

大橋　功・新関伸也・松岡宏明・藤本陽三・佐藤賢司・鈴木光男・清田哲男（2018）『美術教育概論 新訂版』日本文教出版

柴田和豊（編集）(1993)『メディア時代の美術教育』国土社

島田由紀子・駒久美子（編著）(2019)『コンパス　保育内容表現』建帛社

（手塚千尋）

第17章　幼児期の遊び（健康）から体育の学びへ

1　はじめに

　本章では、幼児期の「健康」領域から児童期の体育分野へと、どのように学びが発展していくようカリキュラムが構想されているのかを検討していく。運動や健康といった広範囲の内容をもつ「健康」領域や体育科教育においては、子どもたちのからだ育てを基盤としながら、身体文化、運動文化、健康文化といった3つの文化体系を背景として、領域や教科が成立している（図1）。3つの文化体系は相互に関連をもちながら、それぞれ独自の課題をもつ。独自の課題は幼児期から青年期までの教育において貫徹され、長期にわたるカリキュラムの中でその達成がめざされていく。以下ではまず、3つの文化体系に関連する課題を述べる。その上で、幼児期から児童期の接続を中心として、幼稚園教育要領および学習指導要領の特徴、発達的特徴、運動能力の考え方と指導の重点、実践事例を提示する。最後に、教師がカリキュラムの開発主体となることの重要さを述べる。

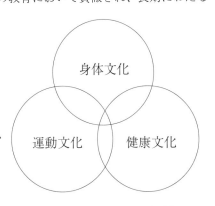

図1　「健康」領域・体育科教育が背景とする3つの文化体系

2 「健康」領域・体育科教育における3つの課題

2-1　身体文化の主体者形成

　わが国では、正木ら（1979）による調査研究を契機として、子どもたちのからだのおかしさが問題化する。その背景としては、生活環境の変化にともない、子どもたちが「からだ」を通しての自然や社会の直接的な経験を希薄化させていることがあげられている。その後、20年ほどの間で、キレる、暴力、ひきこもり、心身症・神経症的傾向、自律神経系や免疫系の失調など、事態は深刻化していく（久保, 2004）。佐藤（1995）は、こうした身体の異変が、当初の筋力低下、アトピー性皮膚炎、小児喘息の拡大などの生理学的医学的症状から、人と交われない硬直化・萎縮化した身体、感受性と応答性を喪失した身体、突発的に暴力と破壊へと向かう身体といった、精神的な意味における身体の危機に変化していると主張する。身体の異変に対応するため、文部省は1998年に「からだほぐし」の領域を学校体育へ導入する。しかし、野井らの継続的な調査によれば、「からだのおかしさ」は近年においても深刻化・多様化しており、「アレルギー」「背中の歪み、首・肩のこり、腰痛・頭痛」「交感神経系の不活発化（朝からあくび、すぐ疲れる、そわそわする）」といったからだの異変が増加している（野井, 2013；子どものからだと心・連絡会議, 2018）。

　幼稚園等・学校現場では、こうした子どもたちのからだのおかしさに対して、「じゃれつき遊び」や交感神経を活発化させる「ワクワク・ドキドキタイム」などの運動遊び、からだの気づき・ほぐしの体育、ヨガや野口体操を導入した体育といった様々な「からだ育てとしての体育」が実践されている（久保, 2004；篠田, 2007；野井, 2013）。「健康」領域・体育科教育においては、身体文化を教材化しながら子どもたちのからだのおかしさと向き合い、子どもたちが身体文化（からだ）の主人公となるような教育実践を創造したい。

2-2　運動文化の主体者形成

　運動文化であるスポーツの楽しさは、人間の可能性を拡大させるとともに、人と人を結び合わせ、人々の生活や生きがいをうみだしてきた。また、スポーツは、自由・平等の拡大、暴力や人種差別の克服、国際交流、平和運動（戦争放棄）などの多様な社会的な意味をもって、世界の国々で人類の遺産としてのヒューマニズムや人権を前進させてきた。しかし一方で、スポーツが本質とする競争原理は、人間を優劣関係におき、競争の激化によって無数の「落ちこぼれ」や「運動・体育嫌い」を生起してきた。さらに、社会的差別や勝利至上主義によるいじめや体罰、ドーピング、不正といった非倫理的な行為も生起している（中村, 1998）。運動文化において協同と競争は本質的なものであり、不離一体のものである。そのため、運動文化をそのまま「よいもの」として受容するわけにはいかない。運動文化そのものが、他者との関係を切り裂き、自己を破滅に導くような人間疎外の要因をもつことを理解しなければならない。運動文化の負の側面を克服し、みんなにとってよりよいものへとつくりかえていく中でこそ、その教育的価値が学ばれる。

　特に、貧困や格差が拡大し、競争社会へと突き進む現代社会においては、子どもたちの生活課題や発達課題が体育の学習で表面化しやすい。「勝てなかったら意味がない」「ボールに触れないのはへたな人が悪い」「みんなに迷惑をかけたくないからパスされなくてよい」。こうした子どもたちの生活・発達課題が顕在化したスポーツ観と向き合いながら、みんながみんなでわかり、うまくなることをめざす体育や、勝敗や競争の意味を問い直しながら、みんなが楽しめるスポーツをつくる体育、そして、文化としてのスポーツを学ぶ体育を探求していくことがもとめられる（出原, 2004）。スポーツはすべての人の権利であることに根ざしながら、運動文化をよりよいものへと変革・創造していく主体者を育成していきたい。

2-3　健康文化の主体者形成

　人間の活動はからだが出発点となっているがゆえに、健康教育もまた、私たちのからだ・いのちの問題と切り離すことはできない。そのため、健康教育の中核には「心をもち、具体的に生き、生活し、発達しているからだ」（鎌田, 2019, p. 46）がある。健康教育では基本的生活習慣の獲得をめざした指導だけではなく、からだの機能や構造との関連で、食、睡眠、成長、いのち、病気、心の健康、性といった学習を仕組み、自分たちの生活と健康の課題に向き合わせていくことがもとめられている（数見, 2001）。さらに、健康を考える上で重要な視点がある。世界保健機関（WHO）は、憲章の前文で次のように「健康」の定義づけをしている。「健康とは、身体的、精神的、社会的に完全に良好な状態であり、単に病気がないことや虚弱でないということではない」。この定義の「完全に良好な状態」という点は、日本 WHO 協会においては「すべてが満たされた状態」と解釈されている。この定義で注目すべきは、「健康」を社会的健康をふくむ、多様な側面が調和した状態として把握していることである。良質な睡眠を事例とすれば、深いノンレム睡眠を得る条件を満たした身体か、からだがリラックスできるような安心できる精神か、という観点だけではなく、生活リズムや睡眠時間を保障する社会か、といった観点からも検討すべきなのである。

　したがって、幼児期においては自分のからだを大切にする基本的生活習慣を獲得した上で、児童期ではからだと健康についての学習を軸として、徐々に健康と社会の関係性も対象とし、健康を様々な観点から考える力（ヘルスリテラシー）を獲得することがもとめられる（上野山・大津, 2017）。新自由主義の思想が社会に反映されていく中で、健康も自己責任の問題としてのみ対応されてしまいがちである。健康教育を「自己責任論的、適応・対処的なものに矮小化せず、人間のからだ・いのち、そして健康の立場から、社会、文化、環境、生活、生き方を見つめ直し、変革していく力を育む」（鎌田, 2019, p. 46）ものにしたい。

　以上のように、「健康」領域・体育科教育では、領域・教科を成立させる3つの文化を背景とする実践的な課題が存在する。私たちはこれらの課題を子どもたちに無理矢理に押しつけ、自覚させるべきではない。科学や文化の学びを媒介として子どもたちが自らこの課題に気づき、主体者として立ち向かっていくように学習を組織しなければならない。以下ではその入口となる幼児期と児童期の接続に着目し、現行のカリキュラムを検討していく。

3　現行カリキュラム（「健康」領域・体育科教育）における幼小接続の特徴

3-1　幼稚園教育要領より

　幼稚園教育要領における「幼児期の終わりまでに育ってほしい姿」には、「健康」領域に関連する「健康な心と体」の項目が提示されている。そこでは「幼稚園生活の中で、充実感をもって自分のやりたいことに向かって心と体を十分に働かせ、見通しをもって行動し、自ら健康で安全な生活をつくり出すようになる」（文部科学省, 2017a, p. 4）ことが目標としてあげられている。また、「健康」領域の「ねらい」と「内容」は、次のように提示されている（文部科学省, 2017a, pp. 11-12）。

1　ねらい
（1）明るく伸び伸びと行動し、充実感を味わう。
（2）自分の体を十分に動かし、進んで運動しようとする。
（3）健康、安全な生活に必要な習慣や態度を身に付け、見通しをもって行動する。
2　内容
（1）先生や友達と触れ合い、安定感をもって行動する。
（2）いろいろな遊びの中で十分に体を動かす。
（3）進んで戸外で遊ぶ。
（4）様々な活動に親しみ、楽しんで取り組む。

（5）先生や友達と食べることを楽しみ、食べ物への興味や関心をもつ。

（6）健康な生活のリズムを身に付ける。

（7）身の回りを清潔にし、衣服の着脱、食事、排泄などの生活に必要な活動を自分でする。

（8）幼稚園における生活の仕方を知り、自分たちで生活の場を整えながら見通しをもって行動する。

（9）自分の健康に関心をもち、病気の予防などに必要な活動を進んで行う。

（10）危険な場所、危険な遊び方、災害時などの行動の仕方が分かり、安全に気を付けて行動する。

このように、「健康」領域においては、「健康な心と体」を獲得するために、「多様で十分な運動」や「主体的な外遊び」だけではなく、「充実感・安定感」「食習慣」「生活リズム」「基本的生活習慣」「集団生活」「疾病予防」「安全行動」といった、健康行動に関連する内容も含まれている。幼児期の教育においては多様な生活場面が学びの対象となるのである。

3-2　幼児期運動指針より

文部科学省（2012）は調査研究の結果をふまえ、幼児期運動指針を提起している。幼児期運動指針では、「体を動かして遊ぶ機会が減少することは、その後の児童期、青年期への運動やスポーツに親しむ資質や能力の育成の阻害に止まらず、意欲や気力の減弱、対人関係などコミュニケーションをうまく構築できないなど、子どもの心の発達にも重大な影響を及ぼすことにもなりかねない」と指摘し、「主体的に体を動かす遊びを中心とした身体活動を、幼児の生活全体の中に確保していくことは大きな課題である」と提起する。運動遊びが心とからだの両面を育む上で重要な活動であることを述べている点は注目できる。また、幼児期運動指針では、運動の獲得においては「動きの多様化」と「動きの洗練化」の2つの方向性があることや、発達段階に合わせてどのような活動を重視していけばよいのかを提示している。そして、

幼児期の運動を推進するために、①多様な動きが経験できるように様々な遊びを取り入れること、②楽しく体を動かす時間を確保すること、③発達の特性に応じた遊びを提供することの3点が重要だと強調する。神経系の発育期であることをふまえ、多様な動きを獲得していくことが強調された指針となっていることがわかる。

　以上のように、幼児期においては、「健康な心と体」を獲得するために、運動遊びや多様な生活場面での指導がめざされていく。次に児童期への接続をみていきたい。

3-3　小学校学習指導要領より

　小学校学習指導要領の総則には「健やかな体」の育成にむけて、次のような記述がある（文部科学省, 2017b, p. 18）。

> (3) 学校における体育・健康に関する指導を、児童の発達の段階を考慮して、学校の教育活動全体を通じて適切に行うことにより、健康で安全な生活と豊かなスポーツライフの実現を目指した教育の充実に努めること。特に、学校における食育の推進並びに体力の向上に関する指導、安全に関する指導及び心身の健康の保持増進に関する指導については、体育科、家庭科及び特別活動の時間はもとより、各教科、道徳科、外国語活動及び総合的な学習の時間などにおいてもそれぞれの特質に応じて適切に行うよう努めること。また、それらの指導を通して、家庭や地域社会との連携を図りながら、日常生活において適切な体育・健康に関する活動の実践を促し、生涯を通じて健康・安全で活力ある生活を送るための基礎が培われるよう配慮すること。

　このように、幼児期の「健康」領域は、児童期においても教育活動全体で指導される。本章のはじめに紹介したワクワク・ドキドキタイムなどの実践や、健康診断、薬物・犯罪被害防止の学習なども教科外の特別活動の時間で実施される。教科として実施される体育・健康教育においては、運動や健康の科学や文化の基礎を学習する場として位置づけられている。ここでは教科

体育の幼小接続を中心にして、小学校体育のカリキュラムをみていく。

　文部科学省は 2011 年にスポーツ基本法を制定し、スポーツは世界共通の人類の文化であり権利であることや、生涯スポーツの実現によって人々の幸福と豊かな生活に寄与することを提起している。小学校学習指導要領においても、体育科のねらいは、「体育や保健の見方・考え方を働かせ、課題を見付け、その解決に向けた学習過程を通して、心と体を一体として捉え、生涯にわたって心身の健康を保持増進し豊かなスポーツライフを実現するための資質・能力を……（中略）……育成することを目指す」（文部科学省, 2017b, p. 142）と明記されているように、生涯にわたる豊かなスポーツライフの実現（スポーツ権の保障）をめざしている。

　また、学校体育においては発達段階をふまえた指導内容の体系化がなされ、就学前からの多様な運動遊びをふまえ、低学年から中学年までは「各種の運動の基礎を形成する時期」、高学年から中学 2 年までは「多様な領域の運動を経験する時期」、中学 3 年から高校卒業までは「少なくとも 1 つの運動や

表 1　学習指導要領における小学校から高等学校までの指導内容の構成

校種	小学校			中学校		高等学校		
学年	1・2 年	3・4 年	5・6 年	1・2 年	3 年	1 年	2 年	3 年
各時期の特徴	各種の運動の基礎を形成する時期			多様な領域の運動を経験する時期		少なくとも 1 つの運動やスポーツに親しむ時期		
体力系	体つくりの運動遊び	体つくり運動	体つくり運動		体つくり運動			
器械運動系	器械・器具の運動遊び	器械運動	器械運動	器械運動	器械運動	器械運動		
陸上系	走・跳の運動遊び	走・跳の運動	陸上運動	陸上競技	陸上競技	陸上競技		
水泳系	水遊び	浮く・泳ぐ運動	水泳	水泳	水泳	水泳		
表現系	表現・リズム遊び	表現運動	表現運動	ダンス	ダンス	ダンス		
ボール運動系	ゲーム	ゲーム	ボール運動	球技	球技	球技		
武道系				武道	武道	武道		
体育理論				体育理論		体育理論		
保健		保健領域		保健分野		科目保健		

スポーツに親しむ時期」と系統化されている（表1）。

　運動領域の内容について、低学年では幼小接続が意図され、2008 年学習指導要領から低・中学年の体つくり運動領域に「多様な動きをつくる運動（遊び）」が提示される。低学年は「体のバランスをとる運動遊び」「体を移動する運動遊び」「用具を操作する運動遊び」「力試しの運動遊び」の４つの運動遊びで構成されている。また、低学年においては「体つくりの<u>運動遊び</u>」「器械・器具を使っての<u>運動遊び</u>」といったようにそれぞれの領域に応じた運動遊びを中心として、子どもたちの多様なからだの耕しをめざすようもとめている。さらに、ボール運動では、低学年で「ゲーム」、高学年で「ボール運動」、中学校以降で「球技」といったように変化しており、中学校以降で本格的に競技のおもしろさを学習する。中学校以降からは体育理論も内容とされ、「する、みる、支える、知る」といったスポーツの総合的な内容を学習し、文化としてのスポーツを学ぶカリキュラムとなっている。

4　幼児期・児童期における発達的特徴や指導の工夫

4-1　乳幼児から児童期の運動発達

　ガラヒュー（1999）は、運動発達を４つの段階に区別し、発達段階と年齢の関係を図２のように提示した。１つ目の段階は、胎児期から１歳頃にみられる反射的運動（原始反射や姿勢反射）の段階であり、意志や欲求が介在しない不随意的な運動である。反射運動によって、乳児は生命を保持しながら身体機能を発達させていく。その後、「よつばい」「つかまり立ち」「伝い歩き」「つかむ、はなす」などの動作を徐々に獲得していく。２つ目の段階は、誕生から２歳頃にみられる初歩的運動の段階であり、手足の動きから全身の動きへと拡大していく随意運動があらわれる。１歳半頃に安定した「歩く」動作を獲得してからは、「走る」「追いかける」「逃げる」「跳ぶ」「片足立ち」といった遊びやスポーツ場面で必要となる動作を獲得していく。３つ目

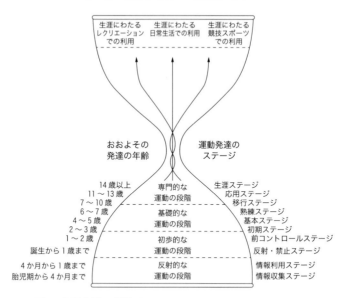

図2　運動発達の段階（Gallahue, 1993: 杉原監訳, 1999, p. 69 より）

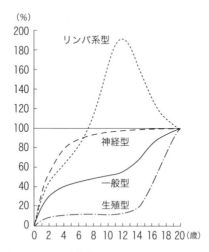

図3　スキャモンの発育曲線（Scammon, 1930：杉原, 2014, p. 27 より）

の段階は、2歳頃から7歳頃の幼児・児童期の初期にみられる基礎的運動の段階である。スキャモンの発育曲線（図3）によると、この時期は神経系の発育が著しく、多様な動きを経験しながら全身を使用した走・跳・投の基本的動作を獲得していく。特に3歳半頃から4歳頃に急激な運動発達をとげ、「～しながら○○する」といった協応動作が徐々に可能となり、「片足ケンケン」「スキップ」「三輪車をこぐ」などの動きができるようになってくる。4つ目の段階は、7歳以降にみられるスポーツに関連する運動の段階で、専門的な運動技能を獲得していく。7歳頃には神経系の発達が成人の約90%まで促進されるため、走り方などは成人と同様の動作も可能となるなど、動きが安定化する（大貫, 2019）。その後、神経系は10歳頃にはほぼ成人レベルの発育に到達し、なだらかに発達していた筋・骨格系（一般型）も12歳頃から著しく成長する。そして、生涯にわたって運動する段階へと移行し、多様な場面で運動能力を発揮していく。

4-2　幼児期から児童期の認識発達

　運動学習においては認識面の発達的特徴も把握したい。2歳頃から「もっと～したい」などの近未来への行動欲求をもちはじめる。2歳半頃になると「～のつもり」と見立てをして運動しようとする。また、徐々に「大きい／小さい」「速い／ゆっくり」などの対比的な関係を概念上で理解しはじめ、3歳頃には他者からの「大きく回る」「ゆっくり歩く」などの言葉かけで動きを調整できはじめる。4歳半頃から5歳頃になると、対比的認識も定着していき、自分と友達の差異や「うまい／へた」「勝ち／負け」の事実を理解できるようになる。同時期に「だって～だもん」と経験への理由づけもできるようになる。自我も発達するため、うまくなる喜びや運動有能感を獲得した子どもは積極的に活動するが、その反面、自信のもてない子どもはやりたがらなくなる。「運動・体育嫌い」がうまれる最初の年齢である。5歳頃から6歳頃には集団（他者）認識が芽生えはじめ、集団で活動する目的やその中で

の自分の役割が理解できるようになり、作戦を立てた集団的な競争もできるようになる。友達同士の比較もできるようになり、適切なアドバイスも可能となる。その後、6歳以降の児童期においては、徐々に自己中心性を脱却し、具体的操作期へ移行する。5歳半頃から獲得される時系列的な認識をもとにして、うまくなる過程も理解できるようになる（山本・脇田, 1995；田中, 2009）。9歳頃には発達の節があらわれ、徐々に論理的・抽象的な思考が可能となる。

　上述のように、2歳頃から神経系が著しく発達する。子どもたちは発達に応じて実現可能となる運動を積極的にやりたがるため、その気持ちによりそいながら運動遊びを指導したい。特に、4歳半頃からは3歳半頃からの運動発達に加え、急激な認識発達も期待できる。対比的認識や理由づけもできるようになるため、「（自分と）あの子との『ちがい』はどこにあるか」「『なぜ』できたか、できなかったか」といった言葉かけをして運動の事実やポイントに気づかせたい。一方で、この頃は「できない自分」を意識して運動嫌いになりやすい。そのため、「今できないのは、できるようになるための途中経過である」という考え方をもたせたり、多様な運動遊びに取り組んだりする中で、「できる・上手な自分」を見つけだせるようにしたい。また、5歳頃には集団（他者）認識の発達がみられるため、経験的に発見されたポイントを共有・交流させたり、一緒に作戦づくりをさせたりするなど、徐々に集団的な活動を組織していきたい。こうして、運動・認識発達からは、発達段階に応じた適切な教材選択や指導方法が導かれるため、発達的特徴を理解するとともに、目の前の子どもたちそれぞれの発達特性を把握していく必要がある。

4-3　運動能力の考え方と指導の重点
4-3-1　幼児期・児童期は運動コントロール能力を育成する

　運動能力とは、運動時に働く心と体の力を意味している（杉原, 2014）。運動能力には、筋力・持久力・瞬発力といった運動エネルギーを生産する能力

としての「運動体力」と、知
覚を手がかりに状況判断、意
思決定、予測といった認知過
程を通して運動を制御する
「運動コントロール能力」の
2つの側面が存在する（図4）。
ある運動を遂行する際、運動
体力は運動パフォーマンスの
土台となるが、「できる／で

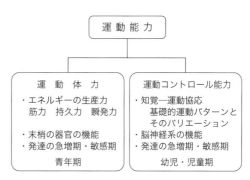

図4　運動能力の構造（杉原, 2014, p. 8）

きない」を左右するのは運動コントロール能力に大きく依拠する。例えば、
前転をする際、筋力があっても逆さの状態で自己の身体の状態を適切に知覚
できなければ、上体をタイミングよく起こすことができず、前転できない。
的あてゲームにおいても、瞬時に対戦相手と的の位置を知覚し、ボールを投
げる隙をみつけられなければ的を倒す機会は得られない。そのため、発達段
階に応じて子どもたちが外界や身体を知覚し、姿勢制御していける活動を用
意することが必要となる。運動能力とは、個人に「あらかじめ備わったも
の」ではなく「育てていくもの」なのであり、「運動能力がないから」と指
導をあきらめることは間違いである。前述したように幼児期・児童期におい
ては神経系の発達が著しい時期であり、運動指導においては、動き方やから
だの動かし方の学習を通した運動コントロール能力の育成を重視したい。な
お、近年においては、幼児期を対象として、神経系に関連する運動能力を構
造的に把握した、コオーディネーション能力の発達研究（加納ら, 2016）もみ
られるなど、神経系の運動発達を解明する今後の研究が期待されている。

4-3-2　「わかって、できる」ことをめざす

　運動コントロール能力を育成する上で、「わかる」ことの重要性を理解し
たい。先の的あてゲームを例にすれば、的にボールをあてるためには、ボー

ルを投げる隙を見つけるだけではなく、隙をつくるための戦術行動や、スピードのあるボールを投げるための運動技術（身体の動かし方）についての知識が不可欠となる。スポーツにおける運動行為には必ず目的があり、目的を達成するための課題や合理的な方法が存在する。すなわち、「できる」ためには必ず「わかる」こと（戦術・技術認識）が不可欠となる。運動の課題や方法のポイントが「わからない」状態では、何を意識して取り組めばよいのか、学習の見通しも把握できず、目的もなく運動を反復するだけとなる。その反復の中で運動のポイントをつかむ子どももいるが、多くの子は依然として「わからない」ために「できない」ままとなる。

　ところで、運動指導において「できる子」の存在をどう考えたらよいのであろうか。「できる子」は一見問題がないようであるが、実は、「わかっていない」ことが多い。こうした「わからないけれど、できる」状態は、運動が洗練化・自動化されている状態で、思考を介さずに運動プログラムとして判断・実行することが可能となっている。新しい運動課題であっても、過去の運動経験から獲得した身体知をもとにして軽々とこなすことができるのである。しかしそれは、運動の課題や方法を「からだで（のみ）わかっている」状態であって、自己の運動経過を客観的に分析できている状態ではない。それでは自己の運動経過やポイントを他者に説明できず、十分な認識が形成されていないと言える。そこで、「わかって、できる」ためにも、幼児期においては自身の経験を言葉にしてみる、すなわち「できる」ことを言語化することで「わかる」過程を大切にしたい。児童期においては、運動を客観的に分析する力も獲得されるため、運動のできばえを可視化するための教具を活用し、記録・観察・調査・実験等の活動から、「わかる」を深めていきたい。

4-3-3　集団づくりの中で「わかる」は深まる

　「わかる」ことを大切にする際には、集団づくりの重要さも理解したい。運動学習は自己観察が困難なため、他者からの観察・評価が必要となったり、

力動的な感覚は言語的に交流しながら深めたりしていく必要がある。この時、自分とは異なるでき具合やわかり具合をもつ他者だからこそ、多様な視点や多様な段階のポイントが確認でき、学習を深められる。「わかる」を深めるためには必ず異質集団での学び合いが必要となるのである。ただし、グループで教え合う活動を組織しても、「わかる」（戦術・技術認識）がなければ「何を教え合えばよいのかわからない」状態となる。その状態を克服するには、「がんばれ！」「やればできるよ！」といった「励まし」だけではなく、「もっと目線を高くして！」といった具体的な「わかる」を媒介として子どもたちが結びつく必要がある。運動学習においては、異質な他者が「わかる」を媒介として学び合う集団づくりが重要視されるべきなのである。

5　幼児期における運動指導の事例と小学校への接続

5-1　幼児期における運動遊びのねらいと内容

　口野（2010）は幼児期における運動遊びを通して獲得させたい能力が、①姿勢制御の能力、②物や人の動きに対して予測・判断する能力、③スピードやリズムをコントロールする能力の 3 つにあると提起する。さらに、口野（2010）は、運動遊びとの関連で具体的なねらいを表 2 のように整理している。表のように、幼児期において育てたい運動能力は、児童期で学習する運動文化の学びの基礎となる能力が発達していくよう、総合的な動きの学習をめざす。そのためにも、6 歳までの発達段階を見通しながら多様な運動遊びを系統的に位置づけていく、カリキュラムとしての視点が指導者には必要となる。

　また、運動遊びの指導においては、「小学校でやるから鉄棒で逆上がりを学習する」といったように小学校の下請けとして考えるのではなく、あくまで幼児の遊びとしての活動を重視し、幼児期ならではの学びにすることが必要となる。例えば、鉄棒運動では固定遊具の棒にまたがってツバメのポーズをしたり、創作ポーズを考えたりとまねっこ遊びを通して棒に親しむことか

表 2　運動遊びの内容とねらい（口野, 2010, pp. 16-17：筆者により簡略化）

運動遊び	遊び（内容等）とねらい（ねらいの達成イメージ）
マット・跳び箱遊び	①回転感覚に慣れる遊び（回転感覚への慣れ。目を回さないで自分のからだを操作できる）。 ②逆さ感覚に慣れる遊び（逆さ時に頭と腰の位置の変化がわかり、自分のからだを操作できる）。 ③両腕支持に慣れる遊び（両腕支持で自分のからだを支えることができる）。
固定遊具遊び	①支える、振る感覚づくりの遊び（腕や足で体重を支持し、自由にからだを動かすことができる）。 ②登って、降りる感覚づくりの遊び（手と足を協応させ、登ったり降りたりすることができる）。 ③遊びのルールや技をみんなで工夫して楽しむ遊び（遊びや技をみんなで工夫して楽しめる）。
水遊び・水泳	①3歳児の水遊び。 ・息をこらえて顔つけをし、一気に吐くことができる。足や体が浮くことを感じることができる。 ②4歳児の水遊び。 ・呼吸のコントロール（息こらえができ一気に吐き出すこと）ができる。伏し浮きができる。 ③5歳児の水遊び・水泳。 ・けのびから脱力した伏し浮きができる。伏し浮きから呼吸をコントロールして進むことができる。
かけっこ遊び	①スタートやゴールを意識させるかけっこ遊び（走りだすタイミングや目標を意識する）。 ②スピードの緩急を意識させるかけっこ遊び（スピードコントロール）。 ③スピードコントロールを意識するかけっこ遊び（スピードやリズムのコントロール）。
鬼ごっこ	①からだを動かす事が楽しい、みんなと遊ぶことが楽しいと感じる。 ②みんなで決まりを創りながら遊ぶことが楽しいということを感じる・わかる。 　（決まりを創造して楽しむ。対象者の動きを予測・判断しながらスピードコントロールして走る）。 ③作戦を立てながら遊ぶことが楽しいということを感じる・わかる。 　（作戦を立てられる、連携のある動きができる。相手が説明する動作をイメージで理解できる）。
ボール遊び	①ボール操作の遊び（つかんだり転がしたりしてボールの感触を味わい、操作する楽しさを知る）。 ②投げる・捕る感覚づくりの遊び（色々な素材の手づくりの物を使用し投・捕の感覚を身につける）。 ③ボールゲームの遊び（物や人の動きを予測・判断する。みんなが楽しめるルールを創造する）。
縄遊び	①縄を使用して遊ぶ（縄を扱う手の動作や引く、ぶら下がる、跳ぶなどの動作を身につける）。 ②長縄を使用して遊ぶ（高さや位置がわかる。跳ぶ・くぐる等のスピードやリズムのコントロール）。 ③短縄を使用して遊ぶ（縄を操作し、跳ぶ・走る・縄を回すスピードやリズムをコントロール）。
新聞紙遊び	〈共通のねらい〉 ・新聞紙の感触（柔らかさ、厚さ、軽さ）に慣れる。 ・めくる、丸める、やぶく、など手先の感覚を身につけさせる。 ①やぶらずに使用する遊び（バランス感覚を身につける。スピードを調整して歩く・走る等）。 ②やぶらないように力を加減して使用する遊び（リズムよく連続して跳ぶ等）。 ③やぶって使用する遊び（投げる、曲がる、止まる、友達の動作をみて予測・判断する等）。 ④色々な道具を創造して使用する遊び（投げる、打つ、振る、蹴る、ルールを考え遊ぶ等）。
散歩・自然遊び	①人と一緒にいて心地よさを感じる（風・水・泥、動植物に触れる中で人と居て心地よいと感じる）。 ②自然物への興味・関心を持つ（ふれる、におう、もつ、ゆさぶる、観る、聞くなど）。 ③イメージを動作や言葉で意識する（友達とイメージを共有しながら散歩や泥・砂遊びができる）。
伝承遊び	①姿勢制御系（からだのバランス、姿勢をコントロールする力を養う）。 ②身体操作系（手や足などのからだの一部を自分の思い通りに操作できるようにする）。 ③集団づくり系（他者とのコミュニケーションをはかり、集団で楽しく遊ぶ）。

らはじめ、技の学習へ発展させていきたい。ボール運動も様々な形・素材・大きさのボールで親しみ、的あてなどの遊びへと発展させていきたい。幼児期においては「遊びの感覚で戦術や技術を学んでいく」ということが指導の原則となるのである。

　この指導原則を考える上で、興味深い調査がある。森ら（2011）の調査では、運動指導を実施しない園の方が、運動指導を実施している園よりも運動能力が高かったという。森（2012）はこの結果について、幼児期は特に心身の相関性が高いことをふまえ、「大切なのは、受け身的にやる活動よりも、子ども自身の能動的な活動のほうが、子どもの運動発達にとっては良い影響がある」（p. 18）と述べている。したがって、幼児期はその運動遊びでしか味わえない「おもしろさ」を友達とともに味わうこと、それをつくりかえて豊かなものにしていくことをまずは大事にしたい（高田, 2014）。保育者は運動遊びを創作する契機を用意しながら、活動は子どもたちの自発性を大切にすることで、子どもたちが自分たちの運動遊びの文化を創造していくよう指導することがもとめられているのである（中瀬古, 2013）。

5-2　幼児期における運動指導の事例（鬼遊び）から

　愛知県にある名東保育園では、発達段階に合わせて鬼遊びの内容を系統的に発展させていくことで、走りながらの方向転換（姿勢制御）や、相手の動きや進行方向の予測・判断、スピード・リズムをコントロールする能力の育成をめざしている（表3）。また、活動は子どもたちの遊びとなるように対話と合意によるルールづくりを組織している。

　例えば、4歳児ではこおり鬼を発展させたたすけ鬼をたっぷり楽しんだ頃、しっぽとりを実施する（図5）。しっぽとりでは、2つのチームにわかれて、互いの腰についたしっぽを奪取し合い、獲得したしっぽを自分たちの陣地の付近にあるカゴにいれる。しっぽを奪取された人は自チーム側の陣地で待機する。相手のしっぽを全て奪取できたチームが勝利する。しっぽとりでは

表3　名東保育園における鬼遊び教材と発達（筒井, 2014）

0歳…寝返り、腹ばい・ずりばい・よつばいができる頃
　　☆いないいないばあ遊び、マテマテ遊びができる
1歳…歩くことができる頃
　　☆簡単な追いかけ隠れ遊びができる
　　　「○○さんどこだ」「みーつけた」等
2歳…走ることができる頃
　　☆「みたて」「つもり」遊びを楽しみながら、追いかけ隠れ遊びができる
　　　オバケだぞー、アンパンマンごっこ等
3歳…曲線を走ることができる頃
　　☆保育者が中心になって行う簡単なルールのある集団遊びができる
　　　オオカミとヤギごっこ、トントントン何の音？
　　　ひっこし鬼、しっぽとり（保育者対子ども）等
4歳…走りながら方向転換ができる頃
　　☆保育者が入って行う、簡単なルールのある集団遊びができる
　　　手つなぎ鬼、いろ鬼、影ふみ鬼、ひょうたん鬼、たか鬼
　　　こおり鬼、たすけ鬼、しっぽとり（チーム対抗）等
5歳…走りながらスピードのコントロールができる頃
　　☆ルールを工夫して楽しめる遊び（チームごとに作戦をたてて遊ぶ）
　　　どろけい、たすけ鬼、しっぽとり（チーム対抗、助け要素あり）等

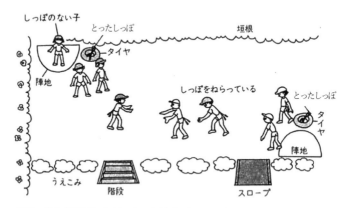

図5　名東保育園におけるしっぽとり（山本・脇田, 1995, p. 132：筆者修正）

個々の動きだけではなく、組織的なプレーも試される。運動指導としては、「○○さんはなぜしっぽを取られなかったのだろう」と発問する。すると本人が、「目の前できゅってするんだよ」と発言する。それを再現してもらった上で、保育者が、「取られそうになったら急にきゅっと曲がるとよいんだね、すごい発見だ！」と反応すると、他の子からも「私はジグザグする！」「いっきに早くする！」という意見がでて、それぞれの走り方が交流される。また、一斉に動くなどチームでの協力場面が見られたら、「チームでどんなふうに協力したらよいだろう」と発問を投げかけたり、写真や映像をもとに振り返りをさせたりする。こうして、保育者が積極的に子どもたちに発問をしたり、一緒にプレーをする中で子どもたちの思考場面を演出したりと、子どもたちの学習を活発化させる指導を展開することが必要となる。

　また、子どもたちは勝ちたいと思うあまり、しっぽを隠して取られないようにしたり、自分のしっぽを取られても相手のしっぽを取ろうとしたりする。ゲームに夢中になり、様々なトラブルが生起する。ある時、自分のしっぽを取られないように相手を手で押したり、威嚇をしたりする子がいた。わざとからかう子もでて、喧嘩になる。保育者は「友達を押すとどうなるか」と発問し、行為の危険性を理解させる。その上で、「なぜ押してしまうのだろう」と発問すると、ある子は「○○さんは取られたくないんだよ」と発言する。本人も「だって、勝ちたい」と答える。保育者は共感した上で、「みんなは○○さんの気持ちがわかるかな」と問い、それぞれの想いを交流させていき、「勝ちたい」「みんなで楽しみたい」という気持ちは一緒であることを確認する。その上でどうしたらよいのかをみんなで考える。するとある子が、「2回戦えばいい」と提案する。1度しっぽを取られたら終わりと思うと、不安になると考えたのだ。本人も「それなら」と反応する。保育者も不安感を学びにつなげようと「取られない方法をみんなで考えていこう」と投げかける。新ルールで実施してみると、最初は思わず手で押してしまうこともあったが、気持ちを受け入れられたこともあり、徐々にトラブルも減少していった。

　このように、スポーツがもつ競争は子どもたちを活動に夢中にさせ、本気を引きだす。だからこそ、様々なトラブルや葛藤・矛盾が生起する。そして、暴力（体あたり、噛みつき、脅迫など）という手段でしか自己表現ができない暴走する"からだ"は、友達に想いを伝え、受け入れられ、新たな活動を生みだす対話と合意のプロセスを経て克服されていく（中瀬古, 2013）。したがって、子どもたちのつまずきやトラブルは、子どもたちが「わかって、できる」ことや集団づくりの契機となる。子どもたちのピンチは、みんなが楽しめる新たな運動遊びの文化をつくりだしていく、学びのチャンスなのである。

5-3　小学校低学年体育への接続―シュートボールを事例にして―

　多様な運動遊びを経験しながら獲得した基礎的な運動能力を土台にして、幼児期の運動遊びから小学校体育の学びへと発展させていく。しかし、運動・認識発達の段階はまだ幼児期の延長であり、また、子どもたちの運動遊びの経験はバラバラである。したがって、低学年体育においても幼児期と同様の指導方法を導入する必要がある。さらに低学年では、中学年以降の運動文化の学びへと発展していくようカリキュラムを構想しなければならない。例えば、低学年教材として実施されるシュートボールがある。シュートボールは、ボールを手で保持して走り、相手の的にシュートするゲームである。ドリブルはなく、シュートは的にボールをあてたり、倒したりすることで成立する。コートは図6のようである。主に幼児期に獲得した予測・判断やスピードとリズムのコントロールが活きる教材である。低学年教材としてのシュートボールの教材的価値は次のことである。

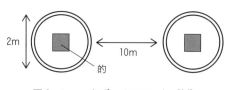

図6　シュートボールのコート（例）

　第1に、遊びの要素を導入できる。例えば、「冒険だ！○○（鬼やモンスターなど）をやっつけよう！」と物語の世界を演出したり、何個の的を

表4　低学年におけるシュートボールの単元計画例（玉腰, 2019, pp. 155-156：筆者修正）

時数	学習活動	学習の内容と指導のポイント
1	〈オリエンテーション〉 ・シュートボールの説明、目標づくり、チーム編成、グループノート作成	○グループ編成は、技能差・認識差を混在させた異質グループとする
2 ｜ 3	〈的あてゲーム「鬼をやっつけろ！」〉 ・壁に鬼が描かれた紙を貼り、投げあてる 　1分間に何回当てられるか挑戦 ・壁あてを2対1のキーパーありに発展 　壁で跳ね返るボールを予測する ・2重円の中に鬼の顔が描かれた段ボールやコーンを配置し、チーム対抗で的あて	○基本的な投技能を獲得させる ・うまく投げられている子どもを観察し、ポイントを発見する ・記録がよくない子の動きを考える時間も設定する ○キーパーのポイント（相手の正面に立つetc）も理解させる
4 ｜ 5	〈1対1のシュートボール〉 ・発問「キーパーのどこをねらうとシュートが決まるのだろうか」 ・発問「相手の『すきをつくる』ために、どのような作戦があるか、考えよう」	○1対1の学習内容 Of：ねらいどころは、足の間、頭の上、脇etc。作戦は、フェイントシュート作戦、ぐるぐるシュート作戦etc
6 ｜ 7	〈2対1のシュートボール〉 ・発問「2人で協力する作戦を考えよう」 ・グループ練習とたしかめのゲーム	○2対1の学習内容 Of：こぼれ球を拾える位置にいく、斜めパス作戦、裏パス作戦etc
8 ｜ 10	〈2対2のシュートボール〉 ・発問「2人でどのように守るとよいか」 ・発問「守りの作戦を崩す作戦を考えよう」 　ゲーム記録（シュート決定調査） ・シュートできない子のためのグループ練習とたしかめのゲーム	○2対2の学習内容 Df：縦または横並び（プレス） 　　場所を決める（ゾーン） 　　相手を決める（マンツーマン） Of：1対1や2対2の応用、スペースでパスを受ける動き
11 ｜ 12	〈まとめのゲーム〉 ・目標「チームのみんながシュートを決めよう！」	○どんなゲームだとみんなが楽しめるのかを意見交流し、共通の目標やルールを合意する
13	〈まとめ〉 ・動画撮影をまとめた名場面集で振り返る ・これまでの学習で学んだことをまとめるまとめる視点を提示する	○ゲーム中に撮影していた一人ひとりの名場面を視聴 ○おもしろかった、わかったできた、友だちと協力し合ったこと etc

倒せるのかをためしてみたりと、運動遊びの要素をもってはじめられる（表4）。第2に、ルールや道具を変化させて多様な競技形態を創造でき、子どもたちの発達段階や要求に合わせて柔軟なルールづくりができる。自己中心性が残る低学年では、ゲームで必ず困り事がでる。「○○さんがシュートしないから交代できない」「倒さないと得点にならないのか」。こうした声によりそいながら、みんなで対話・合意していき、幼児期同様に、みんなが楽しめ

る自分たちのシュートボールを創造していくことができる。第3に、ゴール型ボール運動の基礎となる、シュート局面を中心とする戦術や技術を学習できる。低学年ではルールづくりをしていく一方で、中学年の学びを見通した系統的な指導が必要となる。小学校では時間数に制約があり、短期間で学ばせたい内容を獲得させることがもとめられる。シュートボールにおけるオフェンス（Of）の学習内容としては、たくさんのシュート経験から、基本的な投球技術を獲得する。キーパーの隙やディフェンス（Df）のいないスペース（重要空間）を見つけたり、つくりだしたりして攻める戦術的な動きを理解する。さらに、低学年の出口像として、シュートできない状況を克服するために、スペースでパスを受けてノーマークでシュートするコンビネーション攻撃にも挑戦させられる。ゴール型のボール運動では、コンビネーションによるノーマークでの攻撃とその阻止が基礎戦術となり、これらは中学年以降のゴール型の学習で最後まで発展していく重要な中身をもっている。第4に、グループでの教え合いや協同的な探求がしやすい。学習課題がシュート局面に焦点化されており、子どもたちの作戦づくりで共通理解が得られやすい。また単純な動きとなるため、「ぐるぐる作戦」「裏パス作戦」と子どもたちの言葉を使用して作戦を典型化でき、学習を活発にできる。ゲーム記録も取りやすく、シュート数やシュート決定率などから教え合いも組織しやすい。

　このように、小学校低学年の段階では、幼児期と同様に、運動遊びの要素、対話と合意によるルールづくり、素材独自のおもしろさを引きだす戦術・技術の協同的学習を重視する。さらに、中学年以降の運動文化の学びへ発展させていくためにも、戦術・技術の体系にもとづく系統的指導や協同的学習が、より構造的に組織されていく点に特徴がある。

6　おわりに

　上述してきたように、幼児期の「健康」領域や児童期の体育科教育は3つ

の文化体系を背景とする多様な実践課題をかかえており、他領域と相互に関
連させた指導や、教科と教科、教科と教科外にわたる指導を保育者・教師が
自ら構想しなければならない。しかも、それらは目の前の子どもたちの発達
段階や実態、保育者・教師の素材・教材研究に応じて常に再構成されるもの
である。告示化された「要領」や参考資料である「解説」は教育の目標・内
容だけではなく方法も提起するものであるが、それらをそのまま実践化する
だけでは画一化し、目の前の子どもたちとのズレが生起してしまう。カリキ
ュラムは目の前の子どもたちの実態に応じて教師たちが願いや想いをもって
創造するものであり、保育者・教師としての生き様がカリキュラムを豊かに
していくのである（丸山、2015）。カリキュラムの「運営者」ではなく、「開発
者」としての自覚が、私たちに問われていることを理解しておきたい。

引用文献

Gallahue, D. L. (1993). *Developmental Physical Education for Today's Children.*
　　Champaign : Human Kinetics Publishers. （デビッド・ガラヒュー　杉原　隆（監
　　訳）（1999）『幼少年期の体育』大修館書店）

出原泰明（2004）『異質協同の学び―体育からの発信―』創文企画

鎌田克信（2019）新学習指導要領と健康教育・性教育の実践課題　たのしい体育・
　　スポーツ，**38(3)**, 44-49.

加納裕久・久我アレキサンデル・玉腰和典・丸山真司（2016）幼児期における定位
　　能力・分化能力の発達的特性：投・跳動作に着目して　発育発達研究，**70**, 36-
　　47.

数見隆生（2001）『生きる力をはぐくむ　保健の授業とからだの学習―健康教育・
　　性教育・総合学習づくりの発想―』農山漁村文化協会

子どものからだと心・連絡会議（2018）『子どものからだと心白書 2018』ブックハ
　　ウス・エイチディ

久保　健（2004）『野口体操』を取り入れた『からだ育て』としての体育について
　　宮城教育大学紀要，**39**, 155-169.

口野隆史（2010）「幼児期の運動あそびのねらいと内容」　学校体育研究同志会
　　（編）『みんなが輝く体育①幼児期　運動あそびの進め方』創文企画　pp. 8-24.

丸山真司（2015）『体育のカリキュラム開発方法論』創文企画

正木健雄・野口三千三（1979）『子どものからだは蝕まれている』柏樹社

文部科学省（2008）『小学校学習指導要領』東京書籍

文部科学省（2012）「幼児期運動指針」幼児期運動指針策定委員会，平成 24 年 3 月
　　　http://www.mext.go.jp/a_menu/sports/undousisin/1319771.htm（2019 年 12 月 6 日
　　　取得）

文部科学省（2017a）『幼稚園教育要領』フレーベル館

文部科学省（2017b）『小学校学習指導要領』東洋館出版社

森　司朗（2012）運動能力で言えば、指導しているよりしていないほうが高い　エ
　　　デュカーレ，**52**, 18-21.

森　司朗・杉原　隆・吉田伊津美・筒井清次郎・鈴木康弘・中本浩揮（2011）『幼
　　　児の運動能力における時代推移と発達促進のための実践的介入』平成 20 ～
　　　22 年度文部科学省科学研究費補助金（基盤研究 B）研究成果報告書

中村敏雄（1998）『スポーツの見方を変える』平凡社

中瀬古哲（2013）『子どもの発達と運動会―就学前体育カリキュラム論序説―』か
　　　もがわ出版

野井真吾（2013）『からだの"おかしさ"を科学する』かもがわ出版

大貫耕一（2019）「小学校低学年体育の目標・内容」学校体育研究同志会（編）
　　　『新みんなが輝く体育 1　小学校低学年体育の授業』創文企画　pp. 8-21.

佐藤　学（1995）『学び　その死と再生』太郎次郎社

Scammon, R. E.（1930）. The measurement of the body in childhood. In Harris, J. A.,
　　　Jackson, C. M., Paterson, D. G. and Scammon, R. E.（Eds.）. *The Measurement of
　　　Man*. Univ. of Minnesota Press, Minneapolis.

杉原　隆（2014）「第 1 章　幼児期の運動能力、体力の捉え方」「第 2 章　幼児期の
　　　運動発達の特徴」杉原　隆・河邉貴子（編著）『幼児期における運動発達と運
　　　動遊びの指導―遊びのなかで子どもは育つ―』ミネルヴァ書房　pp. 3-30.

高田敏幸（2014）『天には憧れ地には絆を―ダンプ園長とわらしこに魅せられた人
　　　たちの記憶―』新読書社

玉腰和典（2019）「ゲーム／ボール運動」木原成一郎・大後戸一樹・久保研二・村
　　　井　潤（編著）『改訂版 初等体育科教育の研究』学術図書出版　pp. 150-162.

民秋　言・穐丸武臣（2014）『保育内容健康［新版］』北大路書房

田中真介（監修）乳幼児保育研究会（編著）（2009）『発達がわかれば子どもが見え
　　　る―0 歳から就学までの目からウロコの保育実践―』ぎょうせい

筒井恭子（2014）「楽しい体験を通して幼児期につけたい力」学校体育研究同志会
　　　愛知支部春フェスタ幼年体育分科会報告資料（2014 年 5 月 11 日，愛知淑徳大

　学長久手キャンパス体育館）

上野山小百合・大津紀子（2017）『子どもが動き出す授業づくり—総合・道徳・保
　　健の時間にできる「主体的・対話的で深い学び」—』いかだ社

山本秀人・脇田順子（1995）『だれでもできるすきになる　幼児の運動指導法』労
　　働旬報社

築田陽子（2007）『新たな「からだほぐし」の教育内容—「体ほぐしの運動」のと
　　らえ直しと、先行実践の批判的検討—』修士論文（早稲田大学）

（玉腰和典）

‖ 編者紹介 ‖

松永あけみ（まつなが・あけみ）（第Ⅱ部第 14 章）
東京学芸大学大学院修士課程教育学研究科修了。現職：明治学院大学教授。博士（教育学）。臨床発達心理士。主著書：『幼児期における他者の内的特性理解の発達』（単著）、『社会・情動発達とその支援』（共著）、『小学一年生の心理』（共著）

水戸博道（みと・ひろみち）（第Ⅱ部第 15 章）
ローハンプトン大学博士課程修了。現職：明治学院大学教授。PhD。主著書：The Routledge Companion to Music, Technology, and Education（共著）、Creativity, Culture, and Development（共著）、Creativity in Music Education（共著）

渋谷　恵（しぶや・めぐみ）（第Ⅰ部第 4 章）
筑波大学大学院博士課程教育学研究科単位取得退学。現職：明治学院大学教授。修士（教育学）。主著書：『多文化社会に応える地球市民教育─日本・北米・ASEAN・EU のケース─』（共著）、『多文化に生きる子どもたち─乳幼児期からの異文化間教育─』（共著）

‖ 執筆者紹介 ‖

緒方明子（おがた・あきこ）（第Ⅰ部第 2 章）
筑波大学大学院博士課程心身障害学研究科修了。国立特殊教育総合研究所（現国立特別支援教育総合研究所）研究員・主任研究官（1984 ～ 1996）。現職：明治学院大学教授。博士（教育学）。特別支援教育スーパーバイザー。主著書：『発達障害事典』（共著）、『発達障害者支援の現状と未来図』（共著）

小野昌彦（おの・まさひこ）（第Ⅰ部第 5 章）
筑波大学大学院博士課程心身障害学研究科中途退学。奈良教育大学准教授、宮崎大学大学院教授を経て現職：明治学院大学教授。博士（障害科学）。公認心理師、専門行動療法士。主著書：『不登校への行動論的包括支援アプローチの構築』（単著）、『不登校ゼロの達成』（単著）

垣花真一郎（かきはな・しんいちろう）（第Ⅰ部第 1 章）
慶應義塾大学大学院博士課程社会学研究科修了。現職：明治学院大学准教授。博士（教育学）。主著書『幼児・児童の発達心理学』（共著）、『発達と学習』（共著）

鞍馬裕美（くらま・ゆみ）（第Ⅰ部第6章）
筑波大学大学院博士課程教育学研究科単位取得退学。現職：明治学院大学准教授。修士（教育学）。主著書：『新訂版　教育の組織と経営』（共著）、『学校の制度を学ぶ』（共著）、『学校経営の国際的探求―イギリス・アメリカ・日本―』（共著）

小林潤一郎（こばやし・じゅんいちろう）（第Ⅰ部第3章）
筑波大学医学専門学群卒業。現職：明治学院大学教授。医師、小児科専門医、子どものこころ専門医。主著書：『公認心理師の基礎と実践　第13巻　障害者・障害児心理学』（共著）、『病弱・虚弱児の医療・療育・教育　改訂3版』（共著）

佐藤　公（さとう・こう）（第Ⅱ部第11章）
筑波大学大学院博士課程教育学研究科単位取得退学。現職：明治学院大学准教授。修士（教育学）。主著書：『21世紀の教育に求められる「社会的な見方・考え方」』（共著）、『教科教育におけるESDの実践と課題』（共著）、『「公民的資質」とは何か』（共著）

杉山雅俊（すぎやま・まさとし）（第Ⅱ部第13章）
広島大学大学院教育学研究科学習開発専攻（博士課程）修了。現職：明治学院大学助教。博士（教育学）。小学校教諭一種免許状、中学校教諭一種免許状（理科）、特別支援学校教諭二種免許状。小学校教諭専修免許状、中学校教諭専修免許状（理科）

谷川夏実（たにがわ・なつみ）（第Ⅰ部第9章）
大妻女子大学大学院家政学研究科博士後期課程修了。現職：明治学院大学助教。博士（学術）。主著書：『保育者の危機と専門的成長―幼稚園教員の初期キャリアに関する質的研究―』（単著）

玉腰和典（たまこし・かずのり）（第Ⅱ部第17章）
愛知県立大学人間発達学研究科人間発達学専攻博士後期課程修了。現職：明治学院大学助教。博士（人間発達学）。主著書：『対話でつくる教科外の体育』（共著）、『スポーツの主人公を育てる体育・保健の授業づくり』（共著）、『改訂版　初等体育科教育の研究』（共著）

辻　宏子（つじ・ひろこ）（第Ⅱ部第12章）
筑波大学大学院博士課程教育学研究科単位取得退学。現職：明治学院大学教授。修士
（教育学）。主著書：『教科教育学シリーズ　第3巻　算数・数学科教育』（共著）、『新
教職教育講座　第6巻　教科教育の理論と授業Ⅱ　理数編』（共著）

手塚千尋（てつか・ちひろ）（第Ⅱ部第16章）
兵庫教育大学大学院連合学校教育学研究科修了。現職：明治学院大学専任講師。博士
（学校教育学）。主著書：『色のまなび事典（全3巻）』（共編著）、『コンパス 保育内容
表現』（共著）、『協同と表現のワークショップ―学びのための環境のデザイン―　第2
版』（共著）

中村敦雄（なかむら・あつお）（第Ⅱ部第10章）
東京学芸大学大学院教育学研究科修了。現職：明治学院大学教授。博士（教育学）。
主著書：『日常言語の論理とレトリック』、『コミュニケーション意識を育てる　発信
する国語教室』、『国語科重要用語事典』（共編著）、『国語科教育における能力主義の
成立過程―輿水実と近代化の精神、1931-1977―』

根本淳子（ねもと・じゅんこ）（第Ⅰ部第7章）
岩手県立大学大学院ソフトウェア情報学研究科博士後期課程修了。現職：明治学院大
学准教授。博士（ソフトウェア情報学）。主著書：『インストラクショナルデザインの
道具箱101』（共著）

宮﨑　眞（みやざき・まこと）（第Ⅰ部第8章）
筑波大学大学院博士後期課程人間総合科学研究科単位取得満期退学。現職：明治学院
大学教授。修士（教育学）。臨床発達心理士、専門行動療法士。主著書：『実践研究の
理論と方法』（共著）、『社会的ライフスキルを育む―ソーシャルスクリプトによる発
達支援―』（共著）

教育発達学の展開—幼小接続・連携へのアプローチ—

2020年6月15日　初版第1刷発行

編著者　　松永あけみ
　　　　　水戸　博道
　　　　　渋谷　　恵

発行者　　風間　敬子

発行所　　株式会社風間書房

〒101-0051　東京都千代田区神田神保町1-34
電話 03(3291)5729　FAX 03(3291)5757
振替 00110-5-1853

印刷　堀江制作・平河工業社　　製本　井上製本所

©2020　A. Matsunaga　H. Mito　M. Shibuya　　　　　NDC分類：140
ISBN978-4-7599-2332-2　　Printed in Japan

JCOPY 〈(社)出版者著作権管理機構 委託出版物〉
本書の無断複製は、著作権法上での例外を除き禁じられています。複製される場合はそのつど事前に (社)出版者著作権管理機構(電話 03-5244-5088、FAX 03-5244-5089、e-mail: info@jcopy.or.jp)の許諾を得て下さい。